Léon de Rosny.

—

Variétés orientales,

historiques, géographiques,

scientifiques, bibliographiques

et littéraires.

Paris, Maisonneuve et C^{ie}, éditeurs,

15, quai Voltaire, mdccclxviij.

# VARIÉTÉS

# ORIENTALES

# OUVRAGES DU MÊME AUTEUR

EN VENTE CHEZ LE MÊME LIBRAIRE.

---

## ÉTUDES ASIATIQUES DE GÉOGRAPHIE ET D'HISTOIRE.
*Paris*, 1864; un fort volume in-8°, avec table analytique : 7 fr. 50.

---

## LES ÉCRITURES FIGURATIVES ET HIÉROGLYPHIQUES
### DES DIFFÉRENTS PEUPLES ANCIENS ET MODERNES.
*Paris*, 1860; un beau volume in-4°, avec 10 planches en noir
et en couleur : 15 fr.

---

## TABLEAU DE LA COCHINCHINE.
1re partie, par E. CORTAMBERT; — 2e partie, par LÉON DE ROSNY.
*Paris*, 1862; un beau volume gr. in-8°, avec cartes et gravures : 10 fr.

---

## GRAMMAIRE JAPONAISE.
Seconde édition, ornée de 8 planches.
*Paris*, 1865; un beau volume in-4° : 6 fr. 50.

---

## DICTIONNAIRE DES SIGNES IDÉOGRAPHIQES DE LA CHINE.
Avec leur prononciation usitée en Chine et au Japon, et leur explication
en français.
*Paris*, 1864-66; un fort volume in-8° : 30 fr.

---

## GUIDE DE LA CONVERSATION JAPONAISE.
Précédé d'une Introduction sur la prononciation en usage à Yédo.
*Paris*, 1865; in-8° : 2 fr 50.

---

*Le même en italien :*
## GUIDA DELLA CONVERSAZIONE GIAPPONESE.
Ridotta ad uso degli italiani, da ANTELMO SEVERINI.
*Firenze*, 1866; in-8° : 2 fr.

---

Paris. — Imprimerie de Ad. Lainé et J. Havard, rue des Saints-Pères, 19.

# VARIÉTÉS ORIENTALES

HISTORIQUES
GÉOGRAPHIQUES, SCIENTIFIQUES, BIBLIOGRAPHIQUES
ET LITTÉRAIRES

PAR

LÉON DE ROSNY.

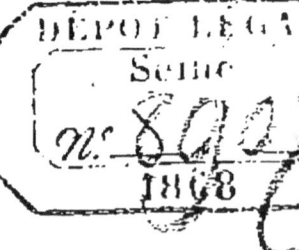

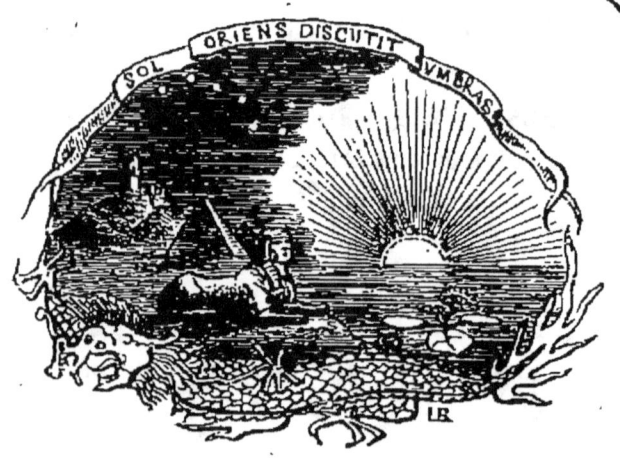

PARIS

MAISONNEUVE ET Cⁱᵉ, ÉDITEURS
LIBRAIRES DE L'ATHÉNÉE ORIENTAL
15, QUAI VOLTAIRE, 15

1868

# À

# M. LE BARON JULES DE LESSEPS,

AGENT DE S. A. LE BEY DE TUNIS,

PRÉSIDENT D'HONNEUR DE LA SOCIÉTÉ D'ETHNOGRAPHIE,

COMMISSAIRE GÉNÉRAL POUR TUNIS, LE MAROC, LA CHINE ET LE JAPON

A L'EXPOSITION UNIVERSELLE DE 1867,

GRAND-CROIX DE L'ORDRE DU NICHAN-IFTIKHAR DE TUNIS,

OFFICIER DE LA LÉGION D'HONNEUR,

ETC., ETC., ETC.

HOMMAGE DE LA RECONNAISSANCE
DE L'AUTEUR.

# AVERTISSEMENT.

La bienveillance avec laquelle les orientalistes ont accueilli, l'année dernière, le volume que j'ai fait paraître sous le titre d'*Études asiatiques* [1], m'a engagé à leur offrir un nouveau recueil composé de notices et de mémoires également publiés tant dans les journaux littéraires que dans les revues des sociétés savantes de la capitale. Plusieurs de ces mémoires n'avaient encore vu le jour que par extraits, d'autres ont été l'objet d'additions considérables provenant de nouvelles recherches. L'un des plus étendus enfin, celui que j'ai consacré à l'examen de la riche collection de documents tamouls de feu M. Ariel, de Pondichéry, est complétement inédit.

En dehors des morceaux dont le caractère est purement historique ou géographique, j'ai donné quelques fragments de critique littéraire accompagnés pour la plupart de nombreuses annotations bibliographiques. Ces annotations, dans lesquelles on trouvera les titres d'ouvrages orientaux ou européens en général peu connus, et pour lesquelles j'ai dû entreprendre des minutieuses recherches dans les principales bibliothèques de l'Europe, ne paraîtront pas, je l'espère, dépourvues d'intérêt, surtout si l'on considère combien il reste à faire pour posséder seulement les éléments fondamentaux d'une Bibliographie orientale.

Si le succès de ce nouveau volume répond aux espérances de ses éditeurs, je me propose de livrer successivement à l'impression cinq autres recueils de notices et essais de litté-

---

[1] *Études asiatiques de Géographie et d'Histoire*. Paris, Challamel aîné, éditeur, 30, rue des Boulangers, 1864; un vol. in-8° de 412 pages, avec index analytique.

rature et d'érudition orientale [1]. Déjà les matériaux destinés à la composition de ces recueils ont été réunis et classés : une soigneuse révision leur donnera une forme définitive. Toutefois, je pense qu'il convient de faire alterner la publication de ces recueils et celle des ouvrages spéciaux dont j'ai entrepris la composition. De la sorte j'espère offrir prochainement au public la traduction française d'un Traité japonais sur la culture des mûriers et l'éducation des vers à soie [2], et la troisième partie de mon Dictionnaire japonais-français [3], en attendant que des circonstances favorables me permettent de reprendre mon Histoire de la langue chinoise [4], dont le premier volume est à peu près complétement terminé.

Paris, le 22 décembre 1865.

---

[1] *Les littératures de l'Orient*. Essais de critique; un vol. in-8°.
*Notices de linguistique et d'ethnographie;* un vol. in-8°.
*L'extrême Orient :* Archipel japonais, Chine, Corée, Cochinchine, Siam, Barmanie, Madagascar. Questions de politique et d'histoire contemporaines; un vol. in-8°.
*Notices et extraits des textes chinois de la Bibliothèque impériale,* relatifs à la philosophie, au culte, à la poésie, à l'ethnographie, à l'histoire, à la géographie, aux sciences, aux arts et à l'industrie du Céleste-Empire, traduits pour la première fois en langue européenne; un vol. in-8°.
*Voyages et Missions scientifiques;* suivi de discours et de rapports sur divers sujets d'érudition orientale; un vol. in-8°.
[2] *Yô-san-sin-sets. Nouveau traité sur la culture des mûriers et l'éducation des vers à soie,* traduit pour la première fois du japonais et accompagné d'une introduction et de nombreuses notes. Traduit par ordre de S. Exc. le Ministre de l'Agriculture, du Commerce et des Travaux publics; un vol. in-8°.
[3] *Dictionnaire japonais-français;* trois vol. in-8°.
[4] *Histoire de la langue chinoise.* L'Institut de France a décerné une mention honorable et un prix de 1,200 francs à divers fragments du premier volume de cet ouvrage; 2 vol. in-8°.

# VARIÉTÉS

# ORIENTALES.

## L'ORIENT.

COUP D'ŒIL PANORAMIQUE.

Si l'on réunit par la pensée la vaste étendue de l'ancien monde qui se prolonge depuis le détroit de Béhring jusqu'à l'Adriatique et le Maroc, et depuis la pointe septentrionale de la Sibérie jusqu'au cap de Bonne-Espérance, à un autre continent en voie de formation, composé de plusieurs myriades d'îles au milieu d'un océan de coraux et de polypes, on aura défini en quelque sorte ce qu'on est convenu d'entendre par le mot *Orient*. La superficie comprise entre ces limites dépasse 80 millions de kilomètres carrés ; sa largeur, calculée seulement sur la ligne de l'équinoxe, est de plus de 250 degrés, c'est-à-dire d'au moins les deux tiers de la circonférence terrestre. Considéré au point de vue du nombre de ses habitants, l'Orient ainsi entendu, malgré ses steppes, ses déserts et ses parties inexplorées qu'on ne peut recenser, renferme une population qui ne doit guère être évaluée à moins de huit cent millions d'âmes.

Trois régions principales divisent cet Orient conventionnel : désignées comme parties du monde, on les nomme Asie, Afrique et Océanie. Dans la première, on voit au centre les plus hautes montagnes de notre planète, puisque le pic d'Everest, dans la chaîne de l'Himâlaya, atteint 8840 mètres au dessus du niveau des mers, altitude deux fois supérieure à celle du Mont-Blanc ; des fleuves majestueux, qui ne le cèdent en longueur qu'aux immenses cours d'eaux des deux Amériques, l'arrosent en tous sens ; et d'énormes lacs, sortes de mers intérieures, complètent l'admirable géographie de ces contrées.

Au sein de ce gigantesque hémisphère, s'élèvent les villes les plus grandes et les plus populeuses du monde, car Pé-king, la capitale du Céleste-Empire, qui n'a pas moins de 36 kilomètres de circuit avec une population de plus de 2 millions d'âmes, n'est surpassée en étendue que par Yédo, la principale ville japonaise, dont on porte le nombre des habitants au chiffre prodigieux de 2 millions et demi [1].

A part ces capitales, qui laissent derrière elles Paris

---

[1] Dans ce chiffre, il faut comprendre la population de la ville proprement dite et de ses environs, de même qu'on ne doit pas affecter le chiffre de 2 millions trois cent mille âmes à la population de Londres proprement dite (*The City*). Quelques auteurs ont cependant élevé le nombre des habitants de Yédo jusqu'à 10,000,000 ; mais leur évaluation est évidemment fort exagérée.

et Londres, l'Orient asiatique offre à nos yeux étonnés et à notre imagination ravie les plus célèbres, les plus charmantes et les plus délicieuses cités du monde. Sans parler de Constantinople et de son admirable bosphore, de ses nombreuses mosquées, de ses minarets gracieux dont les flèches aériennes et dorées s'élancent vers l'azur du ciel et donnent un aspect riant à l'intérieur de la ville qu'entourent au dehors, comme d'une couronne funèbre, les cyprès touffus des cimetières, nous avons à citer, en Asie Mineure, les saintes localités de la Judée, Bethléem et la triste Jérusalem; Smyrne, déjà dix fois détruite et dix fois relevée de ses ruines; Van et ses monuments gigantesques couverts d'inscriptions que l'historien arménien Moïse de Chorène attribue à Sémiramis; Mossoul, aux portes de laquelle l'infatigable activité de M. Botta, notre consul, est parvenue à retrouver les ruines de l'antique Ninive; Alep, Tyr et Sidon, également riches de souvenirs; — en Arabie, Médine, capitale primitive du fameux empire des khalifes, avec ses 30 écoles; la Mekke, ville sainte de l'Islamisme; Djeddah, où l'on conserve religieusement le prétendu tombeau d'Ève et la pierre noire sur laquelle la mère du genre humain reposa la tête; — en Perse, la ville royale de Téhéran et la charmante Chiraz, non moins célèbre par ses poëtes que par la beauté proverbiale de ses femmes et l'excellence de ses vins; — en Tartarie, Boukhâra, l'Athènes asiatique et le rendez-vous des littérateurs persans et de leurs disciples; — au Tibet, Hlassa et ses innombrables couvents bouddhiques; — dans l'Inde, Delhi, dernière résidence des

grands Mogols; Bénarès, où naquit le bouddha Çakya-
Mouni; Allahabad, Madras, Calcutta et tant d'autres
magnifiques résidences princières où le luxe asiatique
a prodigué l'or, le marbre, le porphyre, la lazulithe,
en un mot tout ce qu'on peut imaginer de plus rare et
de plus précieux dans le pays privilégié des *Mille et
une Nuits;* — dans l'extrême Orient enfin, Bangkok et
son féerique palais; Nan-king avec sa fameuse tour, et
Myako, la splendide et voluptueuse résidence des ponti-
fes japonais.

Puis, après avoir contemplé tant de riches et bizarres
contrées, tant de sites variés et pittoresques, sous les
climats les plus divers, depuis les steppes glaciales de
la Sibérie du nord jusqu'aux régions brûlantes de l'A-
rabie et de l'Inde; après avoir recueilli sous toutes ces
latitudes les productions infinies des trois règnes de la
nature, productions qui recèlent à n'en pas douter mille
et mille secrets inconnus à la médecine, aux sciences
naturelles et à l'industrie, il s'en faut encore de beaucoup que nous ayons épuisé tout ce que l'Orient présente d'utile, de curieux, de palpitant, à notre étude
et à nos méditations. — L'homme ne nous est pas encore
apparu : il va paraître, et avec lui la poésie, les arts, la
religion, la philosophie. Tout à l'heure l'Orient nous
parlait aux yeux : il va nous parler au cœur.

Le nombre considérable des différentes nations orientales et la haute antiquité de leur histoire, expliquent
la variété que l'ethnographe rencontre dans l'étude des
mœurs de l'Orient. Les coutumes les plus caractéris-
tiques et les plus singulières y saisissent l'esprit des

plus intéressants problèmes qu'il soit possible de poser sur les destinées de l'homme. Partout ce sont des enseignements féconds, des conceptions merveilleuses, des exemples touchants à enregistrer.

La femme, ce puissant mobile du progrès et de l'émancipation des races, nous apparaît en Orient sous les aspects les plus divers. En Chine, à côté du froid positivisme de l'homme, la femme n'est que poésie et idéal. Cette poésie est toute terrestre et cet idéal tout humain, j'en conviens, — mais, avec l'une et l'autre, elle ne s'élève pas moins au-dessus de la passion égoïste et brutale, pour aimer d'esprit. La femme chinoise n'a rien de cette imagination vagabonde, de cet enthousiasme surhumain que nous rencontrerons ailleurs. Sans cesse en présence d'un époux en qui le triste réalisme a détruit toutes les célestes aspirations de l'âme, elle doute parce qu'il doute, mais elle n'en aime pas moins parce qu'il souffre. Épouse, elle abandonne à jamais l'idéal que jeune fille elle avait rêvé, parce que lui, il ne rêve pas.

Dans l'Inde, au contraire, où la séve de la nature est plus abondante et le ciel plus incitant, la femme a brisé tout d'abord les chaînes qui la retenaient à la terre, et sa vigilante imagination lui a révélé une vie meilleure. C'est tout au plus si l'on peut dire qu'elle appartient en quelque chose à ce monde où elle passe. Pour elle, quand elle aime, la vie présente est peu, la mort n'est rien. Elle sait bien le prouver : et, au moment où la fumée commence à environner, comme d'un voile lugubre, le bûcher qui doit consumer les dépouilles mor-

telles de son époux, elle s'y précipite et y tombe, pour
ne plus se relever qu'aux rayons d'un autre soleil.

La femme, — nous venons de le voir, — est en Chine
tout amitié, dans l'Inde tout dévouement; dans l'O-
rient musulman elle est tout amour. Les purs épanche-
ments de l'âme, la sainte union des cœurs, ont fait
place chez elle aux tressaillements convulsifs de la passion la plus fougueuse. La femme de Chiraz, par exemple, s'exhale tout entière dans un baiser.

Et qu'on n'aille pas croire que les liens les plus sacrés
de la famille soient moins religieusement gardés en
Orient que parmi nous. « Tout est calculé chez les
« Orientaux, disait Napoléon Ier, pour qu'ils puissent
« garder leurs femmes et s'assurer d'elles; toute notre
« vie, au contraire, en Occident, est calculée pour que
« nous ne puissions les garder et que nous soyons obli-
« gés de nous en rapporter à elles. » — Je sais bien
qu'en se plaçant à notre point de vue, à celui de nos
dames surtout, il semble y avoir quelque chose de ty-
rannique dans le mode de réclusion de la femme, non-
seulement en Turquie, mais aussi chez les Arabes, les
Persans, les Indiens, et même chez les Chinois. Les
dames européennes plaignent généralement les odalis-
ques, que les mœurs voluptueuses des sultans et des
seigneurs retiennent captives dans les harems. Eh bien!
le croirait-on; par une bizarre réciprocité, elles aussi
vous plaignent de ne pas être ce qu'elles sont. Au
moyen âge, dans l'Europe chrétienne, il était permis
au mari de battre sa femme, voire même de la blesser,
« pourvu, dit la royale ordonnance, que la blessure

« oncques ne dépasse pas les bornes d'une honneste
« correction ' ». Le Coran, ce code rigoureux du prophète de par le sabre, n'a jamais rien dit de pareil. A
la déférence près qu'elles doivent toujours avoir pour
leur mari, il y a bien peu de chose dans la condition
de la femme en Orient qui ne puisse être également
goûté par nos dames; et, tout bien examiné, l'existence
purement intérieure et domestique de la femme turque,
par exemple, est à la lettre l'idéal qu'a rêvé M. Miche-
let. Les gynécées d'Orient ne sont donc pas si épouvan-
tables. La liberté a des charmes, je le sais; mais a-t-on
absolument tort de croire, en Turquie, que la captivité
en a quelquefois davantage?

Pour compléter cette esquisse rapide de l'ethnographie orientale, dont je puis tout au plus effleurer quelques points, il me faudrait arrêter les regards sur le
Tibet, le Ladâk et le pays des Kassias, où, suivant une
triste coutume, rapportée par les voyageurs, la femme,
à l'inverse des pays musulmans, partage ses tendresses
entre les différents époux qu'on a unis à son sort; sur
le Kamboje, où la première nuit nuptiale, à une certaine époque, était consacrée aux prêtres; sur la Nouvelle-Zélande, où les chefs ont le privilége de rendre
*tabou,* c'est-à-dire sacrées et inviolables, les femmes qui
leur plaisent, après quoi elles n'ont plus le droit de
sacrifier à l'amour, fussent-elles répudiées vierges par
eux; sur l'île de Tycopia, où les liens du mariage sont

---

' *Recueil des Ordonnances des Rois de France,* tome XII,
page 541.

indissolubles, même après la mort de l'un des con-
joints; sur les Fidji, où les veuves se coupent volontairement un doigt de la main et du pied, comme témoignage extérieur de la perte qu'elles ont faite; sur les
îles Tonga, où les jeunes filles disposent librement de
leurs charmes jusqu'au jour où elles prennent un
époux; sur la polygamie désordonnée d'Achanti, où le
roi entretient 3,333 femmes dans son harem; sur le
Soudan, où la méfiance des indigènes a donné naissance
à la douloureuse coutume de l'infibulation; sur les
nombreuses contrées de l'Afrique, où les héritages, se
transmettant en lignée féminine, détruisent l'équilibre
social au profit du beau sexe; etc., etc.

Les cérémonies funèbres, la manière d'envisager la
mort, les devoirs rendus aux dernières dépouilles, le
culte enfin de ceux qui ne sont plus, offrent au penseur
autant de faits qui lui permettent de toucher du doigt
l'idée que chaque peuple attache à la nature de l'homme
et à ses destinées. En Chine, au Japon et par tout l'extrême Orient, le culte des aïeux et des défunts est
demeuré un des fondements les plus essentiels de
l'ordre social. Au Tibet et en Tartarie, l'habitude d'exposer les corps inanimés sur les lieux élevés et sur les
arbres, dans le but de les faire dévorer par les vautours
et les corbeaux, semble provenir d'une sorte de foi
dans une vie ultérieure; tandis que les momies des
Égyptiens et des Guanches sembleraient témoigner
d'un matérialisme grossier, si l'interprétation des pa-
pyrus et les traditions de l'antiquité ne nous faisaient
entrevoir le sens occulte et tout spiritualiste des étran-

ges images de la vallée du Nil, ainsi que des monuments babéliques qu'elle renferme. On attribue enfin aux indigènes de diverses contrées de l'Inde, des îles Mariannes et de plusieurs autres points de l'Océanie, l'effrayante coutume d'ensevelir dans leurs propres entrailles les chairs cadavéreuses de leurs plus proches parents. De quelque manière qu'on qualifie cet usage, il n'approche cependant pas à beaucoup près de ce que raconte Hérodote de la tribu des *Padæi*, qui, comme les *Batta* de nos jours, tuaient leurs parents, lorsque, au déclin de la vie, ils commençaient à devenir infirmes.

Quiconque veut remonter aussi loin que possible le cours des temps doit se placer au centre de ce continent asiatique, si riche en souvenirs. Des hautes montagnes de la chaîne de l'Himâlaya, non-seulement l'horizon de la nature s'ouvre plus large aux regards étonnés, mais encore une émotion religieuse, de saints frémissements, l'écho de voix secrètes y dissipent les plus épaisses ténèbres du passé. « Saluons ces sommets « sacrés, où les grandes races qui portaient dans leur « sein l'avenir de l'humanité contemplèrent pour la « première fois l'infini, et inaugurèrent les deux faits « qui ont changé la face du monde, la morale et la rai- « son. » Ainsi parle un de nos savants confrères [1], un illustre écrivain de notre époque, à qui l'on ne reprochera certes pas souvent les vues exaltées et les rêveries. Saluons donc avec lui ces monts gigantesques que les plus antiques traditions populaires, *vox populi*,

---

[1] M. Ernest Renan, *de l'Origine du langage*, page 231.

*vox Dei,* traditions confirmées de jour en jour par les découvertes de la science, nous donnent pour le foyer primitif de la civilisation et pour le berceau de l'humanité pensante.

De là, coulant à la fois de toutes ses sources, la pensée de l'homme a, dans un instant d'enthousiasme et d'extase, créé Dieu. Et bientôt nous voyons la civilisation naissante de la Chine instituer le culte monothéiste du Chang-ti, « le Dieu suprême », tandis que l'Inde, plus fortement pénétrée des merveilles de la création et plus vivement impressionnée par elles, divinise toutes les forces de la nature qu'elle contemple et les plus profondes sensations qu'elle éprouve. Déjà l'on entend retentir jusque dans la vallée du Gange les hymnes religieux des Véda; et, du faîte du mont Mérou, Brahma traduit les attributs divins en une trinité qui doit se perdre bientôt au milieu d'un olympe de petits dieux et de déesses.

Puis, c'est en Perse que l'étincelle religieuse vient allumer un nouveau foyer de civilisation. Zoroastre paraît, et avec lui le culte du feu. L'univers se partage, le bien et le mal se contemplent et se menacent, et Ormuzd et Ahriman ont leurs adorateurs et leurs autels.

Avec la pluralité des dieux et les cérémonies de leur culte, naissent les images et les arts. L'Assyrie sculpte sur d'énormes blocs de pierres les figures colossales de ses pénates, tandis que la Grèce, par un retour vers la nature et par une esthétique nouvelle, taille dans le marbre des dieux aux proportions humaines.

En même temps, la race sémitique, que des savants

recommandables ne seraient pas éloignés de faire provenir du berceau commun aux Chinois, aux Indiens et
aux Perses, appuyée sur une idée monothéiste épurée,
vient prendre place dans l'arène de la civilisation. A
l'idolâtrie arienne et à la foule exubérante de ses petits
dieux, elle oppose son Eloïm, le Dieu qui est *Celui qui
est*. Le veau d'or est détruit, et le monothéisme vient
féconder la terre sacrée où doivent résonner pour la
première fois les consolantes paroles de la bonne
nouvelle.

Mais bien avant que l'événement rédempteur soit
venu révolutionner le monde, une autre idée s'est dé-
veloppée, fruit de plusieurs milliers d'années, sur le
sol africain, et c'est cette idée qui doit venir un jour
libérer l'humanité de ses chaînes. Les prêtres de l'antique Égypte — dont les historiens nous vantent unani-
mement les lumières et la sagesse — ont enseigné à
Pythagore, suivant une tradition conservée par Porphyre, les premiers principes de la philosophie que
devaient développer plus tard Socrate, Platon et Aris-
tote.

Tandis que, d'un côté, l'idée religieuse répandue sur
le vieux continent y plonge de toutes parts ses profondes racines, la philosophie vient lutter corps à corps
avec elle et lui disputer l'empire du monde. La lutte
engagée il y a près de 3000 ans se continue, et à l'avenir seul est réservé le nom du vainqueur. Je me trompe :
il n'y aura pas de vainqueur; car l'élément religieux
pas plus que l'élément philosophique ne doit périr,
puisque l'un et l'autre dérivent du Dieu de l'éternelle

beauté, du bien et du vrai. L'avenir conciliera l'un
et l'autre; et, ouvrant les yeux que le préjugé aura
longtemps tenus fermés, il réunira les combattants,
leur criant de sa voix douce et persuasive : « Aimez-
vous les uns les autres. »

Et la loi d'amour consommera l'œuvre de l'homme
et lui conquerra la Terre promise. La charité, ce divin
héritage du Dieu-Homme mourant sur la croix, inau-
gurera ce beau règne, sans lequel la vapeur franchis-
sant l'espace et l'électricité anéantissant l'étendue ne
seront que les instruments du crime au service des
puissants contre les faibles.

Qu'on n'aille pas croire cependant que la loi d'a-
mour, qui est l'âme de toute société comme l'intérêt
égoïse en est la mort, n'a pas encore régné sur le
monde. Dans les saintes aspirations de l'humanité
jeune, cette loi d'amour était gravée au fond des cœurs
et tous palpitaient pour elle. Sans cela, l'homme se
serait-il jamais élevé à ces conceptions merveilleuses, à
ces institutions grandioses, à cette poésie suave dont
les monuments écrits de l'antiquité nous ont laissé de
si précieux souvenirs? Sans cela, la Chine eût-elle conçu
tout d'abord les principes si élevés et si généreux de la
politique des saints empereurs Yao et Chun? Eût-elle
pénétré le grand Yu d'une noblesse de sentiments que
les peuples modernes envieraient pour leurs meilleurs
rois? La pensée populaire, dans les chants du *Chi-king*,
eût-elle exhalé un parfum si exquis de vertu et de tou-
chante simplicité? L'Inde brahmanique eût-elle inspiré
de si brillants poëtes et de si vigoureux dramaturges;

et, après avoir épuisé les charmes d'une poésie large et
harmonieuse, le bassin du Gange eût-il enfanté, dans la
personne de Çakya-Mouni, le plus suivi, le plus écouté
de tous les Instituteurs du genre humain?

On dira, il est vrai, que les riches couleurs sous lesquelles je me plais à envisager l'Orient ont été de très-
bonne heure ternies, et que d'innombrables taches de
sang innocent en ont vingt et vingt fois caché les plus
vifs reflets. Je n'essayerai pas de le dissimuler : l'histoire a parlé; et pour conserver l'éclat du tableau, il
n'est pas nécessaire, apologiste maladroit, de faire l'é-
loge de ses défauts, non plus que de les passer sous silence. Il en a été de la civilisation orientale comme de
toutes les choses qui ont accompli leur terrestre destinée. Primitivement pure et noble, comme l'âme qui
sort des mains de Dieu, elle a atteint son apogée en
roulant le monde, de sorte qu'elle n'a guère conservé,
à l'heure de son déclin, que le bourbier qui l'avait souillée dans sa marche.

Au souvenir d'une telle grandeur et d'une si effroya-
ble chute, l'esprit le plus ferme se prend à trembler.
La raison se croit convaincue d'impuissance, et l'homme, doutant de la Providence et de ses desseins, n'a
plus que l'anathème sur les lèvres. Il renie l'avenir,
comme l'a renié l'un des meilleurs poëtes de notre
époque, après avoir lu l'*Imitation;* et, s'adressant au
progrès, il lui applique la désespérante parole de Caton
à la vertu : «Tu n'es qu'un nom!» Mais en cet instant,
d'un bout à l'autre de l'Occident, une étincelle parcourt l'espace, et les sifflements aigus de la vapeur se

font entendre. Ce sont les peuples de l'Europe qui, par le moyen de leurs télégraphes et de leurs chemins de fer, se concertent et s'unissent pour réveiller l'Orient de sa léthargie et l'émanciper. Déjà le génie puissant du progrès se dispose à ouvrir ses larges ailes et à prendre son vol vers les régions de son enfance. Les navires se pressent dans les ancrages et se préparent à une expédition lointaine [1]. La grande nation qui sait combattre pour une idée veut être au premier rang dans cette lutte suprême de l'activité et de l'inertie. Contre ce magnifique projet, quelques voix cependant s'élèvent : voix funestes, voix sépulcrales, engourdies dans les raffinements égoïstes d'une civilisation qui s'oublie. Au milieu des misérables préoccupations qui rongent et consument leur vie dans d'inutiles efforts, au moment où les deux premières nations du monde, unies pour la plus belle des causes, se disposent à donner le signal du départ, — ces hommes, pour des intérêts de clocher, discutent encore, discutent toujours, et préfèrent les étroites cloisons d'un cercueil d'or aux horizons bleus de l'infini.

Mais de telles considérations ne sauraient arrêter longtemps l'accomplissement des éternels desseins de la Providence ; et bientôt, entraînée fatalement dans sa large zone de révolutions, l'humanité reprend à grands pas sa marche vers l'Avenir. L'Asie, d'une part, a doté le monde de l'idée religieuse ; cette idée a groupé

---

[1] Au moment où cet article a été lu à la Société d'Ethnographie, on se disposait à entreprendre la mémorable campagne qui a abouti à la prise de Pé-king et à l'ouverture définitive des ports de la Chine.

les peuples sous une loi plus générale, sous une plus
vaste unité ; et, pénétrant jusque dans les replis les
plus profonds de leur âme, elle y a gravé cette conso-
lante promesse : « Vous n'avez qu'un père au ciel, vous
ne formerez qu'une seule famille sur la terre. » Des
rapports journaliers des peuples européens est résul-
tée, d'autre part, cette civilisation toute scientifique et
industrielle qui se continue de nos jours en Amérique,
civilisation essentiellement positive, qui a besoin de se
retremper dans l'élément religieux qui lui fait défaut.

C'est donc par un retour vers l'Orient que l'œuvre
de l'humanité se complétera ; ou plutôt, le Génie de la
civilisation, parti d'Orient à l'origine de l'histoire, après
avoir parcouru l'Europe dans toute son étendue, pas-
sera par l'Amérique, terre pleine de virilité et de force,
et ira par l'Océanie, véritable trait d'union des deux
mondes, se résumer à son berceau, que le divin Créateur a voulu placer sur le point culminant du globe.

Je n'ajouterai qu'un mot : Si je me suis décidé à
prendre la parole, un jour où des voix plus éloquentes
que la mienne doivent se faire entendre, c'est moins
pour rappeler combien est vaste et magnifique le champ
de nos études, que pour remercier mes excellents collègues du concours amical et éclairé qu'ils n'ont cessé
de me prêter dans la tâche que nous avons entreprise
pour l'honneur de notre pays et pour le développement des nobles idées qu'il représente dans le grand
concert des nations civilisées.

# LE LAO.

——

## NOTICE HISTORIQUE.

« Aucune des nations de l'Asie, dit le docteur Gützlaff [1], n'a attiré aussi peu l'attention que la race nombreuse des Lao, qui possède cependant une histoire nationale écrite, commençant peu d'années après la fondation de notre ère. Elle s'est silencieusement répandue sur tout l'intérieur de la péninsule qu'elle habite ; elle a pénétré au travers des plus épaisses forêts et subséquemment éclairci le sol de ses arbres gigantesques et de sa luxuriante végétation. Elle est devenue également habile pour l'exploitation des mines, et a mis au jour la plus grande partie de l'or, de l'argent et du cuivre qui circulent aujourd'hui dans l'An-nam, en Chine et au Siam. »

Il est, en effet, peu de populations qui soient plus intéressantes à étudier que celle qu'on comprend sous le nom peu précis de Lao, de la connaissance desquelles

---

[1] Dans une notice présentée par sir George Staunton à la Société royale de Géographie de Londres.

dépendent autant d'importants problèmes ethnographiques, et dont on ait parlé d'ordinaire avec autant de légèreté et si peu de connaissance de cause. Répandues, comme le dit fort bien Gützlaff, sur de vastes territoires, en Cochinchine, au Siam, en Barmanie, jusqu'aux régions du Tibet, en Chine, dans les montagnes du Yunnan, du Hou-nan et du Kouang-si, elles n'ont guère été mentionnées que par des voyageurs qui en avaient vu quelques individus éloignés de leurs foyers, et, si l'on peut s'exprimer ainsi, dénaturés par le contact de nations au milieu desquelles ils n'étaient pas faits pour vivre, et où ils ne figuraient que comme de pauvres hères abandonnés du sort et égarés sur une terre étrangère.

Mgr Pallegoix, évêque de Mallos, auquel on doit d'ailleurs une intéressante notice des Lao, nous présente sur leur compte des observations ethnographiques qui ne me paraissent pas admissibles sans quelques réserves. Ces peuples, suivant le savant prélat, ont la même origine que les *Thaï;* leur langage est très-doux et a beaucoup de rapports avec la langue thaï, au point que ces deux nations peuvent s'entendre mutuellement; leur écriture enfin ressemble beaucoup à celle des Khmer ou Kambodjiens.

Or, il paraît évident qu'il ne s'agit ici que des Lao en quelque sorte naturalisés Thaï, ce qui est d'autant plus vraisemblable que Mgr Pallegoix leur donne des noms siamois (*Lao-P'oung-dam* [1], *Lao-P'oung-khao* [2], *Muang-*

---

[1] Lao ventres-noirs.
[2] Lao ventres-blancs.

*lom* [1], *Muang-luang P'ra-bang* [2], etc.); autrement il serait
pour le moins fort hasardé d'attribuer aux Thaï et aux
Lao un berceau commun, du moins dans la région qu'ils
occupent aujourd'hui. Si l'on voulait reporter les problèmes d'origine aux premiers âges du monde, le mo-
nographe n'aurait pas à s'en occuper, surtout vis-à-vis de
doctrinaires qui, professant l'unité physique de l'espèce
humaine, ont tranché le nœud de la question avant
d'essayer de le dénouer. A une certaine époque, il paraît
assez probable que les deux peuples n'en formaient
qu'un; mais cette époque ne doit vraisemblablement
pas être comprise dans le domaine de l'histoire ni dans
les temps postérieurs à l'arrivée des uns et des autres
dans la région de l'Indo-Chine qu'ils occupent de nos
jours. Quant à l'homogénéité du langage, elle me paraît, jusqu'à preuve du contraire, devoir être révoquée
en doute, et l'on peut, je crois, considérer l'assertion
du zélé missionnaire comme la conséquence de l'examen de *Lao* parlant un patois siamois et non l'idiome
particulier de leur race. L'alphabet lao, tel que nous le
connaissons, présente, il est vrai, des ressemblances
frappantes avec l'alphabet kambodjien, mais on y remarque aussi des dissemblances notables; ensuite, cet
alphabet lao n'est point une œuvre des indigènes, mais
il leur a été apporté par les propagateurs du bouddhisme, ce qui exclut toute déduction ethnographique.

---

[1] Localité à l'orient du pays des Lao.

[2] Royaume gouverné par un petit prince tributaire du Siam. Les
indigènes sont en relations journalières de commerce avec les Lolo.

En partie soumis aux souverains des États qui les avoisinent, en partie indépendants, les Lao sont connus dans l'Asie orientale sous divers noms, sans doute également étrangers à leur idiome national. Les uns, livrés à l'industrie et au commerce, se sont accommodés, par intérêt, aux exigences des peuples avec lesquels ils étaient obligés d'entretenir des relations, et ont enduré d'eux toutes sortes d'avanies; les autres, au contraire, conservant les instincts de la vie sauvage, ont repoussé fièrement les avances qui leur étaient faites pour les décider à la soumission, et ont conservé la liberté au prix des innombrables rigueurs de la vie nomade.

Confondus avec les *Miao-tsze*, les *Yao*, les *Lolo* et autres peuplades dites barbares, ils ont émigré jusque dans l'Assam, où ils se sont mélangés avec diverses tribus du Bou-tan et de la région himâlaïenne, et ont répandu sur le parcours de leur migration des espèces de clans, qui n'ont pas tardé à acquérir un caractère superficiel d'originalité.

Les périodes anciennes de l'histoire des Lao nous montrent ces vigoureux autochthones sans cesse en lutte avec les tribus qui les environnent, tantôt agrandissant leur territoire par des conquêtes, tantôt en resserrant les limites par l'abandon de régions qui ne convenaient pas suffisamment à leurs mœurs et à leurs habitudes vagabondes.

Plus tard, nous voyons les marchands lao franchir les frontières de la contrée qu'ils habitent, pour aller trafiquer avec les nations voisines. En 1641, quelques-

uns d'entre eux arrivèrent jusqu'à Batavia, ce qui décida les Hollandais à envoyer un ambassadeur nommé
Wusthoft, qui gagna leur principal établissement, dont
le nom était alors *Vink-jan* (sic). Le voyage dura deux
mois et vingt et un jours, durant lesquels il parcourut
sur le fleuve Mè-kong une étendue de 250 lieues. De
nombreuses chutes d'eau présentèrent de grands obstacles à sa marche, et les bateliers durent souvent
abandonner leurs barques pour continuer la route par
terre, sauf à se rembarquer plus loin, lorsque la rivière
devenait plus facilement navigable. Il eut également
à traverser des jungles épaisses et des montagnes rem-
plies de périls. Le chef des Lao reçut cet envoyé avec
honneur; il le contraignit toutefois à accomplir la cérémonie du prosternement, suivant le mode usité à la
cour de Pé-king.

A cette époque, les Lao étaient en guerre avec le
Tong-kiñ et le Pégou; mais ils entretenaient des relations pacifiques avec la Chine. L'ambassade néerlandaise, n'étant pas parvenue aux résultats qu'elle avait
espérés, dut renoncer aux projets de commerce avec
ces tribus indo-chinoises. Les Portugais, de leur côté,
tentèrent d'obtenir les avantages ambitionnés par les
Hollandais; ils furent renvoyés, comme eux, sans succès.

Les Anglais avaient pénétré dans le pays des Lao, par
le Pégou, avant l'année 1587, et les membres des fac-
toreries de la Compagnie avaient visité une partie du
pays, lorsque des guerres intestines les obligèrent à renoncer à leurs tentatives d'établissement. Pendant plus
de deux siècles, les relations cessèrent, et il ne fallut

rien moins que les victoires anglaises en Barmanie pour les renouveler.

Depuis lors, le Lao a été plusieurs fois visité par des missionnaires et des aventuriers européens, qui, dit-on, ont trouvé moyen de s'y établir. Ni les uns ni les autres n'ont donné une relation de ce pays ajoutant quelque chose aux connaissances très-imparfaites que nous possédions avant eux. Il faut espérer que nos colons en Cochinchine auront la curiosité de visiter un sol qui passe pour renfermer de riches métaux, notamment des mines d'or, et qui pourrait bien devenir un jour une nouvelle Californie !

# LE TURKESTAN

## LA TRAITE DES BLANCS.

———

Aux frontières sud-ouest de la Sibérie, non loin des
monts Ourals, se trouve une vaste région de steppes et
de déserts à laquelle les géographes ont donné le nom
de *Turkestan*. De hautes et âpres montagnes en défen-
dent les limites au nord, à l'est et au sud; les eaux de
la Caspienne, qui viennent se perdre sur la plage garnie
de dunes et de rochers arides, protégent le seul côté
ouvert de ses confins. Au milieu de ces frontières naturelles, la contrée se partage en plusieurs bassins dont
le niveau est souvent inférieur à celui de la mer. Plus
de la moitié du pays ne présente que des plaines sté-
riles et sablonneuses : le reste renferme quelques oasis
et des pâturages. La portion habitée par les Kirghis ne
se compose guère que de déserts; on compte un désert
au nord de la Boukhârie et un autre désert à l'ouest;
le khanat de Khiva n'est lui-même qu'une oasis arrosée
par des saignées pratiquées sur la rive gauche de l'Oxus,

et entouré de tous côtés par un océan de sable. Ces
déserts, qui se continuent sur toute la ligne des frontières orientales de la Perse, depuis Hérat jusqu'à Merv,
et depuis Merv jusqu'au cap de Balkan sur la mer Caspienne, sont parcourus par une seule race de Turkomans
connus sous différents noms : Yémoût, Gôklan, Téké,
Akhâl, Sâloûr, etc.

D'un caractère fier et souvent féroce, le Turkoman
traverse à cheval les immenses solitudes du Turkestan,
dont il franchit de temps à autre les limites pour se livrer au plus audacieux brigandage. On aurait peine à
croire chez nous d'où proviennent les principaux revenus du khan de Khiva. La *vente de chair humaine*, pour
me servir de l'expression indigène, ou, en d'autres termes, la traite des blancs, est la source inépuisable des
immenses richesses de ce prince. Les Turkomans des
tribus que nous venons de nommer tout à l'heure ne
vivent que de cet étrange trafic, qu'ils alimentent par
de fréquentes incursions sur le territoire persan. Les
individus des deux sexes leur paraissent une capture
bien plus avantageuse que les marchandises et les autres genres de butin. Un homme dans la vigueur de
l'âge se vend, sur les marchés de Boukhâra ou de Khiva,
de 6 à 800 francs; le prix des femmes varie suivant
leur âge et leur beauté. Ce commerce occupe beaucoup
de bras, et est la principale cause de l'abandon dans
lequel sont laissées les terres cultivables. Afin d'encou-
rager la traite des blancs, le khan de Khiva a un consul
(*sic*) résidant en permanence à Merv, dont les fonctions
principales consistent à régler le tarif de « la chair hu-

maine », et de trouver les moyens les moins dispen-
dieux et les plus sûrs de colporter cette marchandise
soit à Boukhâra, soit à Khiva.

Le climat du Turkestan présente les plus rigoureux
contrastes. Les hivers les plus rudes y succèdent à des
étés brûlants. Durant la morte saison, d'affreux ouragans
de neige désolent le pays et le rendent impraticable.
Les voyageurs perdent presque complétement l'usage
de leurs sens, et c'est à peine s'ils peuvent conserver la
respiration au milieu d'une atmosphère sans cesse obscurcie par d'innombrables flocons de neige. On se rappelle qu'en 1840, l'expédition dirigée par le général
Perovski, aide de camp et favori du tzar Nicolas, fut ar-
rêtée dans sa marche contre Khiva par d'horribles ouragans de neige ; et des 12,800 chameaux qui suivaient l'armée russe, il en périt plus de 12,000. L'été n'est guère
moins insupportable que l'hiver : la chaleur ardente des
rayons solaires dessèche tout dans la nature ; une poussière fine et brûlante parcourt par rafales des plaines
où l'ombre est inconnue, et les déserts ne présentent
plus aux caravanes que de vastes océans de sables en
feu. Aux abords des montagnes, le climat devient plus
doux : les chaleurs de l'été sont tempérées par les nei-
ges perpétuelles qui en couronnent les hauteurs ; les
vents glacés de l'hiver sont arrêtés dans leurs fougues
par ces gigantesques obstacles qui garantissent les ver-
sants de leur souffle de mort.

Si l'on ne jugeait de l'importance de cette contrée
que par les conditions climatologiques dont nous venons de dire quelques mots, on serait assurément peu

disposé à lui assigner le rang qu'elle occupe dans la géographie politique de l'Asie. Mais si, au contraire, reportant les yeux sur la carte, on examine le système de ses eaux et leur heureuse correspondance avec une. sorte de mer ou de grand lac qui baigne l'intérieur du pays, on arrive facilement à conclure que là est la véritable clef de la Chine centrale et de l'Inde, et que la Russie, une fois maîtresse des déserts de la Tartarie indépendante, ne tardera pas à dicter des lois à toute l'Asie, depuis les terres polaires jusqu'à l'océan Indien.

Arrêtons-nous donc un instant sur la question hydrographique.

Au cœur des steppes du Turkestan, et entre le 43° et le 46° parallèle [1], se trouve un lac, qui par son étendue considérable a souvent été qualifié du nom de mer : c'est le lac d'Aral [2]. Il forme une sorte de pendant à la mer Caspienne, tant par le goût saumâtre de ses eaux que par sa position continentale et isolée de toute communication avec les autres mers. Les Turkomans qui habitent l'isthme d'Oust-ourt, situé entre l'Aral et la Caspienne, prétendent qu'il y a des endroits dans les steppes où, en se couchant par terre et y appliquant l'oreille, on entend le bouillonnement d'un courant

---

[1] Entre le 43° 42′ 41″ 2 et le 46° 44′ 42″ 2 de latitude boréale, et entre le 58° 18′ 47″ 7 et le 61° 46′ 4″ 48 de longitude orientale (méridien de M. Greenwich), suivant M. E. Lamanski.

[2] Les Kirghis le désignent dans leur langue par les mots *Aral-Tenghiz,* « la mer des îles ». La pointe méridionale forme à elle seule une sorte de lac marécageux appelé *Laoudan.*

d'eau. Ils en concluent à une communication souterraine entre les deux mers. L'élévation du terrain dans ces parages rend toutefois assez improbable l'hypothèse de l'union primitive de l'Aral et de la Caspienne. Deux fleuves, les plus grands de l'Asie centrale, viennent y porter le tribut de leurs eaux. Le premier, que nous connaissons généralement sous le nom de Iaxartes, et que les indigènes appellent Sihoun ou Sir-déria, prend sa source sur le versant du Mingboulak-tagh (le mont aux mille sources) et va se jeter au nord-est dans l'Aral, par plusieurs embouchures, après un cours de plus de 1,600 kilomètres. Le second, qu'on désigne, comme le précédent, par son ancien nom, l'Oxus, bien qu'on le nomme aujourd'hui Djéïhoun ou Amou-déria, prend naissance dans le lac Sari-koul, et, après avoir parcouru environ 2,000 kilomètres, se partage en deux grands bras, pour aller se déverser à l'extrémité méridionale du lac d'Aral.

Aujourd'hui, le lac d'Aral n'est plus autre chose, en réalité, qu'un lac russe. Le périple, déjà parcouru en 1741, par Mouravine, en a de nouveau été entrepris, par ordre du gouvernement de Saint-Pétersbourg, peu de temps avant la dernière guerre de Crimée, sous la direction du capitaine de la marine impériale Boutakof, et la carte en a été dressée par des ingénieurs hydrographes attachés à l'expédition; de nombreux sondages ont en outre été effectués sur les bords des côtes. Une partie des résultats obtenus en cette occasion ont été consignés dans le bulletin de la Société de géographie de Londres.

Le capitaine Boutakof [1], qui a remonté assez haut le cours des deux grands fleuves dont nous venons de parler, les a trouvés presque partout navigables, même pour des embarcations de fort tonnage. Seul l'Oxus lui a paru réclamer quelques travaux de déblayement, du côté du delta qui en forme l'embouchure. Les eaux, au moment de se décharger dans l'Aral, se séparent et forment plusieurs embranchements, dont l'abord, pour être sans danger, demanderait à être dégagé par le génie maritime. Cette considération détermina le capitaine Boutakof à choisir de préférence les bouches du Iaxartes pour y établir une colonie russe, et cela d'autant plus que les difficultés politiques, presque nulles du côté de ce dernier fleuve, pouvaient n'être pas aussi commodes à lever du côté de l'Oxus. Déjà l'établissement russe des bords du Iaxartes compte plusieurs centaines de maisons bâties par les colons militaires, et une petite flottille, composée de bâtiments construits dans les chantiers de l'Oural, avec des pièces envoyées d'Orembourg à dos de chameau, stationne dans les environs. Les embarcations russes, chargées de marchandises ou

---

[1] C'était le capitaine Boutakof, aujourd'hui contre-amiral, qui commandait le *Wladimir*, l'un des plus beaux bâtiments de la marine impériale, lors de la dernière guerre de Crimée. Quelques semaines après la déclaration de blocus de tous les ports de cette presqu'île par les alliés, la Société de Géographie de Londres reçut la description détaillée du périple de la mer d'Aral. Si la complication de la politique européenne n'avait pas absorbé alors tous les esprits en Angleterre, cette communication inattendue aurait fortement préoccupé l'attention du cabinet de Saint-James, qui ne pouvait en méconnaître la nature et la portée.

de voyageurs, ont entrepris plusieurs fois de remonter le cours du fleuve et sont parvenues, sans embarras sérieux, jusque dans la région de Khôkan. Par ce seul fait, la plus grande partie du territoire baigné par le Sir-déria se trouve annexée aux nouvelles provinces tartares de la Sibérie.

Si la domination russe ne s'étend pas sur l'Oxus aux mêmes titres que sur le Iaxartes, il n'en est cependant pas moins vrai qu'elle pèse déjà d'une manière manifeste sur les tribus riveraines de ce fleuve. Un jour ou l'autre, la Russie s'emparera, par la force de ses armes, des khanats de Khiva et de Boukhâra, au milieu desquels passe l'Oxus, pour se rendre à la mer. Déjà, à une époque encore toute récente, il a été sérieusement question d'une alliance offensive entre la Russie et la Perse, à l'effet de détruire le brigandage des Turkomans et d'anéantir, par la prise de Khiva, la traite des hommes, que les Turkomans poursuivent avec une si infernale activité dans tout le nord du Khorasan. Des difficultés géographiques sérieuses s'opposant à ce que les Russes attaquassent les Khiviens par le nord, le projet consistait à envoyer par la Caspienne des troupes régulières dans la province de Mazendéram, où elles se seraient réunies à l'armée persane, pour marcher contre les Turkomans.

Une fois établis à Khiva, — et ils s'y établiront au premier jour, — les Russes, maîtres de la plus grande partie du Turkestan, trouveront la route ouverte jusqu'à l'Himâlaya. En effet, l'Oxus, que l'infortuné voyageur anglais Alexander Burnes a trouvé navigable à la hau-leur de Boukhâra, peut fournir, non-seulement une excellente voie de communication entre l'Aral et Bamiân, Koundouz ou toute autre localité du nord de l'Inde; mais encore à relier entre elles les villes capitales de Khiva, de Boukhâra et de Balkh.

Le peu de détails qui précèdent suffisent, il nous semble, pour montrer les motifs qui ont porté les derniers tzars à tourner leur attention du côté de la petite mer d'Aral, et pourquoi ils ont attaché tant d'importance à la possession d'un lac perdu au milieu d'immenses déserts et presque oublié dans nos géographies.

Cinq États principaux composent ce que nous avons désigné sous le nom de Turkestan. On les distingue communément sous les noms suivants : 1° les Kirghiz-Kaïzaks, au nord de la Sibérie occidentale; 2° le khanat de Khiva, au nord de la province persane du Khorassan; 3° le khanat de Boukhâra, à l'est du précédent et au nord de Hérat; 4° le khanat de Koundouz; et 5° le khanat de Khôkand, à l'est.

Le pays des Kirghis-Kaïzaks domine tous ces États vers le nord, et s'étend sur une superficie de douze cent mille kilomètres carrés. Le nombre de ses habitants dépasse le chiffre de deux millions. Ils sont répartis en trois hordes ou *djouz*.

Tout le territoire des Kirghis-Kaïzaks est couvert de forteresses russes et placé sous l'autorité du Tzar. C'est à peine s'il reste parmi ces nomades le souvenir de leur ancienne dépendance de la Chine. A l'époque où écrivait Levchine, c'est-à-dire en 1832, la grande horde envoyait encore en Chine le tribut appelé *yasak*, qui se composait d'un certain nombre de têtes de bétail; mais ce tribut n'était reçu à la cour de Pé-king que pour conserver une suzeraineté nominale sur ces peuples, car les cadeaux qu'elle rendait en échange l'emportaient toujours en valeur sur les présents des Kirghis [1].

Le khanat de Khiva, situé à l'extrémité méridionale du lac d'Aral, est baigné par l'Amou-déria, qui atteint, dans cette partie du Turkestan, sa plus grande largeur. Les pâturages y sont magnifiques et servent à la nourriture de nombreux troupeaux.

On prétend que le khan de Khiva peut lever une cavalerie de 25,000 hommes, dont un cinquième au plus est armé de fusils, le reste n'ayant pour combattre que des sabres ou des lances. Depuis 1850, les Khiviens possèdent quelques canons, mais ils ne savent pas encore s'en servir convenablement. Il en résulte que leurs déserts sont encore de beaucoup plus utiles à leur indépendance que leurs cavaliers et leur artillerie.

L'indépendance de la Khivie, plusieurs fois compromise, est chaque jour de plus en plus menacée. Rehman Kouli-khan a dû reconnaître, en 1854, le protectorat du Tzar, qui a acquis le droit d'entretenir une garnison à Ourgentch, localité située au milieu du territoire khivien, entre la ville de Khiva et le lac d'Aral.

Le khanat de Boukhâra est la plus riche oasis du Turkestan. On le dit peuplé de près de 3 millions et demi d'habitants.

---

[1] Levchine, *Opisanié Kirgize-Kaïzalcheiche ili Kirgize-Kaïzakskiche orde i stépeï*, vol. III, pp. 161, 162.

Le khan de Boukhâra s'honore du titre de Prince des Croyants (*émir el-moumenin*). Il peut, dit-on, lever une armée de 60,000 hommes, presque tous cavaliers, mais pour la plupart pourvus seulement d'armes blanches.

Le khanat de Koundouz est situé entre la Boukharie et l'empire chinois, à l'extrémité sud-est du Turkestan, non loin des frontières septentrionales de l'Inde. C'est, avec Boukhâra, le point de mire politique de l'Angleterre et de la Russie. Ce petit État, qui par lui-même ne saurait présenter de résistance sérieuse aux forces militaires de l'une ou l'autre de ces deux grandes puissances, a des chances de conserver encore quelque temps son indépendance, par la raison même de la double convoitise dont il est l'objet.

# GHIA-LOUNG

## ET

## LES FRANÇAIS EN COCHINCHINE

## (1779-1820).

———

Ghia-loung, l'un des plus célèbres empereurs d'Annam et le dixième de la dynastie actuellement régnante des Ngouièn, naquit vers 1760. Avant de monter sur le trône, il se nommait *Ngouièn-tchoung* ou *Ngouièn-an*.

Échappé presque par miracle à la mort, au milieu du bouleversement qui signala la terrible et mémorable époque des *Montagnards occidentaux* [1], ce jeune prince s'était réfugié dans la demeure d'un missionnaire français, le P. Pigneau [2], qui le reçut

---

[1] Le nom de *Taï-sœn* « montagnards occidentaux » vient de ce que les chefs de cette formidable insurrection étaient originaires des montagnes situées à l'ouest de la province de *Ki-non*.

[2] Pierre - Joseph - George Pigneau de Behaine, né au bourg d'Origny, près Laon, au mois de décembre 1741, arriva dans l'île de Ilon-dat, province de Kan-kao, près du Kambodje, en 1767. Il fut nommé, en 1770, évêque d'Adran, et l'année suivante vicaire apostolique de la Cochinchine.

avec joie et le garda, ainsi que sa femme, son fils, sa sœur
et l'ex-reine, jusqu'au moment où, les Taï-sœn s'étant
retirés à Saï-gon, il put reparaître au grand jour. Encouragé par les habiles conseils de celui dont la généreuse
hospitalité lui avait sauvé la vie, Ngouyen-añ se forma
une armée et se fit proclamer en 1775, en même temps
que le fameux rebelle Ñak se faisait déclarer Souverain-
Empereur sous le titre de *Taï-duk*.

Toutefois, Ghia-loung ne devait pas jouir longtemps
de la dignité dont il venait d'être investi. Poursuivi par
l'empereur des rebelles, il alla chercher un refuge dans
une des îles du golfe de Siam, où il fut accompagné
par le P. Pigneau, qui ne cessa de lui servir d'ami et
de conseiller intime dans tout le cours de sa vie agitée.

Cependant les Cochinchinois se fatiguaient chaque
jour davantage du gouvernement des rebelles, et un
certain nombre de ceux qui se trouvaient en état de
prendre les armes étaient venus rejoindre Ghia-loung
dans sa retraite. Lorsqu'ils furent réunis au nombre de
1,000 à 1,200, ce prince songea au moyen d'assurer
son rétablissement. L'intervention du P. Pigneau le décida néanmoins à différer son projet de restauration et
à envoyer d'abord une ambassade à Louis XVI, dans le
but d'obtenir de la France les secours dont il avait besoin pour remonter sur le trône. Il offrit en échange la
cession du promontoire et de la baie de Tourane, de
l'île Hoï-nan et de Poulo-Condor, sur la côte de Cochinchine, et, en cas de besoin, 60,000 soldats tout
équipés pour la défense de ces territoires.

[1787] L'ambassade une fois organisée, Pigneau se

rendit en France, accompagné du jeune fils de Ghia-
loung, et alla faire part à la cour de la mission dont il
était chargé. Un traité d'alliance offensive et défensive
fut alors signé à Versailles par les comtes de Montmorin et de Vergennes pour le roi de France, et par le fils
de Ghia-loung pour son père. L'importance de ce document nous fait un devoir de le reproduire ici [1] :

NGOUYÉN-ANH, roi de Cochinchine, ayant été dépouillé
de ses États, et se trouvant dans la nécessité d'employer
la force des armes pour les recouvrer, a envoyé en
France le sieur P.-J.-G. Pigneau de Behaine, évêque
d'Adran, dans la vue de réclamer le secours et l'assis-
tance de Sa Majesté le ROI TRÈS-CHRÉTIEN; et Sadite Majesté, convaincue de la justice de la cause de ce prince,
et voulant lui donner une marque signalée de son amitié comme de son amour pour la justice, s'est détermi-
née à accueillir favorablement la demande faite en son
nom. En conséquence, elle a autorisé le sieur Montmorin à discuter et arrêter avec ledit sieur évêque d'A-
dran, la nature, l'étendue et les conditions des secours
à fournir, et les deux plénipotentiaires, après s'être
légitimés, savoir : le comte de Montmorin en communi-
quant son plein pouvoir, et l'évêque d'Adran en produi-
sant le grand sceau du royaume de Cochinchine, ainsi
qu'une délibération du grand Conseil dudit royaume,
sont convenus des points et articles suivants :

---

[1] Ce traité paraît ici pour la première fois. Barrow en a donné
un résumé dans ses *Voyages à la Cochinchine*, t. II, p. 207, mais
d'une façon fort inexacte et qui ne saurait donner une idée juste
de l'original.

Le Roi Très-Chrétien promet et s'engage de seconder de la manière la plus efficace les efforts que le Roi de la Cochinchine est résolu de faire pour rentrer dans la possession et la jouissance de ses États.

Pour cet effet, Sa Majesté Très-Chrétienne enverra incessamment sur les côtes de la Cochinchine, à ses frais, quatre frégates avec un corps de troupes de 1200 hommes d'infanterie, 200 hommes d'artillerie et 250 Caffres ; ces troupes seront munies de tout leur attirail de guerre, et nommément d'une artillerie compétente de campagne.

Le Roi de Cochinchine, dans l'attente du service important que le Roi Très-Chrétien est disposé à lui rendre, lui cède éventuellement, ainsi qu'à la couronne de France, la propriété absolue et la souveraineté de l'île formant le port principal de la Cochinchine, appelé *Hoi-nan*, et par les Européens *Touron ;* et cette propriété et souveraineté seront incommutablement acquises dès l'instant où les troupes auront occupé l'île sus-mentionnée.

Il est convenu en outre que le Roi Très-Chrétien aura, concurremment avec celui de la Cochinchine, la propriété du port susdit, et que les Français pourront faire sur le continent tous les établissements qu'ils jugeront utiles, tant pour leur navigation et leur commerce, que pour garder et caréner leurs vaisseaux et pour en construire. Quant à la police du port, elle sera réglée sur les lieux par une convention particulière.

Le Roi Très-Chrétien aura aussi la propriété et la souveraineté de Poulo-Condor.

Les sujets du Roi Très-Chrétien jouiront d'une entière liberté de commerce dans tous les États du Roi de la Cochinchine, à l'exclusion de toutes les autres nations européennes. Ils pourront, pour cet effet, aller, venir, et séjourner librement, sans obstacle et sans payer aucun droit quelconque pour leurs personnes, à condition toutefois qu'ils seront munis d'un passeport du commandant de l'île d'*Hoi-nan*. Ils pourront importer toutes les marchandises d'Europe et des autres parties du monde, à l'exception de celles qui sont défendues par les lois du pays. Ils pourront également emporter toutes les denrées et marchandises du pays et des pays voisins, sans aucune exception; ils ne payeront d'autres droits d'entrée et de sortie que ceux qu'acquittent actuellement les naturels du pays, et ces droits ne pourront être haussés en aucun cas et sous quelque dénomination que ce puisse être.

Il est convenu, de plus, qu'aucun bâtiment étranger, soit marchand, soit de guerre, ne sera admis dans les États du Roi de Cochinchine que sous pavillon français.

Le gouvernement cochinchinois accordera aux sujets du Roi Très-Chrétien la protection la plus efficace pour la liberté et la sûreté tant de leurs personnes que de leurs effets; et, en cas de difficulté ou de contestation, il leur sera rendu justice la plus exacte et la plus prompte.

Dans le cas où le Roi Très-Chrétien serait attaqué ou menacé par quelque puissance que ce puisse être, relativement à la jouissance des îles de Hoi-nan et Poulo-Condor, et dans le cas où Sa Majesté Très-Chrétienne serait en guerre avec quelque puissance, soit asiatique, soit européenne, le Roi de la Cochinchine s'engage à lui donner des secours en soldats, matelots, vivres, vaisseaux et galères. Ces secours seront fournis trois mois après la réquisition, mais ils ne pourront pas être employés au-delà des îles Moluques et de la Sonde, et du détroit de Malaca. Quant à leur entretien, il sera à la charge du souverain qui les fournira.

En échange de l'engagement énoncé dans l'article précédent, le Roi Très-Chrétien s'oblige d'assister le Roi de Cochinchine, lorsqu'il sera troublé dans la possession de ses États. Ces secours seront proportionnés à la nécessité des circonstances; cependant ils ne pourront en aucun cas excéder ceux énoncés dans le présent traité.

Le présent traité sera ratifié par les deux souverains contractants, et les ratifications seront échangées dans l'espace d'un an, ou plus tôt si faire se peut.

Fait à Versailles, le 28 novembre 1787.

Signé : Le comte DE MONTMORIN;

† P.-J.-G., évêque d'Adran.

En même temps que le roi de France consentait à signer le traité qui précède, il élevait Pigneau à la dignité d'évêque d'Adran, et lui confiait le titre et les fonctions d'ambassadeur extraordinaire de France en Cochinchine. Louis XVI se disposait également à nommer un commandant pour l'expédition; mais le nouvel évêque lui exprima le désir que cette charge fût confiée au comte de Conway [1], alors gouverneur des établissements français de l'Inde. Cette demande ne souriait que médiocrement au roi, qui chercha d'abord à dissuader le prélat; toutefois, comme celui-ci insistait, il accéda à sa demande, et conféra au comte de Conway le grand cordon rouge avec le titre de lieutenant-général.

Peu de temps après avoir obtenu ce succès, Pigneau et le fils de Ghia-loung faisaient voile pour Pondichéry. Or, il y avait dans cette ville, à cette époque, une femme d'une beauté remarquable, qui faisait parler d'elle au moins autant par le sans gêne de sa manière de vivre que par les charmes de sa personne. Elle s'appelait madame de Vienne, et était devenue la maîtresse du comte de Conway, dont elle avait épousé un des aides de camp. A son arrivée à Pondichéry, le P. Pigneau jugea à propos de faire quelques visites aux personnes de distinction de la localité; mais il refusa absolument d'aller voir madame de Vienne, et s'exprima sur son compte en termes sévères et méprisants. Celle-ci n'eut pas plutôt appris les paroles qu'avait exprimées le nouvel évêque à son égard, qu'elle résolut de s'en venger, en faisant avorter l'expédition à laquelle il s'intéressait. Elle y réussit, et Conway, harcelé par les épigrammes de sa maîtresse, qui le plaisantait sans relâche d'avoir été nommé sous les ordres d'un évêque

---

[1] Thomas, comte de Conway, né en Irlande en 1735, fut nommé gouverneur général des établissements français de l'Inde, en mars 1787.

au commandement de ce qu'elle appelait l'armée du pape, fit suspendre l'armement, sous prétexte qu'il attendait de France des avis plus explicites [1].

M. de Moracin, sans doute influencé par les intrigues de M. de Conway, de madame de Vienne et de leurs amis, annonça, dans une lettre en date du 20 juillet 1788,

---

[1] M. de Conway montra dans toute cette affaire la plus regrettable mauvaise volonté. Dans une lettre qu'il adressa au ministre, en date du 18 juin 1788, il s'attacha à examiner et à discuter les avantages qu'offraient le traité avec le roi de Cochinchine et la cession des deux îles qui en résultait. Suivant lui, Poulo-Condor est une île affreuse, habitée par deux cents malheureux et désolée par des pluies abondantes. La compagnie des Indes a refusé de s'y établir. Quant à l'île d'Hoï-nan, malgré sa position avantageuse, elle a contre elle sa stérilité; elle ne produit que du riz, et, voisine d'un continent désert, elle ne nourrirait point ceux qui l'habiteraient. La Cochinchine n'offre d'ailleurs que peu de chances favorables au commerce. — Une lettre secrète et désintéressée de M. Bruny d'Entrecasteaux au ministre fait un singulier contraste avec les perfides insinuations de M. de Conway. L'auteur de cette lettre (en date du 18 avril 1788) dit qu'il a parlé plusieurs fois de l'établissement projeté à M. de Castries, et il en parlerait encore avec plus d'assurance depuis sa campagne de Chine qui l'a mis à portée de mieux comprendre *toute l'importance du port de Touran* et ce que cette côte offre de favorable. La grande difficulté qu'il y voit, c'est de correspondre avec l'Isle de France en temps de guerre, les établissements voisins des autres nations européennes à Poulo-Pinang et dans le détroit de Malaca devant tenir cet établissement dans une espèce d'isolement et comme abandonné à lui-même en temps de guerre avec l'une ou l'autre de ces puissances européennes. — Je dois la communication de ces documents à l'obligeance de M. Margry, qui promet au monde savant une précieuse histoire des colonies dans les régions lointaines de l'Orient et de l'Amérique.

que l'expédition de Cochinchine n'aurait pas lieu cette année, à cause d'obstacles de divers genres. « On ne peut d'ailleurs transporter 1500 hommes en Cochinchine sans une dépense de deux millions. Cet ajournement forcé laisse encore au roi les moyens d'ordonner ou de défendre l'expédition. »

De son côté, le père Pigneau, s'apercevant que rien n'avançait, adressa au ministre une lettre en date du 16 juillet 1788, dans laquelle il se plaignait qu'à sa demande d'aller reconnaître l'état de Cochinchine, M. de Conway n'ait cessé d'opposer la plus grande réserve, disant toujours « qu'il suivroit ses instructions. » Il prioit le ministre de faire commander l'expédition soit par M. d'Entrecasteaux, soit par le chevalier de Fresne; et, dans le cas où elle ne devrait pas avoir lieu, de l'en avertir.

Quelque temps après, et avant d'avoir reçu la réponse du ministre, l'évêque d'Adran écrivait à M. de Conway une lettre en date du 18 mai 1789, dont voici la substance : « Le roi de Cochinchine demande l'envoi le plus prompt que possible d'un détachement dont la présence rendroit la confiance à son peuple, et lui donneroit le moyen de conserver la grande étendue de pays qu'il a déjà. Le prince se chargera de la nourriture des troupes tant de terre que de mer, et des autres dépenses. Si la cour abandonnoit le projet de l'expédition, il dédommageroit de tous les frais de l'armement. Les conditions du traité passé avec le prince ayant paru peu avantageuses à la France, et les François ayant manifesté le désir d'être en Cochinchine comme les Anglois dans le Bengale, l'évêque d'Adran fait voir le peu de sagesse de pareilles prétentions. Cependant, si, après le rapport des ingénieurs, les François venoient à avoir besoin de s'établir sur le continent, il répond d'amener le roi de Cochinchine à accorder tout ce qui sera nécessaire pour organiser l'établissement d'une manière convenable. Enfin Pigneau conjure le comte de Conway, pour la gloire et les intérêts du roi, de ne pas laisser à la nation la honte d'avoir manqué de parole au roi de Cochinchine. »

Plusieurs mois se passèrent sans que l'évêque d'Adran reçût une réponse formelle du ministre. L'année suivante (1789), il lui fut répondu que « les circonstances ont porté le roi à décider que l'expédition n'auroit pas lieu. »

Ce malencontreux incident ne découragea cependant pas Pigneau. Persuadé qu'il n'avait plus à compter sur le comte de Conway, il engagea quelques officiers français [1] et quelques matelots volontaires à Pondichéry, fréta un bâtiment de commerce et partit, avec le jeune prince qui l'avait accompagné en France, pour Saï-gon, où il espérait obtenir des nouvelles du roi Ghia-loung.

Ghia-loung, de son côté, pendant toute la durée du voyage de l'ambassade organisée par le père Pigneau, avait eu à supporter toutes sortes d'infortunes et de

---

[1] Parmi ces officiers on cite surtout Chaigneau, Dayot, Olivier et Vannier, qui reçurent de Ghia-loung le titre de mandarins annamites. C'est à eux que l'on doit les meilleures fortifications qui se rencontrent encore aujourd'hui en Cochinchine et les premiers vaisseaux de ce pays construits à la manière européenne.

souffrances. Tantôt, il avait dû chercher dans la fuite un moyen d'échapper à la rage de ses persécuteurs ; tantôt, traqué. comme une bête fauve par les troupes ennemies, il avait dû se résigner à chercher dans les bois, dans les marais et dans les îles du golfe de Siam, avec le petit nombre de soldats qui lui étaient restés fidèles, un asile où il se nourrissait de racines et de quelques rares produits de la chasse ou de la pêche. Cependant, à un moment donné, profitant d'une querelle qui avait divisé les frères Taï-sœn, il était parvenu à se fixer à Saï-gon, et à se rétablir, tant bien que mal, dans la basse Cochinchine.

Pigneau rencontra donc ce prince à son arrivée en Cochinchine ; et le petit nombre d'hommes qu'il avait enrôlés pour son expédition ne laissa pas de contribuer efficacement au rétablissement définitif de Ghia-loung dans ses États. On répandit bientôt le bruit que les soldats qui venaient d'arriver à Saï-gon n'étaient que l'avant-garde des forces imposantes que le roi de France envoyait pour châtier les rebelles et rétablir le souverain légitime sur le trône de ses ancêtres. Ce bruit était d'autant moins de nature à consolider la puissance déjà chancelante des Taï-sœn, que les Cochinchinois commençaient à se fatiguer de leurs excès et à murmurer tout haut.

· Pour profiter de ces circonstances favorables, Pigneau et les volontaires qu'il avait amenés se mirent à organiser à l'européenne les troupes de Ghia-loung, qui ne tarda pas à se trouver en état de prendre à son tour l'offensive. Après avoir assiégé Taï-duk, l'empereur rebelle, dans Ki-pou, sa capitale, et avoir engagé successivement avec ses troupes plusieurs affaires mêlées de revers et de succès, il put arriver jusqu'à Hué, où il rétablit son gouvernement.

Sur ces entrefaites, Ghia-loung écrivit une lettre au roi de France [en daté de janvier 1790], dans laquelle il rappela les événements antérieurs et relatifs à la mission de l'évêque d'Adran en France. Il a su, depuis le retour de celui-ci, que le roi Louis XVI avait eu véritablement l'intention de venir à son secours, et que tout n'a manqué que par l'irrésolution de son commandant dans l'Inde, officier qui ne sait ni avancer ni reculer. Néanmoins, il a pu rentrer dans une partie considérable de ses États, et, quoique la paix ne soit pas encore entièrement rétablie, il regarde son sort comme assuré. Il exprime sa reconnaissance pour toutes les bontés du roi à l'égard de son fils. « L'éloignement, quelque immense qu'il soit, ne pourra jamais me faire oublier de si grands bienfaits. » Il n'ose plus demander de troupes au roi; cependant, il lui est obligé « comme s'il les avoit. » Enfin, il termine sa lettre par ces lignes mémorables de la part d'un souverain envers lequel la France avait manqué de parole : « Si dans mes États il pouvoit y avoir quelque chose qui pût être utile à Votre Majesté, je la prie instamment de vouloir bien en disposer et d'être assurée que je ne négligerai rien pour remplir ses intentions. »

La cour de Versailles, qui avait eu la maladresse de servir la maladresse d'un vil employé et d'une femme galante, en dépit de ses engagements, de ses intérêts et

de ceux de la nation française, ne tarda pas à apprendre
la vérité. Mais il était trop tard pour en tirer profit, et
le fils de Louis XV, préoccupé de la tourmente révolutionnaire, loin de songer aux intérêts lointains de ses
sujets, n'avait plus qu'à marchander avec eux le trône
et la vie, qui devaient bientôt lui échapper l'un et
l'autre.

Ghia-loung poursuivit ses conquêtes jusque dans le
Tong-kiñ, et, après avoir maintenu vingt-deux ans son
pouvoir sur la partie méridionale de la Cochinchine,
réunit sous son sceptre tout ce qui porte le nom d'Annam. Vers la fin de l'année 1799, il perdit Pigneau, cet
illustre et vénérable prélat, auquel il avait voué une
amitié sincère et reconnaissante [1]. Deux ans plus tard

---

[1] Pigneau de Behaine, évêque d'Adran, mourut le 9 octobre 1799. « Pendant sa maladie, dit M. de la Roquette, qui a
recueilli de nombreux documents inédits sur cet illustre prélat,
non-seulement le roi lui envoya ses médecins, mais il vint lui-même
le visiter souvent, ainsi que le prince royal et les grands mandarins.
Lorsque l'évêque eut cessé d'exister, les mandarins et toute l'armêe
témoignèrent par leurs cris déchirants combien la perte qu'ils
faisaient leur était sensible. Le roi, la reine et le jeune prince pa-
raissaient surtout inconsolables. Son corps, embaumé par ordre du
roi, fut porté à Saï-gon et exposé pendant deux mois, dans un cercueil magnifique, au milieu de la résidence épiscopale. Le prince
royal fit construire un grand bâtiment dans la cour du palais pour
y recevoir les mandarins et tous ceux qui venaient rendre les
honneurs funèbres à son *maître*. Les chrétiens et les idolâtres y
accouraient en foule, ainsi que les mandarins revêtus de leurs
habits de cérémonie ; tous montraient une vive douleur et le plus
grand recueillement. Le roi, qui avait exigé qu'on fît pour l'évêque
d'Adran tout ce que la religion catholique permettait, et qui avait

(1801), il perdit son jeune fils, qui s'était rendu en son nom à la cour de Louis XVI. Enfin, en 1802, les der-

---

fait mettre à la disposition des missionnaires tout ce dont ils pourraient avoir besoin, assista lui-même à ses funérailles avec les mandarins de différents corps ; et, chose étrange! sa mère, la reine, sa sœur et ses concubines allèrent toutes jusqu'au tombeau. La garde du monarque, composée de plus de 12,000 hommes, etc., y marchait sous les armes; plus de cent éléphants, avec leur escorte ordinaire, précédaient ou suivaient le convoi que le prince royal dirigeait en personne, par ordre de son père. On y traîna des canons de campagne pendant toute la marche, qui dura depuis une heure après-midi jusqu'à neuf heures du matin; quatre-vingts hommes choisis portaient le corps placé dans un superbe palanquin. Il se trouvait à ces funérailles environ 50,000 hommes, sans compter les spectateurs qui couvraient les deux côtés du chemin l'espace d'une demi-lieue. Imitant la conduite des chrétiens, le roi jeta un peu de terre dans la fosse, et fit, en versant un torrent de larmes, les derniers adieux au ministre qu'il venait de perdre. Après que les prêtres catholiques eurent terminé leurs cérémonies, ce prince voulut honorer, par un sacrifice à la manière de son pays, le *maître illustre* qui l'avait soutenu dans l'infortune et guidé dans la prospérité. Pour se conformer aux dernières volontés de l'évêque d'Adran, ce prince le fit enterrer dans un petit jardin que le prélat possédait auprès de Saï-gon, et lui fit élever un monument dont M. Barthélemy, artiste français, composa les dessins et soigna l'exécution. Une garde du roi est continuellement placée dans le jardin, et l'on regarderait en Cochinchine comme un profanateur celui qui voudrait en jouir ou l'habiter. — Par son testament, Pigneau légua tout ce qu'il possédait au roi, au prince héritier et au reste de la famille royale, afin de les rendre favorables aux missionnaires et aux chrétiens. Lorsque Ghia-loung vit les bijoux et les présents que lui faisait l'évêque d'Adran, il dit au missionnaire qui les lui présentait : « Voilà de bien belles choses, des ouvrages bien travaillés, « mais mon cœur n'y porte pas envie. Je ne désire qu'une seule « chose, c'est un petit portrait du *maître* pour mettre avec celui du

niers germes du parti des Taï-sœn ayant été détruits
par l'exécution de tous leurs chefs, il se fit proclamer
empereur (*Hoang-dé*) avec le titre des années *Ghia-loung*
« la gloire parfaite », sous lequel ce prince est connu
dans l'histoire.

Les événements qui se passèrent durant les années
subséquentes n'offrent qu'un intérêt secondaire et tout
à fait local. Quelques tentatives de révolte dans le
Tong-kiñ, motivées par l'augmentation des impôts ou
des corvées, et dont le prétexte était le rétablissement
des anciennes dynasties du pays, sont les seuls faits politiques dignes d'être mentionnés.

Le 25 janvier 1820, l'empereur Ghia-loung mourut,
laissant le trône à son fils aîné, qui régna sous le titre
de *Miñ-mang* « l'illustre destinée ». Le fils légitime de
Ghia-loung, celui qui avait accompagné le P. Pigneau à
la cour de Versailles, et qui était mort, comme on l'a
vu, en 1801, avait laissé deux fils : l'un d'eux mourut

---

« roi de France (Louis XVI), et le porter sur mon cœur tous les
« jours de ma vie. » On ne put lui en donner qu'un d'une grande
dimension ; il le fit encadrer et exposer dans son palais. Le roi
chargea un des missionnaires de faire parvenir à la famille du prélat un brevet qu'il lui avait destiné, dans lequel il loue son mérite, ses talents, rappelle les services qu'il a rendus, l'amitié qui
les unissait si étroitement, et lui donne, outre la qualité d'instituteur du prince héritier, la première dignité après la royauté, et
le surnom d'*accompli*. Ce souverain avait ordonné à son fils de
porter le deuil du prélat, et défendit toute espèce de réjouissance
pour rendre grâce aux génies du royaume du succès de la dernière
expédition, prohibition inouïe en Cochinchine. » (*Notice sur le
P. Pigneau de Behaine.*)

des suites d'une maladie de langueur, l'autre fut écartelé pour avoir commis un inceste avec sa mère [1].

Ajoutons, en terminant ce que nous avons à dire de Ghia-loung, que les fameuses fortifications de Hué furent construites sous le règne de ce monarque, d'après le système de Vauban, sous la direction d'officiers et d'ingénieurs français. On doit également à ce prince éclairé d'avoir cherché à introduire dans ses États les premiers germes de la civilisation européenne, dont il avait compris, avec une rare perspicacité, la juste valeur et la portée.

---

[1] Ce fait est rapporté par M. Michel Chaigneau, fils de l'un des officiers français amenés par Pigneau en Cochinchine au secours de Ghia-loung.

# LE THUYA DE BARBARIE

## (CITRUS DES ANCIENS)..

---

Le thuya de Barbarie, que quelques-uns de ses caractères ont fait classer parmi les CALLITRIS, sous le nom
de *Callitris quadrivalvis*, VENT [1], était connu des anciens depuis une haute antiquité. Théophraste en donne

---

[1] Classification botanique, synonymies et description :

CALLITRIS QUADRIVALVIS, VENT. — Famille des *Conifères*,
RICH. — des *Cupressinées*, ENDLICH. — des *Strobilacées*, REICHENB.
— ♄.

*Dicotylédon. gymnospermes*, JUSS. — *Monœcia monadelphia*,
LINN.

Ramules glabres, articulés; strobile à quatre valves ovales,
mucronées sous le sommet, dont deux séminifères. Feuilles petites,
squamiformes.

| | |
|---|---|
| Syn. THUYA ARTICULATA, DESFONT. | Syn. Cupressus Fothergilli, HORT. |
| — Callitris Fothergilli, HORT. | — Cupressus triquetra, LODDIG. |
| — Callitris macrostachya, HORT. | — Fresnelia Fontanesii, MIRB. |
| — Callitris triquetra, HORT. | |

Syn. θυόν, HOMÈRE. — θυίον, θυία, THÉOPHRASTE.
— ξύλον θύϊνον, *Apocalypse*.
— Citrus, PLINE (le naturaliste).
— عرعر *harhar*, des Arabes (racine ערר stérile, solitaire).
— Thuya de Barbarie.
— L'arbre de-vie mauresque.
— Der Mohrenlændische Lebensbaum.

la description dans son Histoire des plantes [1] sous le
nom de *thyion* ou de *thyia* (τὸ δὲ θυῖον, οἱ δί θυίαν καλοῦσι...).
Suivant le célèbre naturaliste grec, cet arbre croissait
alors près du temple d'Ammon et dans la Cyrénaïque.
Son bois est incorruptible (ἀσαπὲς γὰρ ὅλως τὸ ξύλον) et sa
racine entièrement veinée; aussi en fait-on des objets
précieux.

Le nom de *thuya* se trouve cité à une époque bien antérieure à Théophraste. On le rencontre dans Homère [2] :

Πῦρ μὲν ἐπ' ἐσχαρόφιν μέγα καίετο, τηλόθι δ' ὀδμὴ,
Κέδρου τ' εὐκεάτοιο θύου τ' ἀνὰ νῆσον ὀδώδει
Δαιομένων.

«Un grand feu brûlait au foyer; l'odeur du cèdre qui
se fend facilement et du *thuya* qui se consumaient se
répandait au loin dans toute l'île. »

Pline, dans le livre XIIIe de son Histoire naturelle,
donne des détails fort curieux sur le *citrus* [3], qui paraît
être le même arbre que le *thuya*. Nous croyons devoir

---

[1] *Histoire des plantes*, liv. v, chap. v.
[2] *Odyssée*, R. v, vers 59 et suiv.
[3] Le *citrus* paraît être le même arbre que le thuya de Barbarie
(*callitris quadrivalvis*, Vent.), bien que quelques doutes puissent
s'élever à cet égard. Néanmoins, si l'on compare les descriptions
du *citrus* avec le thuya de Barbarie, on est porté à reconnaître
qu'il ne s'agit que d'un seul et même arbre. Quant à la synonymie
du θύον des Grecs avec le *citrus*, elle est établie par Pline lui-même :
« Nota etiam Homero fuit : *thyon* græcè vocatur, ab aliis *thya*. »
Quelques personnes ont remarqué la ressemblance des mots
*citrus* et *cedrus*. En outre, comme dans plusieurs manuscrits on
écrit souvent l'un pour l'autre, on a été porté à conclure que

insérer ici la traduction des parties les plus intéressantes du récit du naturaliste latin sur l'arbre qui nous
occupe :

«La Mauritanie, située près de l'Atlas, produit une
quantité de citres, avec le bois desquels on fait des
tables qui sont recherchées d'une manière extrava-
gante; aussi les femmes les reprochent-elles aux hommes, quand ceux-ci leur reprochent les perles. Celle de
M. Cicéron existe encore, et ce qui est surtout étonnant, c'est que, malgré son peu de fortune, il la paya
cependant alors 1,000,000 de sesterces [1]. On cite aussi
la table d'Asinius Gallus, qui coûta 1,100,000 sesterces [2]. Deux tables, provenant du roi Juba, furent ad-
jugées en vente publique, l'une 1,200,000 sesterces [3],
l'autre un peu moins. Récemment, dans un incendie, il
en périt une qui avait appartenu à la famille des Céthé-
gus; elle avait été achetée 1,400,000 sesterces [4], ce
qui équivaut à la valeur d'un vaste domaine, en suppo-
sant que l'on veuille même payer aussi cher une propriété foncière. La table qui avait la plus grande di-

---

les deux noms représentaient le même arbre, et que le citrus n'était
autre chose qu'un cèdre (cedrus). Néanmoins cette opinion semble démentie, entre autres, par un passage du liv. XIII de l'*Histoire naturelle* de Pline, où cet auteur cite le citrus et le cedrus
comme deux arbres différents : « *Cedri* tantum et *citri* suorum
« fruticum in sacris fumo convolutum nidorem noverant, etc. »
Cf. cependant Xiphilin, *in Appendice ad Ciaconium.*

[1] Ou 210,000 fr.
[2] Ou 231,000 fr.
[3] Ou 255,000 fr.
[4] Ou 294,000 fr.

mension, celle de Ptolémée, roi de Mauritanie, était
faite de deux demi-circonférences : elle mesurait 4 pieds
et demi de diamètre sur 3 pouces d'épaisseur. Mais ce
qui était plus merveilleux, c'était l'art avec lequel on
avait caché la suture des deux ronds, de manière qu'elle
était plus belle qu'on n'aurait pu l'espérer quand même
elle aurait été naturellement d'un seul morceau. Nomius,
affranchi de Tibère, donna son nom à une table d'une
seule pièce : elle avait 4 pieds moins 3/4 de pouce de
diamètre sur 6 pouces moins la même fraction d'épaisseur. A ce sujet, n'oublions pas d'ajouter que Tibère
lui-même en possédait une de 4 pieds 2 pouces moins
1/4 de diamètre, mais dont l'épaisseur n'était que de
1 pouce 1/2, et qui n'était que plaquée de citre, tandis
que celle de Nomius, son affranchi, était si riche.

«Les nœuds de la racine servent ordinairement à
faire les tables; mais ceux qui sont entièrement sous
terre sont appréciés par-dessus tout; et, comme ils sont
plus rares que ceux qui viennent au-dessus du sol et
que ceux qui se forment dans les branches, il arrive
que ce qui est acheté aujourd'hui si cher n'est que le
rebut de ces arbres, dont on peut évaluer la grosseur,
ainsi que celle de leurs racines, d'après la largeur des
coupes transversales des tables faites avec les ronds de
ce bois. Les citres ressemblent au cyprès femelle, et
même au cyprès sauvage, par les feuillages, l'odeur et
la tige (caudice). Le mont Ancorarius, dans la Mauritanie
citérieure, était celui qui fournissait les citres les plus
estimés; mais ses forêts en ont déjà été dépouillées.

«Les tables les plus remarquables sont celles qui ont

des veines ressemblant à des cheveux crépus ou bien à
de petits tourbillons. Celles dont les veines se produi-
sent en long s'appellent *tigrines*; au contraire, celles
dont les veines reviennent sur elles-mêmes ont le nom
de *panthérines*. Il y en a aussi à ondulations crépues, et
qui sont très-estimées lorsqu'elles imitent les œils de la
queue du paon. Après celles-ci et les précédentes, on
aime encore beaucoup celles dont les veines sont
comme des grains étroitement rapprochés les uns des
autres, et que par cela même on appelle *assiates*. Mais
la condition importante pour ces tables consiste dans
la couleur. Ici l'on préfère à toute autre la nuance du
vin miellé, avec des veines brillantes. Après la couleur,
c'est la grandeur que l'on recherche le plus. Généralement l'on désire qu'elles soient faites d'un tronc entier;
cependant on en forme de plusieurs pièces.

« Défauts d'une table : — *Le bois*, c'est-à-dire le manque d'éclat, un fond sans madrure ou ressemblant aux
feuilles de platane, ou bien encore des veines imitant
celles de l'yeuse, ou qui sont de sa couleur; — les fentes, ou les gerçures semblables à des fentes, défauts
causés le plus souvent par la chaleur et les vents; —
une bande noire semblable à une murène, ou du poin-
tillé comme la corneille, ou des nœuds comme le pa-
vot; — enfin, une teinte se rapprochant du noir ou
d'*une vilaine couleur*. Les barbares de l'Atlas mettent
dans la terre le citre encore vert et l'enduisent de cire.
Les ouvriers le laissent pendant sept jours sur des tas
de blé, puis attendent encore sept jours avant de le
travailler. Il est étonnant combien, par ce moyen, le

poids du bois diminue. Les naufrages ont appris depuis
peu que l'eau de la mer dessèche ce bois, qui acquiert
alors une dureté telle qu'il devient inaltérable, et l'on
ne saurait parvenir à ce but par aucun autre procédé.
Pour le maintenir constamment dans son brillant, il
faut le frotter avec la main sèche, surtout au sortir du
bain. Cet arbre n'est point susceptible d'être taché par
les vins ; aussi on dirait qu'il est fait pour eux.

« Comme cet arbre est l'un des éléments du luxe,
nous croyons devoir nous arrêter encore un peu sur son
sujet. Le citre fut connu d'Homère : on l'appelle, en grec,
*thyon* (θύον) ou *thya* (θύα). Homère rapporte que Circé,
dont il faisait une déesse, brûlait, parmi d'autres parfums, le bois odorant de cet arbre pour son agrément.
Ceux qui, par le mot *thyon*, entendent des parfums en
général, se trompent entièrement ; car dans le même
sens le poëte grec cite successivement le cèdre et le larix,
et il est manifeste qu'il ne parle que d'arbres dans cet
endroit. Théophraste (le premier qui consigna, depuis la
mort d'Alexandre le Grand, les faits de notre histoire
qui se sont passés vers l'an 440 de Rome) dit que le
*thyon* était déjà en grande faveur. Il rapporte qu'on
mentionne des charpentes de temples faites de ce bois,
et qu'employé ainsi dans les toitures, il est en quelque
sorte immortel et entièrement inattaquable. Suivant
Théophraste, rien n'est mieux veiné que sa racine, et
rien ne produit des ouvrages plus précieux. Le plus
beau *thyon*, ajoute-t-il, croît aux alentours du temple
d'Ammon, ainsi que dans la partie inférieure de la Cyrénaïque. Quant aux tables de citre, Théophraste se tait

à leur sujet. En effet, on n'en mentionne aucune avant celle de Cicéron, qui paraît faite nouvellement [1]. »

La renommée du thuya et le goût des tables formées de ce bois, comme on le voit, se répandirent rapidement chez les Romains et chez d'autres nations de l'ancien monde. Plusieurs poëtes latins célébrèrent les tables de citre atlantique, témoin les passages suivants :

> Accipe felices, atlantica munera, sylvas :
>     Aurea qui dederit dona, minora dabit [2].

« Reçois des dons précieux des *forêts de l'Atlas ;* des présents d'or ne vaudraient pas autant. »

> Nec sum crispa quidem, nec sylvæ filia Mauræ;
>     Sed norunt lautas et mea ligna dapes [3].

« Il est vrai, je ne suis pas madrée [4]; je ne suis pas non plus *fille des forêts maures ;* cependant je parais aux festins somptueux. »

>         Ecce ! Afris eruta terris
> Ponitur, ac maculis imitatur vilibus aurum
> Citrea mensa. . . . . . . . . . . . . . .
> . . . . . . . . . . . . Nobile lignum
> Turba sepulta mero circumvenit [5]. . . .

---

[1] Dans un autre passage, Pline parle des forêts de l'Atlas, que l'on fouillait pour avoir de l'ivoire et du citre. (*Hist. nat.*, lib. V, 1.) Cf. Juvénal, *Satir.* XI.

[2] Martial, *Epigramm.*, liv. XIV, épigr. 89.

[3] Martial, *Epigr.*, liv. XIV, épigr. 90.

[4] Ces vers sont attribués, par le poëte latin, à une table de bois d'érable, qui, bien qu'inférieure en beauté aux tables de thuya, n'en était cependant pas moins digne de paraître aux plus brillants festins.

[5] Pétrone, *Satyricon*, cap. CXIX.

« Voyez! on a dressé la table de citre, arrachée au sol africain et dont les taches communes ont l'apparence de l'or; autour du noble bois sont les convives ensevelis dans le vin. »

Tantum Maurusia genti
Robora divitiæ, quarum non noverat usum;
Sed citri contenta comis vivebat, et umbra.
In nemus ignotum nostræ venere secures;
Extremoque epulas mensasque petivimus orbe [1].

« Les forêts étaient les seules richesses du Maure, et cependant il n'en connaissait pas la valeur; il vivait satisfait du feuillage des citres et de leur ombre. Nos haches pénétrèrent dans ces bois inconnus, et nous allâmes chercher aux extrémités du monde et nos festins et nos tables. »

Cicéron, dont nous connaissons par Pline le goût pour le thuya, reproche vigoureusement à son adversaire, dans son plaidoyer contre Verrès, le rapt d'une très-grande et très-belle table faite avec ce bois :

Tu maximam et pulcherrimam mensam citream a Q. Lutatio Diodoro, qui Catuli beneficio a L. Sulla civis romanus factus est, omnibus scientibus, Lilybæi abstulisti [2].

« Tu as enlevé à Lilybée, au su de tout le monde, la grande et magnifique table de citre qui appartenait à Q. Lutatius Diodorus créé par Sylla citoyen romain sur la recommandation de Catulus. »

---

[1] Lucain, *Pharsal.*, liv. IX, v. 426-430.
[2] Cicéron, *In Verrem*, actio II, lib. IV, XVII.

Nous avons dit plus haut que Circé, suivant Homère, brûlait le bois de θύον pendant ses pratiques de sorcellerie. Sur un vase de Cume, que Raoul-Rochette considère comme unique au monde par la beauté de sa fabrication, on voit également le thuya figurer, dans un sacrifice à Cérès, pour alimenter le feu sacré [1].

D'autre part, on rapporte qu'à Rome, lors de la fête de la Vénus féconde, qui se célébrait aux premiers jours du printemps, les femmes mariées et les filles nubiles se rendaient au mont Quirinus, où se trouvait un énorme phallus en bois de citre, qu'elles portaient de là au temple de Vénus Érycine, en chantant des hymnes érotiques.

Enfin, l'*Apocalypse* de saint Jean [2] cite le ξύλον θύϊνον parmi d'autres objets d'un grand prix.

Quant à l'étymologie du mot *thuya*, il est incertain si on doit la tirer du grec θύειν « sacrifier », d'où l'on aurait fait τὸ θύον [3]; ou si ce verbe θύειν, que l'on retrouve dans le nom θύα, donné aux sacrifices en l'honneur des Grandes Déesses, n'était pas, comme le pense M. Minervini [4], une appellation générale, mais seulement une expression particulière usitée pour désigner ces sortes de sacrifices où l'on faisait usage du bois odoriférant de l'arbre θύον. Nous laissons à d'autres le soin de trancher cette question.

---

[1] *Bulletino archeologico Napolitano*, ann. III, pl. VI.

[2] § XVIIIᵉ, ỿ 12.

[3] « Quod deabus sacrificabantur. » Voy. H. Estienne, dans son *Thesaurus*, au mot Θύον.

[4] *Bullet. archeol. Napolit.*, 1855; p. 78.

# LE KAMBODJE.

## NOTICE HISTORIQUE.

L'histoire du Kambodje est beaucoup moins connue que l'histoire de la Cochinchine proprement dite. Jusqu'à présent, aucun orientaliste, en tant que je sache, n'a entrepris de travaux spécialement consacrés à cette matière, et aucune traduction de livres originaux n'a encore été publiée. Il existe cependant une littérature kambodjienne, et, bien que nos bibliothèques ne renferment guère que des ouvrages religieux ou des romans de cette provenance, des données assez précises nous engagent à ne pas désespérer d'obtenir un jour quelque recueil des annales indigènes. Il est très-vraisemblable que ces dernières se mêlent aux légendes et aux traditions religieuses qui encombrent la littérature de la plupart des peuples de l'Indo-Chine; que les récits des événements politiques sont rarement dégagés des sentences dogmatiques dont les écrivains barmans et siamois aiment si souvent à bigarrer leurs ouvrages; que la rigoureuse chronologie et la critique historique, que nous aimons à retrouver, si saine et si élevée, chez quelques écrivains chinois, manquent généralement dans ces chroniques. Nous ne pouvons douter cependant qu'il ne s'y trouve une

foule de faits curieux à enregistrer, des éléments de syn-
chronisme dont on ne peut prévoir l'importance, et la
source de précieux éclaircissements pour le progrès de
l'ethnographie des populations transgangétiques.

Les premiers renseignements authentiques que l'on
possède sur l'histoire du Kambodje remontent à environ deux siècles après notre ère, époque de l'introduction du bouddhisme. Avant cette époque, les indigènes
vivaient à l'état barbare et nomade. La prédication,
parmi eux, de la doctrine de Sakya-mouni fut le signal
d'une civilisation nouvelle et rapide, qui se manifesta
bientôt par un développement remarquable des arts,
par la création d'un alphabet, et par l'inauguration
d'une littérature qui devait compter un jour, sinon
parmi les plus importantes, du moins parmi les plus
riches de l'Asie orientale.

La seconde phase de la civilisation kambodjienne
date de l'invasion chinoise sous la dynastie des Han. Les
productions du pays ayant paru supérieures à celles du
Céleste-Empire, un marché fut établi par les envahis-
seurs qui s'y rendirent en foule et y fondèrent le centre
d'un commerce considérable.

Toutefois le Kambodje ne tarda pas à reconquérir
son indépendance et à devenir un des États les plus
florissants de la péninsule transgangétique. Au septième siècle de notre ère, nous le voyons dominer sur
de vastes et magnifiques régions, parmi lesquelles se
trouvait le Siam. Le prince qui régnait alors dans ce
pays, nommé P'ra-Ruang ', vint en personne rendre
hommage au roi de Kamp'otcha-Nakhon et lui appor-

ter le tribut; mais bientôt il parvint à se soustraire à la
domination des Kambodjiens et se rendit à jamais célèbre dans les annales de ses compatriotes en conqué-
rant leur indépendance, et même en faisant peser le
poids de son sceptre sur les États de son ancien domi-
nateur.

Les annales de Siam [1], intitulées *Pongsavadan muang
nua*, racontent, à cette occasion, que, parmi les objets
apportés en tribut au roi de Kambodje par P'ra-Ruang,
le roi de Satchanalaï, se trouvait un panier qu'on pouvait remplir d'eau sans que rien s'en échappât par les
fentes. Le roi de Kambodje fut tellement émerveillé de ce
présent, qu'il craignit qu'un homme capable de se procurer des choses aussi surprenantes ne vînt à le sup-
planter, conformément à une prédiction qui avait cours
dans le pays. Il ordonna donc que P'ra-Ruang fût mis à
mort; mais, comme celui-ci appartenait à la race des
*Nakh* [2], dont sa mère avait été la reine, il s'enfonça
en terre et disparut au moment où ses bourreaux se
disposaient à se saisir de sa personne. Pour se venger

---

[1] Une erreur grave de chronologie me paraît s'être glissée dans
les faits de l'histoire de Siam que nous rapporte Mgr Pallegoix
(*Descript.*, t. II, p. 63), quand il dit que le roi du *P'ra-Ruang*
naquit l'an 950 de l'ère de Bouddha (*Pouttha-Sakkarat*). Cette ère
remontant, suivant le savant missionnaire, à l'an 543 avant J.-C.
(*Gramm. ling. thaï*, p. 111), il en résulterait que P'ra-Ruang aurait vécu au commencement du cinquième siècle de notre ère,
tandis que ce prince institua l'ère qui porte son nom au milieu du
septième siècle, en l'an 638 de J.-C. (Cf. *lib.* et loc. cit.)

[2] Sanscrit *nagâ*, serpent ou demi-dieu habitant les régions
souterraines.

de cette trahison, il revint quelque temps après au Kambodje, où il surprit le roi à l'improviste et le contraignit non-seulement à renoncer à ses droits de suzeraineté, mais encore à sé soumettre à sa domination.

Une fois qu'il eut établi solidement sa puissance, P'ra-Ruang songea à rendre son nom célèbre dans l'histoire par des institutions dignes d'un grand règne. Initié à l'écriture kambodjienne, il composa sur le modèle de celle-ci un alphabet d'où est dérivé le caractère *thaï* usité de nos jours. Il réforma également le calendrier et créa l'ère qui porte son nom. Parmi les rois qui furent conviés à la cour de Siam pour célébrer la création de cette ère nouvelle, les annales indigènes citent les souverains des pays de Lao, Mon, Tyin ou Chin [1], P'ama, Langkha-P'ram. Je n'ai mentionné ces noms que parce qu'ils sont peut-être de nature à jeter quelque jour sur l'histoire et l'ethnographie également obscures de cette époque.

Vers le onzième ou le douzième siècle, suivant une tradition indigène [2], un pauvre hère parvint à s'em-

---

[1] On eût pu voir dans ce nom de *Tyin* ou *Chin*, la Chine, qui est désignée par les Malays sous le nom de *Tchina* et qui figure déjà dans les lois de Manou (*Manava-Dharma Sastra*), sous la même dénomination; mais c'est plutôt le peuple *Chan*, car il est dit dans les Annales de Siam (*Pongsavadan muang nua*) que le roi de Chine manqua à l'appel de P'ra Ruang, ce qui excita la colère de ce prince et l'engagea dans une grande guerre. Quant au nom de *P'ama*, il désigne peut-être les Barmans ou quelque autre peuple dont le nom est emprunté à celui du dieu Brahma. Je présente néanmoins ces rapprochements sous réserves.

[2] Recueillie de la bouche des Kambodjiens par le P. Bouillevaux.

parer du trône. Les Kambodjiens citent constamment
cet homme, illustre à leurs yeux, sous le nom de *Neak
sedac komlong*, le Roi lépreux. On attribue à ce prince
les plus beaux monuments du Kambodje et notamment
l'édification de la pagode et de la ville d'Angkor. Je re-
grette de n'avoir pu découvrir de renseignements plus
précis sur cette époque des annales kambodjiennes,
dans laquelle il pourrait bien y avoir quelque anachro-
nisme. Cette histoire ne se confondrait-elle pas avec
celle d'un mendiant siamois qui régna sur son pays et
sur le Kambodje, sous le nom de *P'aya Krek?* Je serais
tenté de le croire.

Les siècles postérieurs ne nous fournissent, au milieu
de vastes lacunes, qu'un petit nombre d'événements,
souvent mêlés de fables n'offrant, pour nous, qu'un
très-médiocre intérêt. Les Kambodjiens, à plusieurs reprises, tombent sous la domination des rois de Siam,
reconquièrent leur indépendance, et même font subir
à ces derniers des échecs qui mettent parfois leur souveraineté en question.

Au commencement du dix-huitième siècle, nous
voyons les Annamites, alors maîtres du Kambodje, re-
poussés de cette contrée par les Siamois, qui la rendent
tributaire de leur prince. En 1778, un grand mandarin,
qui gouvernait la province de *Kompongsoaï* « rivage
des manguiers », leva l'étendard de la révolte, et, après
avoir battu l'armée royale, contraignit le malheureux
roi détrôné à chercher un refuge dans les forêts, où il
se rendit en toute hâte, avec quelques éléphants et un
petit nombre de serviteurs. Pour retarder les poursui-

tes de ses ennemis, il dut jeter sur sa route et dans
les herbes de petites monnaies d'argent, en forme de
boule et appelées *duong*, qui excitèrent la convoitise de
ses sujets rebelles. A la fin, cependant, il fut découvert
au milieu des fourrés et enfermé dans un coffre de
fer qu'on remplit d'eau pour l'étouffer. Les autres
membres de la famille royale kambodjienne parvinrent
à gagner Bangkok, capitale actuelle du Siam, où ils furent d'autant mieux reçus que leur présence, ou, si l'on
veut, leur captivité dans cette ville, servait à merveille
la politique ambitieuse du souverain siamois. Après
plusieurs révolutions, le trône du *Khmer*, qui avait passé
quelque temps au pouvoir des frères *Taï-sœn* [1], fut
rendu au descendant de ses princes légitimes, grâce
à l'intervention des Siamois. Mais ceux-ci firent payer
cher leur concours en cette circonstance, car ils obligèrent le nouveau roi à reconnaître la suzeraineté de
leur monarque.

A la mort du roi restauré, les Annamites, profitant
de ce qu'il ne laissait pas d'enfant mâle, mirent sur le
trône une de ses filles, espérant ainsi empêcher les Siamois d'y élever un des frères du prince défunt. Leur
espoir ne fut pas de bien longue durée; car bientôt les
Thaï amenèrent au Kambodje le *Maha-reach Duong* (le
grand roi Duong), et, après avoir rallié sous son drapeau la population indigène, massacrèrent tous les Annamites qui leur tombèrent sous la main. L'empereur

---

[1] Voy. le *Tableau de la Cochinchine*, publié par l'éditeur A. Chevalier, à Paris.

de Cochinchine, à cette nouvelle, envoya des forces
considérables dans le Khmer, où de nombreuses ba-
tailles furent livrées. Les Annamites l'emportaient sur
les Siamois par leur marine, mais leur armée de terre
dut céder à la fin, ces derniers possédant un nombre
beaucoup plus considérable d'éléphants que leurs ennemis. Un de ces pachydermes, nommé Aphyt, eut à
peu près exclusivement tous les honneurs de la journée
qui décida du sort du Kambodje. Blessé par une balle
cochinchinoise au moment où les cornacs siamois, inti-
midés, hésitaient à lancer les deux ou trois cents éléphants qu'ils dirigeaient, Aphyt ne connaît plus la voix
de son maître. Furieux, il s'élance au milieu des soldats ennemis, et tous les autres éléphants suivent son
exemple. En un instant les bataillons annamites sont
dispersés, et les fantassins, saisis par la trompe de ces
vigoureux animaux ou piétinés sous leurs pieds, restent
inanimés sur le champ de bataille. La victoire était aux
Siamois.

Le dernier roi du Kambodje, dont nous ayons quelque
connaissance, est ce même Ong-duong qui monta sur le
trône vers 1849. Un missionnaire apostolique en Indo-
Chine, M. Bouillevaux, qui a eu l'occasion de le visiter,
nous donne sur son compte des renseignements que
nous reproduirons sommairement. Ce prince avait vécu,
comme prisonnier, au Siam, dans une grande misère,
qu'il ne parvenait à soulager qu'en se livant au métier
d'horloger. C'était un petit homme très-gros et ayant
le visage couvert de petite vérole. Tributaire tout à la
fois du Siam et de Cochinchine, il occupait une posi-

ion difficile, dans laquelle il ne parvenait à se maintenir que par une certaine finesse et une supériorité d'esprit relative. Avide d'instruction, surtout des faits qui
viennent de l'Europe, il aime à imiter nos coutumes.
Dans ses loisirs, il a appris quelques mots de latin,
langue dont il se servait pour rédiger des inscriptions, à
peu près dans le style de celles que nous composons, en
Europe, quand il nous arrive d'écrire dans les langues
orientales que nous connaissons à peine. C'est ainsi
qu'il a fait tracer sur la façade d'un joli pavillon, où se
trouve la salle à manger : Domus bibere manducare oriza
(*sic*). Dans l'intérieur de ses appartements on voyait une
foule d'objets de provenance européenne dont il faisait
le plus grand cas. « J'ai dîné plusieurs fois, dit le père
Bouillevaux, non pas avec le roi, mais en sa présence et
aux frais de sa cuisine, que je ne trouvais pas toujours
très-appétissante. Le gros eunuque, son cuisinier en chef,
ne me donnait les plats que lorsqu'ils étaient froids;
d'un autre côté, le roi voulait me forcer à manger
comme un ogre. Un jour, après s'être servi de ses doigts
pour se moucher, Sa Majesté prit du riz avec la main
dans le plat, et en mit une poignée sur mon assiette en
me disant de manger, de manger beaucoup... A la première visite que je fis au *Maha reach Duong* (le grand
roi Duong), accompagné d'autres missionnaires, il nous
servit une certaine drogue qu'il disait être du vin d'Europe; il paraît que c'était de l'eau de Cologne; l'un de
mes confrères faillit en être empoisonné. »

# L'HITOPADÉSA

OU

# L'APOLOGUE DANS L'INDE.

———

L'apologue, cultivé successivement chez la plupart
es nations civilisées de l'ancien continent, florissait
ans l'Inde aux premiers siècles de notre ère, et même
ès-vraisemblablement à une époque antérieure. Les
uvrages des fabulistes indiens, après avoir obtenu un
rillant succès dans leur patrie, furent traduits de bonne
eure en un grand nombre de langues étrangères, et
nsuite imités par les littérateurs occidentaux. Parmi
es imitateurs, quelques-uns dépassèrent de beaucoup
eurs modèles, tandis que la plupart de ceux qui les sui-
irent servilement ne furent en général que de médio-
res auteurs, pour ne pas dire de méchants écrivains.

Parmi les recueils d'apologues indiens, l'*Hitopadésa*,
une des imitations du *Pantchatantra*[1], est assurément

———

[1] Le *Pantchatantra*, suivant M. Édouard Lancereau, a dû rece-
oir la forme dans laquelle on le possède aujourd'hui, vers la fin du

l'un des plus remarquables. Il est divisé en quatre livres, dont les titres se rapportent au contenu des fables qu'ils renferment. Le premier a pour titre *Mitralâbha*, ou « l'acquisition des amis ».; le second, *Souhridbhéda*, ou « la désunion des amis » ; le troisième, *Vigraha*, ou « la guerre » ; enfin le quatrième est intitulé *Sandhi*, c'est-à-dire « la paix ».

Les fables qui composent l'Hitopadésa diffèrent, sous beaucoup de rapports, de celles qu'écrivirent, dans l'antiquité, Lokman, Ésope et Phèdre, et, dans les temps modernes, notre incomparable La Fontaine. Ces grands fabulistes se distinguent surtout par la grâce et la naïveté de leurs récits, par la rapidité des actions qui s'y déroulent sur un seul théâtre, par le contraste heureux des personnages mis en scène, par le naturel et la continuité de caractère de chacun d'eux. Le recueil indien, au contraire, se signale par la longueur de l'action, entremêlée d'une série plus ou moins considérable d'épisodes enchevêtrés les uns dans les autres. Une fable, chez les premiers, comprend une courte anecdote renfermant le strict nécessaire pour parvenir au but moral qu'elle se propose; et, pour exceller dans ces

---

cinquième siècle de notre ère ; il fut traduit du sanscrit en pehlwi dans le commencement du sixième, du pehlwi en arabe dans le huitième siècle, et, ultérieurement, dans diverses langues européennes. Ce curieux ouvrage a été également l'objet d'une traduction française ; M. l'abbé Dubois, qui en est l'auteur, lui a donné le titre suivant : *Le Pantcha-Tantra, ou les Cinq ruses, fable du brahme Vichnou Sarma, aventures de Paramarta, et autres contes, le tout traduit pour la première fois sur les originaux indiens.* Paris, 1826, in-8.

poésies, il faut, peut-être plus que dans tout autre genre, éviter le superflu, en se pénétrant du précepte d'Horace :

> . . . . . . . . . . . . . . . .Esto brevis, ut citò dicta
> Percipiant animi dociles, teneantque fideles :
> Omne supervacuum pleno de pectore manat.

Loin de là, l'apologue, chez les Indiens, est un conte dans tout son développement, un long tissu d'aventures bizarres et merveilleuses qui doivent servir de preuves convaincantes aux affirmations des personnages de l'action. En lisant une fable de La Fontaine, par exemple, on est agréablement surpris par un dénoûment subit qui ne se fait jamais attendre, et l'on est tenté de regretter cette brièveté même qui est un des charmes innombrables des pièces du poëte français; le moraliste indien, tout au contraire, dans ses apologues, vous conduit lentement, par les chemins sinueux d'un interminable labyrinthe, vers un but que la masse des détails a fait prévoir depuis longtemps.

De cette infériorité réelle de la fable indienne sur celle de l'Europe moderne, il ne faut cependant pas conclure qu'elle n'ait pas son genre de mérite. La longueur des apologues renfermés dans l'Hitopadésa se retrouve dans ceux que l'Angleterre doit à la plume d'Edward Moore, et qui, malgré ce défaut, sont encore lus avec plaisir par les compatriotes de l'auteur et même quelquefois par les littérateurs étrangers. Quant à la multiplicité d'action, elle constitue un trait caractéristique essentiellement propre au génie indien.

Si l'on s'avisait de chercher dans les fables attribuées à l'affranchi de Jadmon de Samos l'élégance, la délicatesse, le fini des fables de l'affranchi d'Auguste, on ne réussirait sans doute pas mieux que si l'on s'efforçait de rencontrer dans Phèdre cette bonhomie qui donne tant d'attraits aux poésies de La Fontaine et qui désespérera toujours ceux qui seraient tentés, non de le surpasser, mais de le suivre et de l'imiter. En résulte-t-il qu'Ésope et Phèdre n'aient point leur genre de mérite? L'auteur de l'Hitopadésa, il est vrai, ne saurait être mis au rang de ces fabulistes de premier ordre, mais il mérite une place distinguée dans la phalange où figurent les Bidpaï, les Vartan, les John Gay, les Moore, les Iriarte, les Festus-Avienus, les Pignotti, les Roberti, les Passeroni, etc.

Dans les fables du pandit Nârâyana, les caractères sont généralement bien tracés, et les discours des animaux mis en scène, s'ils étaient plus courts, ne manqueraient pas d'un certain attrait, provenant surtout des pointes qui y sont parsemées et des préceptes de morale, parfois assez burlesques, qui en font généralement les thèmes.

Je ne saurais donner une idée plus exacte des fables indiennes qu'en analysant une de celles qui composent l'Hitopadésa. Je prendrai, par exemple, *le Corbeau, sa Femelle et le Serpent,* dont je reproduirai textuellement quelques passages, d'après la traduction de M. Édouard Lancereau, et je lierai entre eux, par une courte analyse, les parties que j'ai cru devoir omettre, afin de ne point sortir des bornes tracées pour cette notice.

Voici comment notre auteur entre en matière :

« Sur un arbre habitait un couple de corbeaux dont les petits avaient été dévorés par un serpent noir qui avait établi sa demeure dans le creux du même arbre. Lorsque la femelle fut sur le point de pondre une seconde fois, elle dit à son mâle : « Maître, il faut abandonner cet arbre, car, si nous restons ici, nous n'aurons jamais de progéniture, à cause de ce serpent noir. »

Avant de donner la réponse du corbeau mâle, l'auteur de l'Hitopadésa croit devoir intercaler dans son récit une petite sentence dont le contenu, il faut l'avouer, ne se rapporte pas beaucoup à ce qui précède :

« Avoir une femme vicieuse, un mauvais ami, des serviteurs qui répliquent, et habiter une maison infectée par des serpents, c'est sans contredit la mort. »

Puis le corbeau mâle s'efforce de rassurer sa compagne en lui faisant comprendre que l'intelligence l'emporte souvent sur la force; et, pour le lui prouver, il lui cite une anecdote de l'histoire des animaux, celle « du Lion qui se laissa égarer par la fureur et devint la victime d'un Lièvre. »

— Comment cela? dit la femelle du corbeau.

Celui-ci, satisfait d'avoir si heureusement excité la curiosité de son épouse, croit devoir lui raconter l'apologue suivant, ce qui permet à l'auteur indien d'entrelacer une nouvelle fable dans celle du *Corbeau, sa Femelle et le Serpent* :

« Il était un lion qui faisait un massacre continuel d'animaux : ceux-ci, pour diminuer le nombre des victimes, résolurent de lui proposer d'envoyer chaque jour un d'entre eux pour lui servir de nourriture, s'il

voulait bien cesser de leur faire une guerre aussi san-
glante, et dont les résultats dépassaient de beaucoup
ses besoins. Le seigneur lion avait accepté la proposition, et la promesse de la gent animale avait été ponctuellement tenue, lorsqu'enfin le jour d'être mangé vint
pour un vieux lièvre, intelligent, rusé et persuadé que
l'on n'obéit à celui que l'on craint que parce qu'on
tient à la vie, et que, si l'on doit mourir, il importe peu
de montrer de la soumission. Sur ce, notre lièvre s'en
va, à pas lents, vers le lion, qui, affamé, lui dit avec
colère : « Pourquoi viens-tu si tard ? — Ce n'est pas
ma faute, répondit le lièvre ; j'ai été arrêté en chemin
et retenu de force par un autre lion. — Viens vîte me
montrer où est ce coquin-là ! » dit le lion au ventre
creux à ce pauvre lièvre destiné à le remplir. Ce dernier
obéit et conduit le seigneur des animaux auprès d'un
puits très-profond, dans l'eau duquel il vit son image ;
aussitôt, enflé de courroux, il s'élance vers le concurrent qu'il vient de reconnaître, et délivre, en mourant
ainsi, le lièvre intelligent qui allait devenir sa pâture. »

Revenons à nos moutons, ou plutôt, avec l'Hitopadésa, à nos corbeaux. « La femelle, enthousiasmée de
ce qu'elle vient d'entendre, prie son mari de lui expliquer comment il compte profiter de cet exemple. Or
voici la réponse du corbeau :

« Tous les jours, le fils du roi vient se baigner
dans l'étang voisin, et, lorsqu'il prend son bain, il ôte
sa chaîne d'or et la dépose sur une pierre au bord de
l'étang. Tu prendras cette chaîne dans ton bec et tu
l'apporteras dans le creux de cet arbre. » — Un jour que

le prince s'était mis à l'eau pour se baigner, la femelle
du corbeau fit ce que son mâle lui avait dit. Les gens
du roi, en cherchant la chaîne d'or, trouvèrent le serpent noir dans le creux de l'arbre et le tuèrent. »

Je m'arrêterai là : si j'avais voulu aller plus loin, j'aurais dû commencer plus avant, car la fable du *Corbeau,
sa Femelle et le Serpent noir* n'est elle-même qu'une portion d'une fable qui en intercale toute une série dans
son cadre étendu, de même que celle que nous venons
d'analyser renferme la fable du *Lion et le vieux Lièvre.*

L'originalité et les traits de mœurs que l'on rencontre
dans l'Hitopadésa en font une lecture attrayante et ins-
tructive pour ceux qui prennent intérêt aux croyances
religieuses, à l'histoire, aux coutumes des nations indiennes. Aussi, la nouvelle traduction de M. Édouard
Lancereau sera-t-elle, sans aucun doute, favorablement
accueillie du public. Puisse ce savant orientaliste, qui
possède de solides et profondes connaissances en langue
sanscrite, consacrer ses instants de loisir à nous donner, de préférence à des versions d'ouvrages déjà traduits, des interprétations ou des analyses d'ouvrages
importants dont le contenu nous soit complétement
inconnu! Si sa bonne traduction de l'Hitopadésa, recueil
déjà traduit en trois ou quatre langues européennes [1],
offre encore un intérêt réel pour les littérateurs, avec

---

[1] Voici une liste bibliographique des principales traductions européennes de l'*Hitopadésa* :

1. The Heetopades of Veeshnoo-Sarma in a series of connected Fables, interpersed with moral, prudential and political Maxims; translated from an Ancient

quel empressement les amis des sciences philosophiques, historiques et morales n'accueilleront-ils pas un
ouvrage susceptible d'étendre le domaine de leurs
connaissances dans des voies encore fermées à leurs
investigations !

---

Manuscrit in the Sanskreet Language, with explanatory notes, by CH. WILKINS.
*Bath,* 1787; gr. in-8°.

2. Hitopadesa, or Salutary Instruction, in the original sanscrit, by H. T. Co
LEBROOKE. *Serampore,* 1804; in-4°.

3. Hitopadesha : a Collection of Fables and Tales in Sanscrit by Vishnusarma;
with the Bengali and the English Translation revised; edited by LAKSHAMI NA
RAYAN NYALANKAR. *Calcutta,* 1830; in-8°.

4. Hitopadesas, id est Institutio salutaris. Textum codd. mss. collatis recensuerunt, interpretationem latinam et annotationes criticas adjecerunt A. G. A.
SCHLEGEL et CHR. LASSEN. *Bonnæ ad Rhenum,* Typis regiis, 1829-31; in-4°.

5. Hitopadesa. Eine alte indische Fabelsammlung aus dem Sanscrit zum
ersten Mal in das Deutsche übersetzt von M. MÜLLER. *Leipsig,* 1844; in-12.

6. Hitopadesa, or Salutary Counsels, of Vishnu Sarman, in a series of connected fables interpersed with moral, prudential and political maxims, translated
litterally by J.-F. JOHNSON. *London,* 1848; in-4°.

7. Χιτοπαδάσσα ἢ Πάντσα Τάντρα (Πεντάτευχος), συγγραφεῖσα ὑπὸ τοῦ
σοφοῦ Βισνουσαρμάνος; καὶ ψιττακοῦ μυθολογιαι νυκτεριναὶ, μεταφρασθεῖσα
εκ τοῦ βραχμανικοῦ παρὰ Δημητρίου Γαλάνου. Ἐν Ἀθήναις, 1852; in-8.

# NOTICE ETHNOGRAPHIQUE

## DE

# L'ENCYCLOPÉDIE JAPONAISE

### WA-KAN-SAN-SAI-DZOU-YÉ.

———

Les orientalistes désignent sous le nom de grande Encyclopédie japonaise un ouvrage intitulé : *Wa-kan-san-saï-dzou-yé* « les trois principes (le ciel, la terre, l'homme) d'après les Japonais et les Chinois, avec planches et tables », publié par Sima-yosi An-ko, en 105 volumes grand in-8. L'édition que nous avons sous les yeux porte la date de 1714.

Une section particulière de ce précieux ouvrage a été consacrée à l'ethnographie. On y trouve des notices plus ou moins étendues sur les différents peuples connus des Japonais à l'époque où a écrit l'auteur. Quelques-unes sont accompagnées d'un vocabulaire de la langue parlée par ces peuples. Je vais donner un aperçu rapide de cette section, afin de répondre au désir de quelques-uns de mes savants collègues de la Société d'Ethnographie qui ont pensé, avec raison, que l'étude de la grande Encyclopédie japonaise éclaircirait bon nombre de questions restées obscures dans le domaine de la civilisation orientale.

La section ethnographique de la grande Encyclopédie japonaise forme les livres XIII et XIV de l'ouvrage. Le premier traite « des hommes des pays étrangers »; le second « des peuplades barbares ou sauvages ».

En tête du livre consacré aux hommes des pays étrangers se trouve une notice sur les Chinois ou *Sin-tan* (en japonais : *Morokosi*). L'auteur s'occupe d'abord des divisions de l'empire sous les diverses dynasties, depuis le règne du grand Yu. Il traite ensuite de la chronologie, en prenant pour point de départ les périodes fabuleuses.

On y lit ce qui suit :

«La dynastie des souverains célestes dura 18,000 années; la dynastie des souverains terrestres 11,000 années; la dynastie des souverains humains 45,600 années. Ensemble elles gouvernèrent l'empire pendant 74,600 ans. On les désigne sous le nom de *San-tsaï*, « les trois principes », du ciel, de la terre et de l'homme. C'est à eux qu'on doit d'avoir commencé à déterminer les années et les mois, à tracer le cours des nuits et à nourrir les hommes et les femmes. »

Il est ensuite question de *Yéou-tsao* et de *Soui-jin*, qui dirigèrent les tribus chinoises avant la constitution régulière de l'empire sous *Fouh-hi*. Puis viennent les règnes de *Chin-noung*, « le divin laboureur », autrement appelé *Ho-ti*, « l'empereur du feu », et *Han-youen*, plus connu sous le nom de *Hoang-ti*, « l'empereur jaune ». « L'époque supérieure, dit l'Encyclopédie japonaise, se nomme haute antiquité ; Fouh-hi, Chin-noung et Hoang-ti forment ce qu'on appelle les trois Augustes (*san-hoang*). »

Après avoir mentionné les princes qui succédèrent à Hoang-ti jusqu'à l'époque des saints empereurs Yao et Chun, l'auteur commence l'examen général des dynasties chinoises par le grand Yu, chef et fondateur de la dynastie des *Hia*, et s'arrête au règne de Khang-hi, de la dynastie mandchoue des *Taï-tsin*, actuellement régnante.

La notice sur les Coréens, que l'auteur identifie avec les *Sien-pi* et les *Ki-lin* (*Kirin*), mériterait d'être traduite d'un bout à l'autre. Suivant l'auteur, *Sien-pi* est la plus ancienne dénomination de ce pays, que l'on a appelé *Tchao-sien*, « la fraîcheur du matin », à l'époque du *Tchœou*, et par la suite *Tsin-lo* ou *Sinra*, *Peh-tsaï* ou *Païk-tse*, et *Kao-li* ou *Ko-raï*, royaumes qui formaient les trois *Han* (*San-kan*). Des renseignements sur ces trois royaumes sont donnés dans la suite de la notice, ainsi que des articles sur l'introduction du bouddhisme dans la presqu'île, sur le tribut que les Coréens vinrent payer au Japon, etc. Un vocabulaire coréen-japonais complète cette notice.

Le *Tsin-ra* est un pays peu connu. Dans les additions japonaises au *San-tsaï-tou-hoeï*, il est dit que « ce pays est une île au sud de l'ancien royaume de Paik-tse, qui commença à entrer en rapport avec le Japon la cinquième année du règne du mikado *Ten-tsi ten-ô* (666 de notre ère). » Cette île est désignée dans nos géographies sous le nom de Quelpaerts.

Les *Orankaï* sont des peuples qui habitent dans la mer septentrionale, au nord de Pé-king, et dont « les mœurs sont identiques à celles des Tartares. Ils habitent actuellement au nord-ouest de la Corée. »

Les *Lou-tchou* sont les habitants de la partie méridionale de l'empire japonais. La notice qui leur est consacrée est étendue et riche en faits historiques et ethnographiques. Ils ont une écriture phonétique, et ils emploient tantôt le chinois, tantôt le japonais. Un vocabulaire loutchouan-japonais termine cet article.

Les *Yéso* sont l'objet d'une notice également intéressante dont nous avons donné un extrait dans le recueil de la Société asiatique de Paris[1]. Le vocabulaire aïno-japonais qu'on y trouve diffère assez sensiblement des autres vocabulaires que nous possédons de cette langue. On ne peut cependant attribuer cette variation, dont on parvient du reste à se rendre compte, qu'à l'imperfection du système employé par l'auteur japonais pour écrire les mots aïnos.

Les *Tattan* sont les Tartares. L'auteur les identifie avec un assez grand nombre de noms ethnographiques, parmi lesquels sont les Mongols, en chinois *Meng-kou*, en japonais *Moukouri;* les *Huns*, en chinois *Hioung-nou;* les *Khi-tan*, les *Peh-tih*, etc. On trouve à la fin de cette notice un vocabulaire de la langue des Mongols.

Les *Jou-'chin* (Sin.-jap., *Dzyo-sin*), en japonais *Asivase*, sont des peuples qui habitent au nord-est des Khi-tan, au bas du *Tchang-peh-chan*, « la grande montagne blanche », bien connue des géographes.

Les *Taï-wan* ou *Takasako*, à cent li au sud de *Ka-*

---

[1] *Journal asiatique*, 5ᵉ série, t. XVII, p. 357.

*mon* (Emoy, province du Fouh-kièn), sont les habitants de l'île Formose. Le pays est très-chaud; le printemps y ressemble aux étés de la Chine, et l'hiver aux automnes. La race indigène est vile et méprisable. Elle est toujours nue, et s'adonne à la pêche et à la chasse. Sa nourriture ordinaire est la chair crue du cerf, dont la peau fournit aux habitants un important objet de trafic. Anciennement, ils n'avaient pas de roi. Plus tard, les Hollandais s'y sont établis. — Dans la suite de la notice, il est question du fameux *Kok–sen–ya* (Koxinga), qui chassa les Hollandais, au commencement de la période *Kwan-boun* (1661-1662 de notre ère), et se fit proclamer souverain de l'île.

Les *Kiao-tchi* (*Ko-tsi*) sont les Annamiques proprement dits. La distance de leur pays au Japon, par mer, est de 1,400 *li*. Suivant l'éditeur japonais, le climat de ce pays est très-chaud. On n'y voit jamais de gelée blanche ni de neige. Les hommes et les femmes, tous indistinctement, se teignent les dents. On y fait usage des caractères de la Chine [1].

Les *Tong-kiñ*, « habitants de la capitale de l'est », sont les Tong-kinois ou Annamites du nord. On compte 1,600 *li* de mer entre leur pays et le Japon. Le Tong-kiñ formait jadis un État indépendant de la Cochinchine. L'un était séparé de l'autre par une montagne

---

[1] Aujourd'hui l'écriture annamique, bien que renfermant la plupart des signes communément usités dans l'écriture chinoise, diffère cependant de cette dernière en ce qu'elle admet un grand nombre de signes vulgaires inconnus au Céleste-Empire. (Voy. ma *Notice sur la langue annamique,* p. 10.)

appelée *Kyanto*. Les hommes et les productions des
deux pays sont les mêmes. Ils se servent de l'écriture
chinoise, et connaissent les *Ou-king* (livres canoniques)
et les *Sse-chou* (livres moraux).

Comparativement au livre XIII, que nous venons de
passer en revue, le livre XIV de l'Encyclopédie japonaise ne renferme que de courtes notices, et un certain nombre des peuples auxquels elles ont trait n'exista
jamais que dans l'imagination des Orientaux. Ce second
livre présente cependant un intérêt incontestable en ce
qu'il traite de beaucoup de pays réels qui nous sont
à peine connus de nom.

Les notices sur le Siam et l'Archipel indien, notamment sur Java et sur quelques régions voisines de ces
contrées, mériteraient tout particulièrement d'être traduites, surtout si l'on parvenait à identifier avec des
localités connues les principaux noms géographiques
qu'on y rencontre.

Le pays de *Maroka* (Malâka) est situé au sud de la Cochinchine. Sous la dynastie des Ming, la troisième année de la période *Young-lo* (1405 de notre ère), le roi
de ce pays, qui se nommait *Si-li-pa-œl Soula*, envoya
des ambassadeurs porter le tribut à la cour et recevoir
l'investiture.

Le *Siamouro* (Siam, en chinois *Sien-lo*) formait primitivement deux États : le pays de *Sien* et le pays de *Lo-
hoh*. Le roi envoie chaque année trois vaisseaux marchands au Japon pour y commercer. Le six ou septième
mois, ils profitent du vent du sud pour retourner dans
leur pays. Anciennement, les marchands japonais, de

leur côté, se rendaient en grand nombre dans le royaume de Siam pour s'y livrer au négoce.

Le *Laô-ta* (Laos, en chinois *Lao-tchoua*) est situé au nord-ouest de l'empire d'Annam. Il formait anciennement le royaume de *Youeh-tchang-chi*. Les indigènes sont d'un caractère cruel et méchant.

Le royaume d'Espagne (*Isoufanya*), dit l'auteur japonais, est situé à l'ouest de la Hollande (*Oranda*). La distance qui le sépare du Japon est d'environ douze mille *ri* (lieues japonaises). On y pratique le culte de Jésus (*Ya-so-siou*), qu'on nomme aujourd'hui religion *Tsieh-sse-tan* (chrétienne).

La notice sur le Kambodje (sin.-jap. *Sin-rô*, chinois: *Tchin-la*), entre autres faits curieux, parle de la cérémonie suivant laquelle les prêtres bouddhiques sont chargés d'enlever la virginité aux jeunes filles qui vont se marier. Je donnerai, la première fois que j'en trouverai l'occasion, la traduction complète de cette notice, qui est une des plus intéressantes de la section que je parcours en ce moment.

L'article consacré à Java (jap. *Dzya-wa;* chin. *Kwa-wa*) est remarquable, non-seulement par les descriptions qu'il renferme, mais encore par quelques faits purement historiques. Le pays de *Kwa-wa* formait anciennement le pays de *Dja-va*. On l'appelle également *Pou-kia-loung* (Sin.-jap. *Fou-ka-ryô*). Dans la période *Chun-hoa* (990-994 de notre ère), sous la dynastie des Soung, le roi de ce pays, nommé *Mouh-lo-tcha*, envoya une ambassade apporter le tribut à la cour. Au commencement de la période *Houng-wou* (1380-1398), sous la dynastie des Ming, le roi de ce pays *Si-li Pah-tah-lah*, envoya son ministre, *Pah-ti-kou-pi*, porter le tribut à la cour. Depuis cette époque, l'envoi du tribut n'a plus cessé.

Le *Fou-sang*, ce pays sur lequel on a déjà tant discuté et où l'on a cru voir l'Amérique, est l'objet d'une notice fort curieuse dans l'Encyclopédie [1]. Cette région énigmatique, même pour l'auteur japonais, est située à l'est du *Ta-han koueh*, à une distance d'environ 20,000 *li* à l'est, suivant l'autorité du *Tong-tien*. Le pays est à l'est de la Chine. Il y croît un grand nombre de *fou-sang* [2], dont les feuilles ressemblent à l'arbre *toung*. Les habitants possèdent une écriture et se font des vêtements avec l'écorce de l'arbre *Fou-sang*. Ils élèvent des cerfs à l'instar de bœufs, et se font une boisson avec le lait. Le sol ne renferme point de fer, mais on y trouve du cuivre.

Une notice est consacrée au pays des Amazones, *Nyo-nin-gok*, « le royaume des femmes ». Ce pays est situé, suivant certains géographes indigènes, au sud-est du Grand Océan, et à l'est du pays de Fou-sang. Mais en général on varie beaucoup sur sa position.

---

[1] J'ai traduit cette notice pour M. José Pérez, qui l'a insérée dans son Mémoire sur les relations des anciens Américains avec les peuples de l'Europe, de l'Asie et de l'Afrique. (Voy. *Revue orientale et américaine*, t. VIII, p. 191.)

[2] *Hibiscus rosa sinensis.*

# DE LA PORCELAINE

EN CHINE, AU JAPON ET DANS LES CONTRÉES VOISINES.

———

Les premières porcelaines connues en Europe y furent importées par les Portugais, qui, dès le commencement du seizième siècle, sillonnaient les mers de la Chine de leurs escadres aventureuses. Frappés de la transparence et de la beauté de ces poteries, comparables à la nacre, ils leur donnèrent le nom de PORCELLANA, d'où nous avons fait *Porcelaine*[1]. Suivant

———

[1] Les auteurs ont beaucoup varié sur l'étymologie de ce mot, qu'on a notamment rapproché du nom vulgaire attaché aux coquillages du genre *Cypræa*. Ces coquillages, aux couleurs extrêmement variées, ont, en effet, l'aspect vitreux, brillant de la porcelaine, et tirent leur appellation, suivant les anciens philologues, de ce que Varron appelle chez les femmes *porcus*, en grec χοῖρον. Voy., pour plus de détails, Jacquemart et Le Blant, *Hist. de la porcelaine*, p. 20. Voici d'ailleurs diverses synonymies du mot *porcelaine* :

Chinois : *yao*.
Japonais : *yaki-mono*.
Coréen : *tsir-kor*.
Tibétain : *dKar-yol*.
Sanscrit : *kâulâlakam*.
Malay : *mangkok-china*.
Arabe : *sini*.
Persan : *tchini*.

Turc : فغفور *faghfoûr*, فرفورى *farfoûrt*.
Grec : φαρφουρί, τσίνι, πορτσελλάνα.
Russe : фарфоръ.
Allemand : *Porzellan*.
Anglais : *china, porcelain*.
Espagnol : *porcelana, china*.
Portugais : *porcellana*.

M. Brongniart[1], il faut entendre par ce mot «une poterie dure, compacte, imperméable, dont la cassure, quoique un peu grenue, présente aussi, mais faiblement, le luisant du verre, et qui est essentiellement *translucide*, quelque faible que soit cette translucidité.»

L'art de la fabrication de la porcelaine ne paraît pas remonter en Chine au-delà de la dynastie des Han qui commença à régner l'an 202 avant notre ère. Jusqu'alors, les Chinois n'employaient que des vases en terre cuite, dont l'usage date d'une époque antérieure à l'avénement de Chun (2255 avant J.-C.). Ce prince, suivant le témoignáge des écrivains chinois, avant de devenir empereur, fabriquait de la poterie dans un lieu dépendant aujourd'hui de la province du Chan-tong.

Cependant un événement, assez bizarre d'ailleurs, est venu donner naissance à une conjecture qui ne tend à rien moins qu'à faire remonter l'antiquité de la porcelaine à dix-huit siècles avant notre ère. Un égyptologue, nommé Rosellini, a donné la description d'un petit vase de porcelaine chinoise « trouvé par lui dans « un tombeau égyptien qui n'avait jamais été ouvert « auparavant, et dont la date remontait à une époque « pharaonique peu postérieure au dix-huitième siècle « avant Jésus-Christ[2].»

Comme on peut le croire, cette fameuse découverte donna lieu à bien des hypothèses, à bien des

---

[1] *Traité des arts céramiques.* Paris, 1844; in-8°.
[2] *Monumenti dell' Egitto,* etc.; t. II, p. 337.

rapprochemênts historiques. On ressuscita les doctrines de De Guignes et de plusieurs de ses contemporains, doctrines suivant lesquelles les Chinois et les
Égyptiens auraient eu des rapports dans la haute antiquité. Ces flacons semblaient en fournir une preuve incontestable. Du moins telle était l'opinion qui commençait à se propager, lorsque la voix de la critique vint
ébranler dans leur base les châteaux en Espagne que
s'étaient trop pressés de construire les amis du merveilleux en fait de science.

L'écriture avec laquelle sont tracés les caractères qui
ornent les flacons décrits par Rosellini est connue en
Chine sous le nom de *thsao-chou* (écriture cursive), et
peut être assez heureusement comparée avec le *démo-
tique* des anciens Égyptiens, ou, si l'on considère son
aspect confus et la difficulté de sa lecture, avec le *chi-
késté* des Persans. Elle fut inventée vers l'an 48 à 33
avant J.-C.; et, par une piquante coïncidence, les caractères de ces flacons forment des vers qui se trouvent
mentionnés dans le Recueil des poëtes célèbres de la
dynastie des Thang [1] (713 à 741). Il paraît naturel de
conclure de là que ces bouteilles ne peuvent guère remonter à une époque antérieure à notre ère. Cependant
on pourrait objecter que, bien avant le premier siècle,
il devait, vraisemblablement du moins, exister une
écriture cursive du genre du *thsao;* en outre que les caractères tracés sur les flacons en question ne laissent
pas que de différer de l'écriture thsao ordinaire; enfin,

---

[1] *Thang-chi.*

que les vers retrouvés par des *sien-seng* chinois dans
des poëtes de la dynastie des Thang peuvent bien avoir
été extraits par ceux-ci de poëmes antérieurs à leur
siècle, ce genre de compilation n'étant pas rare chez
les écrivains chinois. Le meilleur argument contre l'antiquité des vases découverts dans les tombeaux égyptiens nous est fourni par M. Stanislas Julien, dans la
préface qu'il a mise en tête de son beau et curieux volume sur la porcelaine chinoise [1].

Il résulte des recherches de ce savant que la porcelaine prit naissance en Chine, sous la dynastie des Han,
dans le pays de *Sin-p'ing,* situé dans la province actuelle du *Ho-nan* (département de *Tchhin-tchœou-fou*).

Les progrès de la fabrication de la porcelaine chinoise paraissent avoir été assez lents à se manifester
dans les premières années qui suivirent son invention.
Sous la dynastie des *Tsin* (265 à 419 de notre ère), on
façonnait, dans le Ngœou oriental [2], des vases de porcelaine bleue qui, par leur beauté, avaient acquis une
grande réputation dans l'empire.

Sous les *Soui* (581 à 618), on faisait des porcelaines
vertes ou *lou-tse*, dont la faveur tint à ce qu'elles rem-
plaçaient un genre de pâte de verre dont la composition
avait été perdue. Puis vinrent successivement les por-

---

[1] *Histoire et fabrication de la porcelaine chinoise.* Ouvrage traduit du chinois par M. Stanislas Julien, accompagné de notes et
additions par M. Alphonse Salvétat, et augmenté d'un Mémoire
sur la porcelaine du Japon, par le docteur J. Hoffmann. Paris,
1856; in-8° de cxxiii-320 pp., avec carte, frontispice et 14 pl.

[2] Aujourd'hui *Wen-tchœou-fou*, province du *Tché-kiang.*

celaines à fond blanc, comme le jade (en 621) et les porcelaines dites de *Tchaï* (954), lesquelles avaient « la
teinte azurée du ciel après la pluie, telle qu'elle apparaît dans les intervalles des nuages ». Elles étaient, en
outre, « resplendissantes comme un miroir, minces
comme des feuilles de papier, et sonores comme le
lithophone appelé *k'ing* ». Depuis longtemps les produits
de Tchaï sont introuvables, et lorsque, par un heureux
hasard, on peut s'en procurer un échantillon brisé ou
même quelque petit tesson, on le conserve précieuse-
ment. Suivant la tradition, les fragments de porcelaine
de Tchaï éblouissaient les yeux comme des pierres précieuses.

On vit paraître ensuite des vases couleur de riz (960),
et plusieurs autres espèces d'une blancheur éclatante
(960 à 1126); puis, peu après, les porcelaines dites de
*Siang*, sur lesquelles on remarquait des « raies de
pattes de crabes ».

Dans les premières années du quinzième siècle, on
vit paraître des porcelaines ornées de combats de
grillons dessinés avec un talent remarquable par un
artiste nommé *Lo*. Un peu plus tard, un fabricant
appelé *Kao Than-jin* produisit des jarres ornées de
poules avec leurs poussins, et d'une pivoine en fleur.
Sous la période *Tching-teh* (1506 à 1521), le bleu de co-
balt (*hoeï-tsing*) fut introduit en Chine, et, malgré son
prix fort élevé, il fut employé pour peindre la porcelaine, parce qu'il offrait une couleur tout à la fois belle
et inaltérable à la chaleur du four.

Vers la fin du seizième siècle vivait à *King-teh-tchin*

un homme d'un talent supérieur pour la fabrication de
la porcelaine. Il se nommait *Tchœou Tan-thsiouen;* ses
imitations de vases antiques lui valurent beaucoup de
réputation dans l'empire.

Dans les années *Wan-li* (1573 à 1619), les porcelaines
les plus célèbres étaient des coupes ornées de nuages
diaprés, d'un rouge de cinabre éclatant.

Sous le règne de *Khang-hi* (1662 à 1772), la manufacture impériale de porcelaine produisit des vases d'une
grande beauté ; ils étaient verts peau de serpent, jaunes
d'anguille, bleus d'azur pointillés de jaune.

Enfin, sous le règne de *Khien-loung* (1736 à 1795), il
y eut un fabricant nommé *Thang-ing,* qui parvint à
imiter les anciens vases d'une manière extraordinaire.
On lui doit, en outre, de nombreuses améliorations
dans l'art de la fabrication des porcelaines et de leur
peinture.

Si l'on en juge d'après les spécimens conservés dans
les cabinets des amateurs, les porcelaines modernes
l'emportent évidemment par leur transparence sur la
plupart des porcelaines anciennes; mais elles sont souvent inférieures à celles-ci au point de vue de la finesse
de l'émail et de l'éclat de la couleur [1]. Le savant sinologue auquel nous devons aujourd'hui la traduction du
*King-teh-tchin Tao-lou,* ou Histoire des porcelaines de
la manufacture impériale du King-teh-tchin [2], a eu l'ex-

---

[1] Cf. *Mémoires concernant les Chinois,* par les missionnaires de
Pé-king, t. VIII, p. 464.

[2] *King-teh-tchin* est une localité située dans la province du

cellente idée de résumer les détails historiques dispersés çà et là dans divers ouvrages chinois traitant de la
porcelaine, et d'en faire l'objet d'une introduction dans
laquelle il a inséré, en outre, un catalogue explicatif
des principales marques de fabriques et un aperçu de
la distribution géographique des manufactures.

Si l'on considère les faïences, qui, avant l'introduction en Europe des porcelaines de la Chine, consti-
tuaient nos plus fameuses poteries, on ne pourra s'empêcher d'accorder aux Chinois l'honneur d'avoir in-
venté l'une des plus belles et des plus utiles productions
de l'art. On sait, en effet, avec quelle ardeur on recher-
cha les porcelaines chinoises aussitôt qu'on en eut entendu parler en Occident [1], et combien il fallut de
temps pour rendre les porcelaines européennes dignes
de leur être comparées. Tout d'abord il se répandit
sur leur fabrication les bruits les plus singuliers. Pan-

---

Kiang-si, département de Jao-tchœou-fou, et qui tire son nom
de l'ère impériale *King-teh*, sous laquelle la manufacture de porcelaines a été fondée. On dit que cette bourgade ne compte pas
moins d'un million d'habitants. On la reconnaît de loin dans la
campagne par la fumée épaisse qui se dégage des fourneaux de la
manufacture, et qui, le soir, se mêle à des flammes de façon à faire
croire que la ville est tout entière en proie à un vaste incendie.

[1] Il paraît résulter de divers ordres de faits que la porcelaine
commençait à figurer dans les collections des riches amateurs dès
le douzième siècle. La cour de Médicis reçut, en 1487, de Saladin,
des vases de Chine comme « on n'en avait jamais vu de semblables
ni de mieux travaillés. » En France, la porcelaine était connue
bien avant le quinzième siècle, et Charles VII en possédait un service de table. Voy. l'*Athenæum français*, 1853, p. 613; et Jacquemart et Le Blant, *Histoire de la porcelaine*, p. 27.

cirol [1] rapporte que, pour obtenir la matière dont elles
étaient composées, il fallait enfouir en terre, pendant
quatre-vingts ans, sans qu'elle pût voir le jour, une
certaine quantité de plâtre, d'œufs, d'écailles de locustes
marins et d'autres substances analogues [2] ; si on avait la
patience d'attendre ce long espace de temps, avant de
retirer la composition du sol où elle était censée se
transformer, on obtenait une pâte susceptible de former des vases qui n'étaient pas seulement d'une incomparable beauté, mais qui avaient encore le mérite de
se briser instantanément si le liquide y versé renfermait
la moindre dose de poison [3].

Le fond de cette histoire se retrouve dans Marco-
Polo [4] et dans d'autres anciens voyageurs. Ibn-Batoutah,
notamment [5], parle de «la belle poterie chinoise» que
de son temps on exportait jusque dans les contrées
du Maghreb, et il semble dire qu'elle se fabriquait avec
une sorte de charbon de terre, qu'on couvrait de terre
pendant un mois quand on voulait la rendre aussi parfaite que possible.

Une foule d'autres légendes sur la composition de la

---

[1] *Rerum mirabil. sive deperdit.*, etc. Francfurt., 1660; in-4.

[2] Nous faisions alors ce que font tous les peuples dans les siècles
d'ignorance. Les Chinois de nos jours appellent bien le caoutchouc
« peau d'éléphant ».

[3] Voyez une légende analogue à propos des cornes de rhinocéros,
dans mes *Études asiatiques*, p. 149. — La superstition attribue,
chez les Tibétains, les mêmes propriétés à certaines écuelles de bois
vernissé qu'ils fabriquent et qui se vendent à un prix fort élevé.

[4] Édition de la Société de Géographie.

[5] Traduct. de M. Lee, p. 208.

porcelaine et ses propriétés ont circulé au moyen âge, et il n'a fallu rien moins que les progrès de la chimie moderne pour détruire ces fables [1] et donner une idée exacte des matières premières de ces belles poteries de l'Asie orientale.

Aujourd'hui, il faut l'avouer, les connaissances approfondies que l'on possède dans les sciences chimiques nous ont mis à même, non-seulement de rivaliser avec la Chine dans ce genre de produits industriels, mais encore de la surpasser à plus d'un égard. Cependant, ainsi que le remarque avec justesse M. Alphonse Salvétat, il est encore des qualités réelles et importantes pour la porcelaine que les fabricants européens doivent s'efforcer d'emprunter aux Chinois, qui, sous plusieurs points de vue, ont conservé jusqu'à ce jour la prééminence dans l'art que nous leur avons emprunté. L'étude des ouvrages composés en Chine sur la matière est le meilleur et le plus sûr moyen d'arriver à ce résultat.

Le Mémoire sur la porcelaine japonaise, traduit par M. Hoffmann, il faut le regretter, est peu développé et ne permet point de comparer, dans leur ensemble comme dans leurs détails, avec les procédés japonais, les nombreux procédés de fabrication exposés dans le traité de la porcelaine chinoise de M. Stanislas Julien. C'est que malheureusement nous ne sommes pas, à beaucoup près, aussi riches en livres japonais qu'en

---

[1] Cf. Jacquemart et Le Blant, dans la *Revue orientale et américaine*, t IV, p 32 et suiv.

ouvrages chinois ; car, d'après les renseignements que j'ai pu me procurer sur les collections japonaises conservées dans les principales bibliothèques publiques de l'Europe, je crois pouvoir affirmer que l'original du Mémoire traduit par M. Hoffmann, malgré son peu d'étendue, est le plus complet dans son genre qui soit encore parvenu jusqu'à nous. Il faut espérer que les négociations politiques qui se préparent entre la cour de Yédo et les nations maritimes de l'Occident[1] aboutiront à l'ouverture définitive des ports du Nippon au commerce européen, et que nous parviendrons ainsi à nous procurer des collections d'ouvrages susceptibles de compléter nos notions succinctes sur les sciences, les lettres, les arts et l'industrie des Japonais, auxquels on peut assigner d'ailleurs un rang honorable parmi les nations les plus intelligentes de l'Asie orientale.

D'après la notice du *San-kaï-meï-san-dzou-yé,* il y a de nombreuses manufactures de porcelaine au Japon ; mais aucune ne peut rivaliser avec celles d'*Imari,* dans la province de Fi-zen. Ces manufactures ne sont pas précisément situées à Imari, mais sur le versant de l'*Idzoumi-yama* « la montagne des sources », d'où l'on extrait la terre blanche propre à la fabrication. Dix-huit d'entre elles ont surtout acquis de la célébrité. L'auteur japonais qui donne ce nombre en mentionne cependant dix-neuf dans son énumération ; mais, après la quatorzième, il

---

[1] Cet article a paru pour la première fois en 1856, c'est-à-dire avant la conclusion du traité signé au Japon par le baron Gros et lord Elgin, traité en vertu duquel plusieurs ports japonais ont été ouverts à nos commerçants.

ajoute une petite note qui signifie littéralement : « en
haut et en bas deux bâtiments », ce qui semble indiquer que deux de ces noms se rapportent à la même
manufacture. M. Hoffmann n'a pas tenu compte de cette
note, et, pour faire concorder la liste des fabriques avec
le nombre dix-huit donné dans le texte, il a cru devoir
supprimer dans sa traduction le nom de la dernière de
ces fabriques. Dans l'intérêt des amateurs, je crois donc
à propos de rétablir ainsi la liste, d'ailleurs intéressante, des principales porcelaines japonaises, d'après
l'ouvrage original :

1. *Oho-kava-tsi-yama,* la montagne entourée par la
   grande rivière ;
2. *Mi-kava-tsi-yama,* la montagne entre les trois rivières ;
3. *Idzoumi-yama,* la montagne des sources ;
4. *Kan-kô-hira,* le plateau de la félicité suprême ;
5. *Hon-kô-hira,* le plateau de la félicité première ;
6. *Oho-tarou,* le grand vase ;
7. *Naka-tarou,* le vase moyen ;
8. *Sira-kava,* la rivière blanche ;
9. *Hiyé-ko-ba,* le vieux marché à la paille ;
10. *Aka-yé-matsi,* la rue des peintures rouges ;
11. *Naka-no-hara,* le plateau au milieu des lieux sauvages ;
12. *Iwa-ya,* la grotte ;
13. *Naga-hara,* le long plateau ;
14. { *Minami-ka-hara,* le plateau du fleuve méridional ;
    { *Hoka-wo,* la queue extérieure ;
15. *Kouro-mou-da,* le champ de l'orge noir ;
16. *Hiro-se,* les grandes eaux qui coulent sur un bas-fonds ;

17. *Itsi-no-se*, la rivière qui coule sur un bas-fond;
18. *Wô-hô yama*, la montagne de ceux qui se conforment à la loi (bouddhique).

Lorsque nous posséderons de plus nombreux documents sur les arts industriels des Japonais, il sera sans doute possible d'établir de point en point ce qui, dans les progrès de la céramique orientale, appartient à ces insulaires, et ce qui appartient aux Chinois. Une tradition rapporte que, l'an 27 avant notre ère, sous le règne du mikado Souï-nin, un navire amena dans la province de Harima des Coréens du pays de Sinra, qui établirent au Japon des manufactures de porcelaine, et répandirent les procédés de la fabrication chinoise dans les îles de l'extrême Orient. Il paraît toutefois que cet art n'était pas absolument inconnu au Nippon, car, à cette même époque, il y avait dans la province d'Idzoumi un lutteur japonais, du nom de *Nomi-no Soukouné*[1], qui fabriquait en faïence et en porcelaine divers genres de vases, et principalement des figurines humaines destinées à remplacer pour les inhumations les esclaves qu'à cette époque on avait l'habitude d'enterrer avec leurs maîtres.

A part un petit nombre de faits de ce genre, l'histoire de la porcelaine du Japon est à peu près entièrement à faire. Un essai, méritoire d'ailleurs, a été tenté par deux amateurs distingués[2], qui ont réuni avec un zèle

---

[1] Nomi-no Soukouné, en récompense de ses services, reçut du mikado Souï-nin, les fonctions d'inspecteur des travaux publics et le nom de *Taka-hara*, par lequel furent connus ses descendants.

[2] MM. Jacquemart et Le Blant, dans leur *Histoire artistique,*

digne de tous éloges ce qu'il était possible de se procurer en Europe sur la matière; mais ils n'ont pu obtenir que bien peu de renseignements de source indigène, et une partie de leurs assertions ne peut être
reçue que sous bénéfice de nouvel examen. La notice
du *San-kaï-meï-san-dzou-yé*, qui leur a fourni les meilleures indications, est elle-même d'une grande pauvreté.
Les amateurs n'y trouveront que quelques faits isolés
de nature à leur être utiles pour le classement de leur
collection. On y lit que, dans la province de *Boungo*,
on trouve une terre blanche comme la neige qui sert à
peindre en blanc la porcelaine. Si, au contraire, on emploie la litharge (en japonais *o-siroï*), on obtient après
la cuisson une teinte d'un rouge verdâtre. Quant à la
porcelaine peinte en rouge, on la nomme *nisikite* « vais-
selle bariolée ». Dans une seule fabrique, on possède
un secret qui permet de mêler ou de superposer à la
couverte diverses sortes de couleurs, voire même l'or et
l'argent. L'auteur ajoute enfin « qu'une des beautés de
la porcelaine de Nan-king, c'est que les dessins bleus
semblent se trouver sur la couverte, tandis que, pour
la porcelaine bleue du Japon, la peinture semble s'être
imbibée sous la couverte. »

---

*industrielle et commerciale de la Porcelaine* (Paris, 1861; in-
folio). Il est à regretter que les savants auteurs de cette belle
publication n'aient pas communiqué les épreuves de la partie japonaise de leur livre à un orientaliste en état de les corriger. On
y trouve des erreurs philologiques continuelles, et il est certaines
pages, notamment celle qui traite du cycle japonais (p. 293), qui
fourmillent de fautes.

Le peu de lignes qui composent le mémoire de
M. Hoffmann suffit cependant pour nous démontrer
que les Japonais emploient dans la fabrication de la
porcelaine des procédés plus ingénieux, plus perfectionnés que ceux des Chinois. Cette opinion a été
admise par M. Alphonse Salvétat, dont l'autorité en fait
de céramique est généralement reconnue, et qui, par
les nombreux essais qu'il a entrepris à la manufacture impériale de Sèvres, a dû nécessairement acquérir une profonde expérience dans l'art de la fabrication
de la porcelaine. En effet, ce savant chimiste, entre
autres remarques sur les produits chinois et japonais, a
inséré dans sa préface l'observation suivante : « Il peut
déjà paraître surprenant que les Chinois, si ingénieux
dans mille autres circonstances, aient laissé passer ina-
perçu tout le parti qu'on peut tirer de la porosité du
dégourdi de la porcelaine. Cette propriété offre, comme
on sait, le moyen de recouvrir de sa glaçure également
et promptement, c'est-à-dire économiquement, toute
poterie à pâte absorbante, quel que soit le fini de la
forme, quelle que soit la nature de la glaçure. On a
d'autant plus lieu d'être surpris de l'ignorance dans laquelle ils demeurent, que les fabricants japonais pratiquent, ainsi qu'on le voit par le Mémoire de M. Hoffmann, la mise en couverte économique et au moyen de
l'immersion [1]. »

L'ouvrage de M. Stanislas Julien ne traite point
de la porcelaine en Corée, dans les deux presqu'îles

---

[1] *Hist. et fabric. de la porcelaine chinoise*, Introd., p. xc.

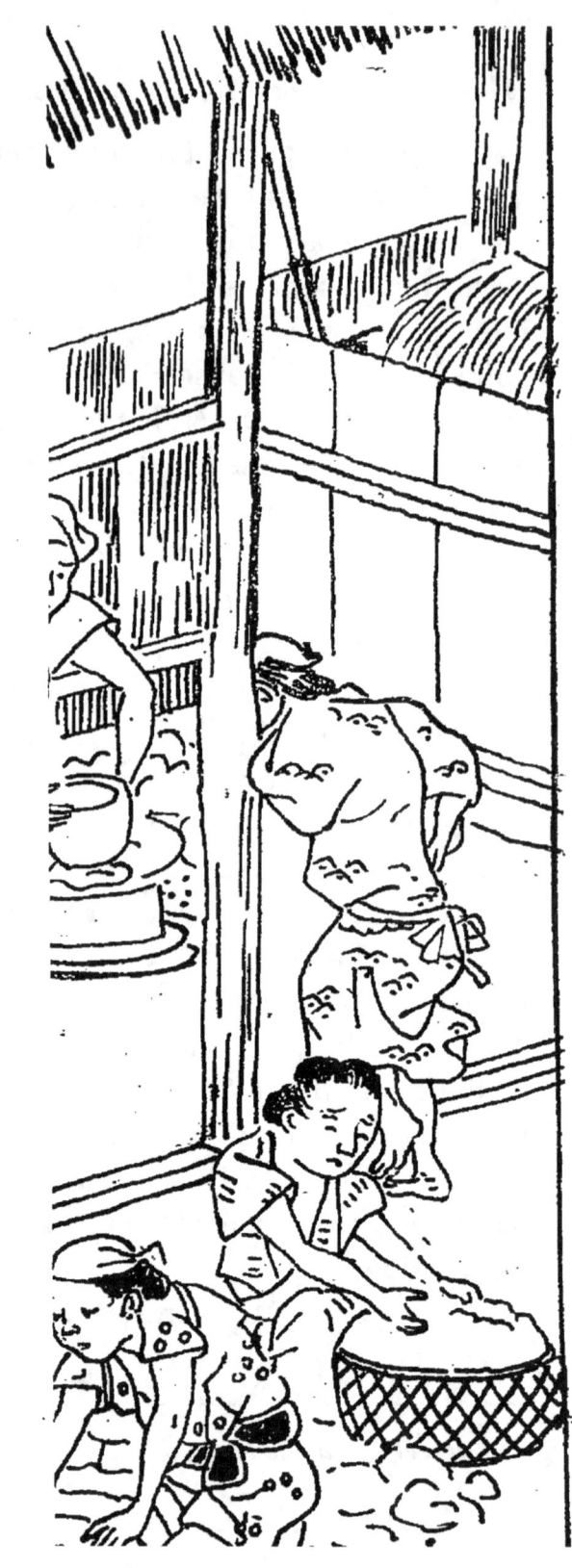

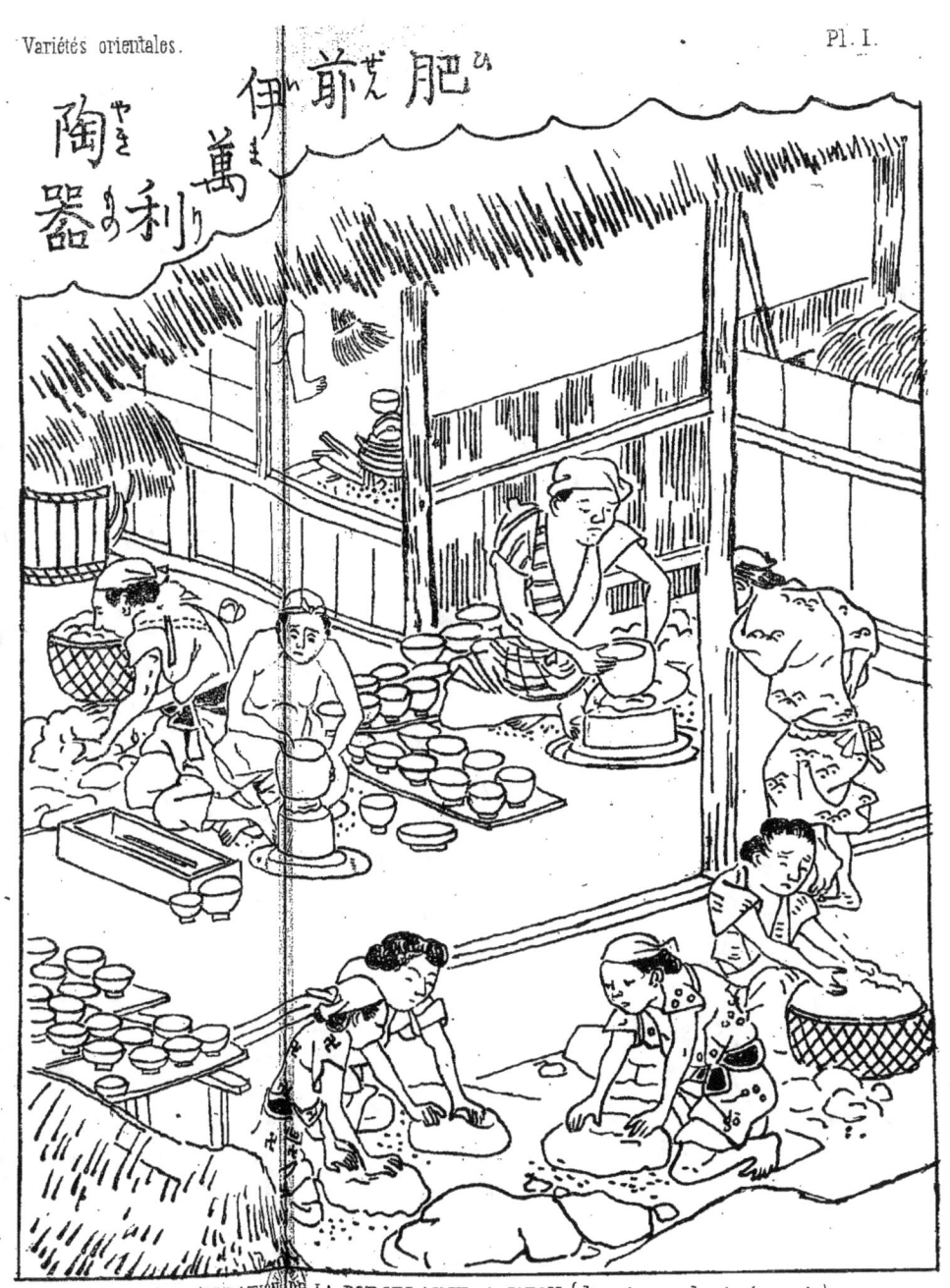

FABRICATION DE LA PORCELAINE A JAPON (d'après un dessin japonais.)

indiennes, dans la Perse, et dans quelques autres États qui ont participé à cette belle création du génie chinois. D'après les renseignements que j'ai pu recueillir, la porcelaine actuelle des Coréens est aujourd'hui fort grossière, et l'on y exporte de Chine les vases de luxe à l'usage de la cour et des grands. Toutefois, il n'en a pas toujours été ainsi; et, au premier siècle de notre ère, comme nous l'avons dit, les habitants du pays de Sin-ra étaient assez au courant des procédés de la fabrication chinoise pour les transporter au Japon, vers l'an 27 de J.-C., époque vers laquelle remontent les premières manufactures japonaises. Quelques autres faits tendent même à nous faire croire que l'ancienne porcelaine coréenne, dont il existe peut-être encore des spécimens dans les cabinets des amateurs de l'extrême Orient, se distinguait par une véritable supériorité de composition.

En Indo-Chine, il paraît positif qu'on a fabriqué à certaines époques des porcelaines dans plusieurs localités, mais nous manquons de données précises à cet égard. Aujourd'hui, on ne fait plus à Siam que de la mauvaise poterie [1], et au Tong-kin, où l'on façonnait jadis d'assez belles pièces de céramique, on ne trouve guère à présent que des produits de basse valeur.

Les Indiens de la péninsule cis-gangétique eurent

---

[1] Voy. Pallegoix, *Description du royaume thaï ou Siam*, t. I, p. 355. Suivant un auteur plus ancien, on faisait beaucoup usage de porcelaine au Siam, parce qu'il y en avait de très-grossière et qui se vendait à vil prix. Voy. de La Loubère, *Du royaume de Siam*, t. II, p. 69.

aussi, pendant un temps, quelque réputation pour leur
manière de décorer la porcelaine; il y a même lieu
de croire qu'ils fabriquaient des vases en ce genre
de poterie, pour les vendre aux marchands qui venaient chercher chez eux les produits de l'Asie centrale et les transportaient par-delà l'Arabie et la Perse.
Dans ce dernier pays, on fabriquait aussi de la porcelaine, notamment à Chiraz, à Méched, à Yezd, à Kermân
et à Zorend. L'Iran passe même pour avoir eu la gloire
d'imaginer quelques procédés heureux pour la peinture
et en général pour l'ornementation des poteries kaoli-
niques.

En résumé, si l'on étudie l'état présent de l'art céramique dans l'Asie orientale et en Europe, on est porté
à constater, comme nous l'avons déjà dit, qu'il est encore un bon nombre de nos procédés qui pourront être
perfectionnés par la connaissance de ceux des Chinois et des Japonais; et, pour ce qui touche la décora-
tion des porcelaines, la reproduction de divers fonds
de couleur au grand feu (notamment du céladon chinois, des beaux rouges et des bleus flammés), l'imitation des craquelures larges ou serrées, on ne peut manquer de se trouver heureux de posséder aujourd'hui la
traduction de renseignements originaux qui nous ap-
prendront sans doute à imiter ces ornementations si
belles, si originales, si recherchées, et pour lesquelles
l'art européen n'a fait, jusqu'à présent, que des tentatives infructueuses [1].

---

[1] Voy. la préface de M. Salvétat, p. CXVI.

Nous pouvons donc espérer que l'utile traduction de M. Stanislas Julien nous permettra bientôt d'imiter toutes les productions céramiques des Chinois, et de reproduire en Occident ces décorations, ces couleurs magnifiques et variées à l'infini qui ont fait le désespoir des artistes de nos manufactures. Le célèbre sinologue aura ainsi rendu un nouveau service à l'industrie européenne, en lui livrant la traduction d'un livre dont les difficultés étaient innombrables et qui l'auraient sans doute arrêté s'il n'avait réuni à une connaissance parfaite de la langue chinoise une patience et une constance dignes de tous éloges. Inutile de rappeler ici qu'il était nécessaire, pour traduire l'Histoire de la porcelaine de *King-teh-tchin*, de se familiariser avec la langue technique particulière aux arts céramiques, jusque-là inconnue au savant académicien, et de découvrir en outre les synonymies européennes des substances employées par les Chinois. La faveur avec laquelle le monde scientifique et industriel a accueilli, depuis sa publication, l'*Histoire et fabrication de la porcelaine chinoise*, de M. Stanislas Julien, montrent suffisamment que son nouvel ouvrage ne sera pas moins bien reçu du public que son *Traité de l'éducation des vers à soie* ne l'a été des différentes nations européennes dans la langue desquelles il a été traduit.

# ENGELBERT KÆMPFER,

SA VIE, SES ÉCRITS, SES VOYAGES.

Engelbert Kæmpfer, célèbre voyageur en Orient et médecin allemand, naquit à Lemgo (Westphalie), le 16 septembre 1651 [1]. Il était fils de Jean Kæmpfer, qui remplissait les fonctions de ministre à l'église Saint-Nicolas de Lemgo, et de Christienne Drepper, fille d'un pasteur de la même église.

Très-jeune encore, Engelbert Kæmpfer fut envoyé à Hameln, dans le duché de Brunswick, afin d'y faire ses premières études pour la carrière de médecin que ses parents lui avaient choisie. Il se rendit ensuite à Lunebourg, puis à Hambourg et à Lübeck, pour se perfectionner dans les sciences exactes. De là il passa en Pologne, où il s'adonna avec ardeur à la philosophie et à

---

[1] Cette date m'a été communiquée par M. Honerla, bourgmestre de la ville de Lemgo, à qui je dois quelques autres renseignements dont il a été fait usage dans cet article. Suivant le *Conversations-Lexikon*, Kæmpfer serait né le 16 novembre; cette date est erronée.

la pratique des principales.langues étrangères; il y séjourna trois ans, et reçut à Varsovie le grade de docteur.
Peu de temps après, il alla à Königsberg approfon-
dir les sciences naturelles et médicales, et se mettre en
état d'exercer les fonctions auxquelles on l'avait destiné.
Toutefois le goût des voyages engagea bientôt le jeune
étudiant à se transporter en Suède, où l'attendait le
plus sympathique accueil. Présenté d'abord à l'Université
d'Upsal, puis à la cour de Charles XI, il vit s'ouvrir devant lui la perspective d'un brillant avenir; on lui fit de
brillantes propositions à l'effet de le retenir en Suède;
mais son penchant irrésistible pour les pérégrinations
lointaines l'empêcha d'accepter ces offres, et il eût sans
doute renoncé à tous les avantages que lui assurait un
prince protecteur des lettres, s'il ne se fût présenté
une occasion de se joindre à l'ambassade suédoise qui
allait partir pour l'empire de Perse, dans le but d'ouvrir des relations commerciales entre les deux pays.

Engelbert Kæmpfer quitta donc Stockholm, le 26
mars 1683 (ancien style), pour se rendre, par Aland, la
Finlande et Novogorod, à Moskou, où la mission devait
solliciter une convention commerciale des tzars Ivan
et.Pierre, qui régnaient ensemble. En moins de deux
mois, Louis Fabricius, l'ambassadeur de Suède, termina les négociations, et se dirigea vers la Perse .avec
son secrétaire Kæmpfer et les autres membres de sa légation. A cet effet, il naviqua sur la rivière de Moskwa,
qui aboutit au Volga par une de ses branches nommée
l'Oka, et s'arrêta quelque temps à Kazan, qui se trouvait sur sa route; puis il gagna Astrakan, capitale d'un

7.

fameux royaume annexé à la couronne de Russie par
Ivan Basilowitch. En quittant cette célèbre cité, il dut
s'embarquer sur la mer Caspienne, où l'ambassade
faillit faire naufrage par suite d'un malentendu entre
les deux pilotes du navire ¹, qui, durant une violente
tempête, parlaient chacun un idiome différent. Arrivée
en Perse, l'ambassade suédoise se rencontra avec deux
autres légations envoyées l'une par la cour de Pologne,
l'autre par celle de Russie, et partit avec celle-ci pour
Châmakhî, où l'on devait attendre jusqu'à ce que la
cour de Perse eût fait connaître ses intentions touchant
la manière de recevoir les envoyés et la route qu'ils devaient suivre pour se rendre à la capitale. Ce retard,
fâcheux pour les ambassadeurs, causa au contraire une
grande joie à Kæmpfer qui trouva ainsi l'occasion d'é-
tudier un pays nouveau pour l'Europe, et d'herboriser
dans une contrée riche en espèces inconnues des botanistes de son temps.

Vers le milieu de janvier 1684, les ambassades reçurent l'avis d'avoir à se rendre à la cour de l'empereur
Soléiman, mais chacune par une route différente. Fabricius, avec toute sa suite, arriva le premier à Ispahan, alors capitale de la Perse, et y demeura près
de deux mois, ce qui permit à son zélé secrétaire
d'étudier en détail toute la région environnante. La
mission de l'ambassadeur suédois une fois terminée,
on se prépara au retour. Kæmpfer vit prendre ces

---

¹ C'était un bâtiment avec deux gouvernails et dirigé par deux
pilotes.

mesures avec un tel regret, qu'il résolut d'abandonner la légation et de se mettre au service de la Compagnie néerlandaise des Indes orientales. Instruit de cette résolution, Fabricius ne crut point devoir le détourner de ce projet; mais, pour lui donner une marque toute particulière de son estime, il voulut l'accompagner jusqu'à un mille d'Ispahan. Fermement décidé à se suffire à lui-même par son travail et son talent, notre voyageur s'engagea comme chirurgien dans la flotte hollandaise qui croisait en ce moment dans les eaux du golfe Persique. Cette place, bien qu'inférieure à celle qu'il venait d'abandonner de plein gré, lui sourit d'autant plus qu'elle s'accordait avec sa passion des voyages. Il venait de visiter les ruines de l'antique Persépolis et le palais majestueux de Daryavouch; il avait parcouru Chiraz, ville principale du Farsistan, renommée par la beauté de ses femmes et l'excellence de ses vins, et que l'on avait qualifiée du titre de *paradis terrestre* avant l'affreux tremblement de terre de 1853; enfin il avait abordé à Bender-Abbassi, port situé à l'opposite de l'île d'Ormus, près de l'entrée du golfe Persique. Après y avoir subi les atteintes d'une maladie longue et dangereuse qui mit sa vie en danger, Kæmpfer passa quelque temps à la campagne, afin de rétablir sa santé altérée. Il profita de cette circonstance pour faire d'utiles observations qu'il publia en partie dans ses *Amœnitates exoticæ* [1], et parmi lesquelles il faut mentionner, entre autres, sa notice sur

---

[1] Fascicul. III.

l'*Assa fœtida*, plante fameuse que les Latins appelaient
« mets des dieux », tandis que les anciens auteurs de
matière médicale lui donnaient l'épithète peu gracieuse
de *stercus diaboli* [1]; ses remarques sur le *keïf* ou eni-
vrement des Persans et des Indiens [2]; sa monographie
du dattier commun [3], etc. Dès que sa santé fut rétablie,
il quitta Bender-Abbassi (en juin 1688), s'embarqua à
bord de la flottille néerlandaise, et visita successivement
l'Arabie Heureuse, les États du Grand-Mogol, les côtes
de Malabar, l'île de Ceylan, les environs du golfe de
Bengale, et l'île de Sumatra.

Vers le milieu de septembre 1689, Kæmpfer vint
aborder dans l'île de Java, et demeura environ sept
mois et demi à Batavia. La plus grande partie de son
temps fut employée à étudier les plantes de ce pays, à
les décrire et souvent aussi à les dessiner ou à les des-
sécher.

Le 7 mai 1690, il s'embarqua, comme médecin, à

---

[1] L'Assa fœtida, *Hingiseh* des Persans, *Andjdjoûdân* d'Avicenne,
Σίλφιον de Dioscoride, *Teufelsdreck* des Allemands, est une espèce
de gomme résineuse qui se produit au moyen d'incisions pratiquées sur les racines de l'ombellifère appelée *Ferula Assa-fœtida*,
laquelle est originaire de la Perse. Cette substance, douée de
propriétés toniques et antispasmodiques, s'administre avec succès
dans le traitement d'un grand nombre de maladies nerveuses. Les
Orientaux s'en servent comme d'un excellent condiment qu'ils mêlent à la plupart de leurs mets; ils vont même jusqu'à en recouvrir
les bords de leurs coupes, pour augmenter la saveur des liquides
qu'ils boivent.

[2] Fasc. III.

[3] Fasc. IV.

bord du navire envoyé chaque année, par la Compagnie des Indes néerlandaises, aux îles du Japon pour y commercer, et qui, cette année, devait toucher au royaume de Siam. Le 6 juin 1690, il arriva de la sorte à l'embouchure du fleuve Më-nam, et le remonta jusqu'à Juthia, qui était à cette époque la capitale siamoise. Au bout de quelques jours, M. van Hoorn, directeur du comptoir néerlandais, obtint une audience du berklam (*p'ra-klang?*) ou ministre des affaires étrangères, et s'y rendit en compagnie de notre voyageur, de son capitaine de vaisseau et de deux interprètes familiarisés avec le siamois, le malay et plusieurs autres langues de l'Orient. Kæmpfer décrit en termes brillants la cérémonie de cette réception, et rapporte divers traits de mœurs qu'il eut l'occasion d'étudier en cette circonstance. Il profita ensuite de son séjour à la capitale pour prendre toutes sortes d'informations sur le royaume où il se trouvait et même sur le pays de Lao que l'on ne connaît encore aujourd'hui que d'une façon très-imparfaite. Sa description de Juthia a conservé également une grande partie de son intérêt primitif : « Cette ville, dit-il, étoit autrefois dans le lieu où est présentement Bankok, sur le bord occidental de la grande rivière Më-nam; mais on l'a démolie pour la rebâtir où elle est à présent, dans une île basse formée par cette rivière. La première rue que l'on rencontre en entrant dans la ville s'étend vers l'ouest, le long de la courbure des murailles de la ville. On y a bâti les plus belles maisons, entre autres celles qui appartenoient autrefois aux Anglois, aux Hollandois et aux François.

*Faulcon* [1] y avoit la sienne. La rue du milieu, qui va au nord, du côté de la Cour, est la plus habitée : elle est pleine de boutiques de marchands, d'artisans et d'ouvriers. Dans ces deux rues, il y a plus de cent maisons qui appartiennent à des Chinois, Indoustans ou Mores. Elles sont toutes *bâties de pierres* et couvertes de tuiles plates. » Kæmpfer mentionne également des ponts de pierres, fait curieux, car l'on sait que les constructions, dans le Siam, sont aujourd'hui communément en bois.

Le 4 juillet, Kæmpfer descendit sur une barque le fleuve Më-nam, pour regagner le vaisseau de la Compagnie et reprendre le cours de son voyage. Après avoir fait deux lieues, il arriva au fameux temple *Banihijn*, désigné par les étrangers sous le nom de « la Pagode d'or ». C'est un lieu où Sa Majesté thaï se rend chaque année, à l'époque de la grande inondation, pour accomplir ses devoirs religieux et offrir des présents aux bonzes. Le peuple appelle cette solennité *khi-nam*, « coupure des eaux », parce que le roi est censé couper les eaux avec un couteau, pour les faire rentrer dans leur lit. Le Më-nam, qui, par ses débordements, couvre de ses eaux d'immenses espaces cultivés, et, comme le Nil, fertilise les champs qu'il recouvre périodiquement, intéressa vivement notre voyageur qui consigna dans son ouvrage une série d'observations faites sur ce fleuve.

Le 26 juillet, le vaisseau de la Compagnie quittait les

---

[1] Voy. sur ce personnage, Vénitien d'origine, qui est devenu ministre de Siam et a joué un grand rôle dans ce pays, mes *Études asiatiques,* p. 182.

côtes du Siam et prenait la mer pour se rendre directement au Japon, en s'efforçant toutefois de ne perdre la terre de vue que lorsqu'il serait impossible de faire autrement. Longtemps il fut facile de côtoyer les États de la Cochinchine et la Chine, mais il fallut bien à la fin s'en éloigner définitivement et gagner la pleine mer dans la matinée du 16 août. Au bout de quelques jours de navigation, un vent violent se leva à l'est-nord-est et dégénéra bientôt en une tempête qui, le 28 août, devint tellement furieuse qu'il fallut lier le gouvernail, amener la grande voile et la misaine, et laisser aller le vaisseau à la dérive. On faisait eau de tous côtés, le gouvernail s'était détaché et battait violemment la poupe du navire; les matelots et les officiers, harrassés de fatigue, avaient pris pour se fortifier tant de vin et d'eau-de-vie qu'ils étaient presque tous ivres, et le ciel était si obscur et si tumultueux qu'on ne pouvait ni se voir ni s'entendre du milieu du bâtiment à l'une des extrémités. Le 30 août, la tempête s'étant calmée, on répara tant bien que mal les avaries qu'elle avait causées, et on put de nouveau mettre à la voile dans la direction du Japon. Le 6 septembre, l'équipage courut un nouveau danger. Une seconde tempête s'éleva du côté du nord, et, en peu d'instants, deux vagues gigantesques vinrent fondre sur « tout le vaisseau avec tant de violence qu'elles l'enfoncèrent bien avant sous l'eau, avec toutes les personnes qui étoient sur le tillac, et moi entre autres, dit Kæmpfer, croyant tous que nous descendions au fond de la mer. » L'eau avait plus ou moins pénétré le bâtiment jusque dans ses en-

droits les plus sûrs, et les papiers et les documents manuscrits de notre voyageur n'avaient pas eux-mêmes été
fort épargnés. Une troisième tempête faillit décider le
capitaine à abandonner sa route pour gagner à la hâte
un port de Chine et retourner de là à Batavia, après avoir
pris des provisions d'eau qui menaçaient de devenir
insuffisantes pour achever cette traversée. Kæmpfer,
par d'habiles raisonnements, parvint à détourner le
capitaine de son projet, et le bâtiment, poursuivant sa
route, arriva sans autre malheur en vue de Nagasaki,
le 22 septembre 1690, dans l'après-midi. Il avait fallu
près de trois mois pour accomplir ce voyage, qui se
fait communément aujourd'hui dans 25 à 30 jours.

Les résultats scientifiques de ce voyage ont fait
passer le nom d'Engelbert Kæmpfer à la postérité
et l'ont immortalisé : on eût dit qu'il s'y attendait.
En effet, il n'eut pas plutôt débarqué à Désima [1]
(le 25 septembre), qu'il déploya toute l'activité dont
il était capable pour obtenir des renseignements précis sur un pays si peu connu de l'Europe et cependant si digne de l'être. Non-seulement il se procura
les livres qui pouvaient l'instruire sur tout ce qui concerne le Japon; non-seulement il recueillit de riches
collections de plantes dans les diverses parties de l'empire qu'il parcourut, mais encore il sut, par ses lar-
gesses et le charme de sa vaste érudition, s'attacher des
lettrés distingués qui lui firent connaître une foule de

---

[1] Ilot artificiel construit dans la baie de Nagasaki, par ordre du
syô-goun *Iyé-mitsou*, pour y établir la factorerie hollandaise.

faits curieux sur l'histoire, les sciences et la littérature indigènes, et même, nous dit-il, certains renseignements sur lesquels les Japonais devaient conserver le plus rigoureux silence devant les étrangers.

Le 10 février 1691, Kæmpfer partit pour Yédo, résidence du syô-goun ou lieutenant-général du Japon, près duquel se rendait M. Henri van Butenheim, chef de la factorerie hollandaise. Conformément à la coutume, les présents destinés à l'empereur et aux principaux seigneurs de la cour avaient pris le devant, après avoir été toutefois contrôlés par les mandarins de Nagasaki, qui s'arrogent le droit de répudier tel objet indigne à leurs yeux de leur auguste destinataire et de demander tel autre cadeau plus conforme à leur caprice. Ensuite on arrêta la liste des officiers japonais appelés à accompagner le cortége, soi-disant pour lui faire honneur, mais en réalité pour épier tous ses mouvements et en rendre un compte détaillé à Yédo. Le chef de ces officiers, avec le titre de *bougio* [1], commande l'expédition, et, comme insigne de son autorité, on porte une lance derrière lui. Ce chef est choisi d'ordinaire parmi les domestiques de l'un des gouverneurs de Nagasaki. Plusieurs autres personnages, absolument inutiles aux envoyés hollandais, sont joints à leur personne et sont payés par eux, quoiqu'ils ne soient chargés d'aucune affaire qui les regarde [2].

---

[1] En japonais *bou-gyo*, « gouverneur ».
[2] Ceci ne doit pas étonner, car la même chose se pratique en France lorsqu'il arrive quelque ambassade d'Orient ou de tout autre

En dehors du bagage ordinaire pour ce voyage, Kæmpfer emportait avec lui une grande et forte boîte dans laquelle il tenait secrètement un grand compas de mer pour mesurer les chemins, les montagnes et les côtes; « mais quand je l'exposois à la vue, dit-il, c'étoit une façon d'écritoire que je remplissois ordinairement de plantes, de fleurs et de branches d'arbres que j'avois décrits, et même, sous ce prétexte, de tout ce qui s'offroit de remarquable. » Les officiers japonais, ainsi détournés du véritable caractère des travaux qui s'opéraient à côté d'eux, se montraient au contraire pleins d'obligeance pour apporter les plantes qu'ils pouvaient se procurer sur la route, et dont ils écrivaient avec soin les noms vulgaires et scientifiques en leur langue.

La caravane hollandaise, pourvue de tout ce qui est prescrit pour le voyage de Yédo, s'engagea donc dans la grande route qui conduit de Nagasaki à cette capitale et qui longe presque toute l'étendue du Japon. En traversant l'île de Kiou-sou, elle fut reçue de la façon la plus sympathique par les habitants et les seigneurs. On allait jusqu'à nettoyer et balayer le chemin sur son passage, et dans les villages, à son arrivée, on arrosait les routes pour abattre la poussière. Les nobles envoyaient même des officiers pour présenter des compliments, non aux membres de la mission (les communications des indigènes avec les étrangers devant être aussi rares que possible), mais au bou-gyo

---

pays éloigné. La dernière mission japonaise à Paris a eu notamment beaucoup à souffrir de ce genre regrettable d'abus.

qui se chargeait de les transmettre aux étrangers dont il surveille la marche.

Au sortir de Nagasaki, la mission se rendit à un petit village appelé Mango-mé, « qui n'est pas éloigné du lieu où l'on supplicie les criminels et qui par cette raison n'est habité que par des tanneurs, chargés dans ce pays de l'office de bourreaux ». C'était sans doute un bourg occupé par des hommes de la caste des *Yéta*, condamnés de nos jours encore à vivre isolément et dans des localités particulières qui sont censées ne pas compter dans l'étendue territoriale de l'empire [1]. On poursuivit la route par Ousa-kami et To-kits, où des bateaux de plaisance avaient été préparés pour traverser la baie. Arrivé à Sinongi, le voyage fut continué dans d'assez bonnes conditions, par Sanga, capitale de la province de Fi-zen, Kokoura, résidence princière, Simonoséki et d'autres villes moins importantes, jusqu'à Ohosaka, l'un des principaux ports de l'archipel japonais et la capitale commerciale de la grande île de Nippon. Kæmpfer demeura plusieurs jours dans cette grande cité et fut reçu, avec le chef de la factorerie, par le gouverneur de la place. La description qu'il nous donne des endroits qu'il a visités à cette époque est pleine d'intérêt et compte parmi les meilleurs renseignements que nous avons sur cette région.

Le 28 février 1691, la mission hollandaise partit pour Myako, capitale de l'empire et résidence du mikado ou souverain-pontife japonais. Kæmpfer passa devant le

---

[1] Voy. sur ce sujet mes *Études asiatiques*, p. 307.

palais de cette espèce de demi-dieu, palais où nul étranger ne peut pénétrer, et il assista à l'audience que le gouverneur de la ville accorda au chef de la factorerie, lequel dut ôter une partie de ses vêtements pour amuser les dames de l'endroit, qui voulaient voir en détail ce curieux étranger, au moyen de petits trous pratiqués dans un paravent pour la circonstance.

Le séjour des Hollandais dans la ville sainte fut d'aussi courte durée que possible, car le 2 mars ils étaient déjà en route pour se rendre à Yédo. En revanche, cette dernière période du voyage fut faite avec assez de lenteur pour permettre aux voyageurs d'enrichir leur journal des plus curieuses observations. Arrivé à la capitale, le résident de la Compagnie eut l'honneur d'être admis en présence du syô-goun; mais les personnes de sa suite durent attendre dans une autre chambre la fin de la cérémonie. Peu de temps après l'audience, et lorsque le souverain se fut retiré avec ses femmes derrière une jalousie, Kæmpfer obtint la faveur d'entrer, avec quelques-uns de ses compagnons, pour amuser la cour. Pendant qu'il pirouettait de son mieux, ainsi que l'avait désiré le syô-goun, il put apercevoir l'impératrice. « Au travers des ouvertures de la jalousie, dit-il, je m'aperçus qu'elle étoit belle, le teint brun et de fort beaux yeux à l'européenne et pleins de feu... » Il est incroyable combien Kæmpfer, dans des conditions si peu favorables, sut tout voir et tout examiner. En dansant, il comptait des plafonds les ronds et les ovales, mesurait la taille des individus cachés sous les stores, notait dans son esprit jusqu'aux

moindres mouvements de chaque membre de l'assemblée. Si les renseignements qu'il obtint de la sorte furent plus amusants que sérieusement instructifs, il n'en
fut pas de même de ceux qu'il recueillit dans les autres
endroits de Yédo. Sa description de la capitale du Nord,
même aujourd'hui, est digne de l'attention des géogra
phes et des savants.

Le voyage de la Mission pour s'en retourner à Nagasaki fut également pour Kæmpfer une source féconde
d'informations, tant pour préciser les faits notés trop
rapidement lors de sa première visite, que pour enrichir son journal de documents neufs et dignes d'être
enregistrés. C'est ainsi qu'il obtint cette fois la faveur de visiter quelques-uns des magnifiques temples
de Myako, dont l'entrée lui avait d'abord été interdite et dont on n'avait aucune idée jusque-là en Europe. Une fois arrivé à Dé-sima, il se donna la tâche
d'enregistrer les principaux événements qui se passèrent dans ce comptoir pendant son séjour, et de compléter sa flore du Japon par des herborisations dans les
environs de Nagasaki.

L'année suivante (1691), Kæmpfer obtint de nouveau
la faveur d'entreprendre le voyage de Yédo et d'être
admis devant le syô-goun. Sa Majesté se montra
mieux disposée que jamais à bien accueillir la mission
dont il faisait partie, et s'amusa fort de sa présence
à son palais. Par l'intermédiaire du président du conseil suprême, il annonça à ses visiteurs qu'ils étaient
les bienvenus. « Il nous dit ensuite, écrit notre voyageur, de nous redresser sur notre séant, d'ôter nos

manteaux, de lui dire nos noms et notre âge, de nous
tenir debout, de marcher, de tournoyer, de danser, de
chanter des chansons, de nous faire mutuellement des
compliments, de nous fâcher, de nous inviter à dîner,
d'entrer en conversation, de discourir familièrement
comme font un père et un fils, de montrer comment
deux amis ou un mari et une femme se complimentent
ou prennent congé l'un de l'autre; de jouer avec des
enfants, de les porter dans nos bras çà et là et de faire
plusieurs autres choses... Je fus alors prié encore une
fois de m'approcher et d'ôter ma perruque; puis ils
nous firent sauter, danser, faire des gambades et marcher en rang. Ils nous firent baiser l'un l'autre comme
un homme baise une femme, et les dames en particulier témoignèrent par leur rire combien cela leur faisait
plaisir. Après cela, on me demanda encore une chanson, etc. »

Ce second voyage fut d'une valeur inappréciable
pour Kæmpfer, car il est une foule de choses qu'on
aperçoit mal ou qu'on ne comprend pas, la première
fois qu'elles se présentent aux yeux. Heureusement
préparé pour cette nouvelle excursion, il se trouva en
état de compléter une vaste série de documents avec
lesquels il composa une histoire et une description
de l'empire japonais qui devaient laisser très-loin
derrière elles tous les ouvrages analogues publiés jusqu'à cette époque.

Le 31 octobre 1692 [1], il partit de Dé-sima, et se ren-

---

[1] En novembre 1692, suivant Scheuchzer.

dit directement à Batavia, où il ne séjourna plus guère que deux mois. Il quitta Java en février 1693 et revint en Europe par le cap de Bonne-Espérance, où il demeura près d'un mois. En octobre de cette même année, il débarquait à Amsterdam, de retour de ses lointaines pérégrinations.

L'année suivante, au mois d'avril, Kæmpfer fut reçu docteur en médecine à l'université de Leyden. Il publia à cette occasion une Dissertation médicale dans laquelle il consigna quelques-unes de ses plus curieuses observations [1]. Cette Dissertation latine, outre une foule d'autres faits curieux, renferme des renseignements sur la guérison de la colique au Japon par l'acupuncture, et sur les nombreux usages que les Chinois et les Japonais font du *moxa* [2] en matière médicale.

Kæmpfer avait eu l'intention, à son retour en Europe, de mettre en ordre ses nombreux manuscrits et de les publier; mais il ne put se livrer tout d'abord à ce travail, par suite de la nomination qu'il reçut à son arrivée de médecin du comte de Lippe, prince souverain de son pays natal. En 1700, il épousa Marie-Sophie Wilstach, fille d'un gros marchand de Stolzenau, et en eut trois enfants qui moururent en bas âge. Ce mariage, du reste, ne fut pas heureux, et remplit d'amertume la seconde période de la carrière de l'illustre voyageur allemand.

---

[1] Cette pièce, devenue rare, porte le titre suivant :

1. Dissertatio medica inauguralis sistens decadem observationum exoticarum. *Lugduni-Batavorum,* 1694; in-4°.

[2] Voy. *Études asiatiques,* p. 31-32.

Ce ne fut qu'à l'âge de soixante ans que Kæmpfer se
décida à publier ses *Amœnitales exoticœ* ¹, qu'il donna à
titre de prélude ou d'introduction aux documents considérables dont il annonçait la publication ultérieure.
Cet ouvrage fut couronné de succès; mais là devait
se borner la récompense de ses utiles travaux, car il ne
lui fut pas donné d'en faire paraître d'autres. Épuisé de
fatigues et accablé par les orages de la vie de famille, il
mourut à Lieme ², le 2 novembre 1716, à la suite de vo-
missements de sang accompagnés d'une fièvre violente;
il avait alors soixante-cinq ans. On l'enterra dans l'église
cathédrale de Saint-Nicolas, à Lemgo.

Aucun éditeur ne s'étant offert pour publier les manuscrits de Kæmpfer, ils restèrent inédits jusqu'à ce
que Hans Sloane les eût acquis des héritiers du célèbre
voyageur, et en eût ordonné la traduction. Une partie

---

¹ La seule édition que nous connaissions de ce livre a paru a
Lemgo, avec un index et des gravures d'ailleurs assez médiocres :

2. Amœnitatum exoticarum physico-politico-medicarum Fasciculi V, quib's
continentur variæ relationes, observationes et descriptiones rerum persica-
rum et ulterioris Asiæ, multa attentione, in peregrinationibus per universum
orientem, collectæ ab auctore E. K. *Lemgoviæ,* typis et impensis H. W. Meyeri,
Aulæ Lippiacæ typographi, 1712; in-4° de 912 pp.

Le deuxième fascicule de cet ouvrage renferme une notice sur
la fabrication du papier japonais, et le cinquième la description
des plantes recueillies par l'auteur et par ses disciples indigènes dans le Nippon; aujourd'hui même il ne manque pas
d'un certain intérêt. Les noms chinois qu'on y rencontre, assez
mal écrits du reste, peuvent servir à établir des synonymies botaniques encore ignorées de la science et notamment de la sinologie.

² Localité située à environ une lieue de Lemgo et où Kæmpfer
possédait une petite propriété nommée *Steinhof.*

de ces manuscrits forma l'ouvrage qui a rendu célèbre
le nom de leur auteur, et dont il parut en 1727 une édition anglaise, et successivement des traductions dans la
plupart des langues européennes [1].

---

[1] Voici la liste bibliographique de toutes les éditions de cet ouvrage dont nous avons pu découvrir les titres :

3. The History of Japan... together with a description of the kingdom of Siam,
written in High-Dutch by Engelbert Kæmpfer, and translated from his original manuscript never before printed, by John Gaspar Scheuchzer. *London*,
1727; 2 vol. in-fol., fig.

Il existe des exemplaires de cet ouvrage avec un titre daté de
1728 et un deuxième appendice renfermant la narration d'un
voyage fait au Japon en 1673. (Brunet.)

4. Editio latina. *Londiniæ*, 1728 ; 2 vol. in-fol.

5. Beschrijving van Japan, behandelende desz. Geschiedenis en Koophandel
met de Nederlanden en Chinesen, uit het Engelb. Kæmpfer..., van J. G. Scheuchzer. *'s Hage*, 1729 ; in-fol., avec cartes et planches.

6. Histoire naturelle, civile et ecclésiastique de l'empire du Japon, composée
en allemand par E. K., et traduite en françois (par Desmaiseaux), sur la version angloise de J.-G. Scheuchzer, avec un appendice ou supplément de l'Histoire du Japon. *La Haye*, Gosse, 1729 ; 2 vol. in-fol., avec cartes et planches.

A la suite de la traduction française on a ajouté divers extraits
des *Amœnitates exoticæ*.

7. Autre édition française. *La Haye*, 1731 ; 2 vol. in-8°.

Cette édition ne renferme comme planches que les cartes et
plans de la grande édition.

8. Édition abrégée, et augmentée d'un voyage fait au Japon en 1673. *Amsterdam*, 1732; 3 vol. in-8°.

9. Histoire naturelle, civile et ecclésiastique de l'empire du Japon, composée
en allemand par Engelbert Kæmpfer, et traduite sur la version anglaise de
Jean-Gaspar Scheuchzer (par Naude), ouvrage enrichi de plans et des cartes
nécessaires. *La Haye*, Gosse; 3 vol. in-12.

10. De Beschryving van Japan, behelsende een Verhaal van den ouden en
tegenwoordigen Staat en Regeering van dat Ryk, van deszelfs Tempels, Paley-
sen, Kasteelen en andere Gebouwen ; van deszelfs Metalen, Mineralen, Boomen,
Planten, Dieren, Vogelen en Visschen. Vay de Tydrekening, en Opvolging van

Ce ne fut que quarante ans plus tard, c'est-à-dire en
1773, qu'il parut une édition de ce livre en allemand [r],
langue maternelle de Kæmpfer, et dans laquelle il avait
primitivement rédigé son travail. Cette version originale, préférable sous plusieurs rapports à celles qui l'ont
précédée, a été imprimée à Lemgo, en 1777. On y trouve
quelques renseignements sur les manuscrits inédits de
Kæmpfer, qui entrèrent dans les collections du *British
Museum* à la mort de sir Hans Sloane. L'éditeur avait
offert de publier ces manuscrits et ouvert une sous-
cription dans ce but. Malheureusement sa proposition
ne fut pas accueillie comme il l'avait espéré, et il dut
renoncer à cette entreprise.

Kæmpfer avait annoncé, de son vivant, trois ouvrages
qu'il se proposait de publier, savoir : le Japon contem-

---

de Geestelyke en Wereldlyke Keyzers. Van de Oorsprongkelyke Affstamming,
Godsdiensten, Gewoonten en Handwerkselen der Inboorligen, en van hunnen
Koophandel met de Nederlanders en de Chinesen. Benevens eene Beschryving
van het Koningryk Siam. In 't Hoogduytsch beschreven door E. K. — Uyt
het oorsprongkelyk Hoogduytsch Handschrift, nooit te vooren gedrukt, in het
Engelsch overgezet, door J. G. Scheuchzer. *Amsterdam*, 1733; in-fol., avec pl.
et cartes.

11. Extrait de l'ouvrage précédent. *Amsterdam*, 1758; in-4°, avec cartes et
planches.

[r] Voici le titre de cette édition :

12. Engelb. Kämpfer's Geschichte und Beschreibung von Japan; aus den
Originalhandschriften des Verfassers herausgegeben von Chr. Wilh. von Dohm.
*Lemgo*, Meyer, 1777-78 ; 2 part. gr. in-4°, avec atlas de cartes et pl. in-fol.

Une notice a été publiée sur le manuscrit original de Kæmpfer,
pour servir d'annonce à la publication de M. Dohm ; elle porte ce
titre :

Nachricht die Urschrift der Kämpferischen Beschreibung von Japan betref-
fend. Von Christian Wilhelm Dohm. *Lemgo*, 1774 ; in-8° de 40 p.

porain, un Spécimen de la flore transgangétique, et une
Relation de voyage ¹. Ces ouvrages ne parurent pas précisément sous la forme qu'il avait eu l'intention de leur
donner, mais on en possède la substance dans diverses
publications qui ont vu le jour depuis sa mort ².

Les manuscrits de Kæmpfer ³, ainsi que nous l'avons

---

¹ I. — Japonia nostri temporis ; cum fig. xl (germanice).

II. — Herbarii Trans-Gangetici Specimen ; in-fol., cum fig. ccccc.

III. — Hodœporicum tripartitum ; in-fol., cum fig.

Ce dernier ouvrage devait être la relation du voyage de Kæmpfer de Stockholm à Batavia.

² Parmi ces publications, nous citerons :

13. Sammlung seiner sämtlichen Reisen. *London*, 1736 ; 2 vol. in-fol.

14. Le même (en allemand), mais abrégé, et augmenté d'une description du
Japon, par Medicus, et d'additions tirées d'un ms. de Kæmpfer. *Leipsig*,
1782-82 ; in-8°, avec pl. et cartes.

15. Icones selectæ plantarum, quas in Japonia collegit et delineavit Eng.
Kæmpfer, ex archetyp. in Museo britannico asservatis. *Londini*, 1791 ; in-fol.

Ce volume, publié par J. Banks, renferme 59 planches gravées
représentant des espèces de la Flore du Japon recueillies par
Kæmpfer.

— Une compilation du grand ouvrage de Kæmpfer a, dit-on,
paru en russe, sous le titre suivant :

Iwana God. Reichel, Kratkaïa Istoria o Iaponskom gosoudarstvié iz destoviern
iich iswiesty sobrannaïa. Moskou, 1773 ; in-8°.

³ Voici la liste des manuscrits d'Engelbert Kæmpfer que j'ai eu
l'occasion de rencontrer ou que j'ai trouvés cités dans des écrits
bibliographiques :

A. — Collectanea de rebus præcipue japonicis.

Mus. Brit., Collect. Sloane, n° 3061. — Ce manuscrit, rédigé en allemand, renferme, outre diverses notices relatives au Japon et au Siam, une chronologie
japonaise et une traduction du *Ohosaka monogatari* ou Histoire du port de
Ohosaka, ainsi que d'autres extraits de livres japonais originaux.

dit, font aujourd'hui partie du Musée britannique. Les
personnes qui s'intéressent aux questions japonaises

---

B. — A vocabulary Japanese and Hight German ; the Japanese
being expressed in Latin Characters.

Brit. Mus., Collect. Sloane, n° 5062.

C. — Volumen plantarum in Japonia collectarum ab Engelberto
Kæmpfero. M. D., annis 1691 et 1692. Additæ sub finem Plantæ
aliquot ab eodem Persia et insula Ceylan reperta.

Mus. Brit. — C'est un volume in-folio de 111 feuillets renfermant chacun une
et souvent plusieurs plantes desséchées, avec des noms japonais de la main
de Kæmpfer, et des synonymies linnéennes ajoutées successivement par plusieurs botanistes.

D. — Historia Japaniæ, germanice.

C'est le manuscrit original du grand ouvrage de Kæmpfer, avec les planches,
dont quelques-unes n'ont pas été gravées.

E. — History of Japan, with mss. corrections, by D$^r$ Richard
Myddelton Massey. (*Lond.*, 1727.)

F. — Miscellanea Japonico-Persica.

Ce volume renferme les pièces suivantes : 1. Musica japonica. — 2. Inscrip-
tio Laminæ Martis, a collo gestatæ ab Arabe penes Abicheora. — 3. Miscellanea
Persica, historico-naturalia et politica. — 4. Iter Astracano, per mare Cas-
pium in Persiam, cum relatione rerum Ispahani transactarum. — Iter ad au-
lam Muscoviticam, indeque Astracanum susceptum, 1683.

G. — Diarium itineris ex Batavia ad Siamum, indeque Japo-
niam, 1690.

H. — Notitia Persiæ et Miscellanea varia ad historiam Persa-
rum, naturalem et politicam spectantia.

Sur papier persan.

I. — Collectio operum Engelberti Kæmpferi.

Ce volume contient les mémoires suivants : 1. Iter ad Bugum provinciæ
Laar, in junio 1686, una cum excursu ad pagum Meïman et reditu ad urbem
Gamron. — 2. Excursus ad Disguum, in mense maij 1688, ad inquirendam
historiam Assæ fœtidæ. — 3. Excursus Ispahano ad thermas regis Abassi, in
mense junij 1684. — 4. Introitus sultani Ekbers in Ispahanum, mense januarii
1688. — 5. Excerpta ex diariis annorum 1684-85-86. — 6. Iter Ispahano Gam-
ronum, 1685. — 7. Excerpta ex diario Johannis Cunæi, Indiæ consiliarii, et a

pourront y trouver quelques renseignements curieux. Mais leur publication n'est plus guère à désirer, au-

capitaneo generali Carolo Renierse, ad Persiæ regem ablegati, 1651. — 8. Diarium itineris Huberti de Lairesse in Persiam, 1666.

J. — Descriptio plantarum japonicarum, et earumdem characteres japonici, cum iconibus et indice, a J. C. Scheuchzero.

K. — Miscellaneous collections.

Ce recueil de papiers de Kæmpfer renferme : 1. The modern and orthodox way of holding the fingers and thumb in making the sign of the cross in honour of the Holy Trinity. (Français et russe.) — 2. Iter regis Abar M. ad Chorasai Mesied, cum distantiis. (Allemand et latin.) — 3. De invasione Tartarorum Usbekensium et Khalmukorum in Persiam, annis 1667-68-69. (Allemand et latin.) — 4. Excerpta ex itinere Jenkinsonii. — 5. Relationes variæ ex variis auctoribus collectæ de rebus Tartarorum. — 6. Excerpta ex diario auctoris, octob. 18, 1613, circa fossam scythicam. — 7. Variæ de rebus moscoviticis. — 8. Observata varia miscellanea de rebus Persicis. — 9. Historia hortorum circa Ispahanum, cum figuris. — 10. Memoria inquirendorum in Persia simplicium. — 11. Asiur Meizaan, i. e. Regnum ignis. — 12. Diarium itineris ad Okesram Mediæ peninsulam suscepti, 1684. — 13. Monumenta campi Persepolitani. — 14. Collectanea de Palma. — 15. Iter ex Persia in Indiam, 1688. (En allemand.) — 16. Excerpta ex Abrahami Rogerii Verborgen Heydenthom. Lugd. Batav., 1651. — 17. Notitiæ Malabaricæ. — 18. Excerpta ex litteris D. Jageri, 1687, de rebus Indicis et Persicis. — 19. Instructions de la Compagnie des Indes orientales au Gouverneur général et Conseil de Batavia, 1650. (Belgice.) —. 20. Instructions diverses, 1688. — 21. Alphabeta siamice. — 21 bis. Plantæ in Insula Edam repertæ. — 22. Plantæ ad ostium Siamese repertæ, et in hortis variis. — 23. Excerpta ex diario Nic. Honkebacker, in Firando, 1633 ad 1639. — 24. Excerpta et miscellanea de rebus Japonicis. — 25. Hieroglyphicæ japonicæ seu Chinenses. — 26. Register de Hendrich van Buytenham, 1688.

Une grande partie de ces pièces a été publiée dans les *Amœnitates exoticæ*.

L. — Recueil de pièces.

Sloane, n° 3063. — On trouve dans ce volume : Stensso Radzin. Expeditio in Persiæ regnum. — Epistola regis Poloniæ ad regem Persiæ. — Papier et reliure persans.

M. — Delineatio plantarum japonicarum, cum indice.

N. — Amœnitates exoticæ.

Ce ms. ne renferme que quelques parties de l'ouvrage imprimé sous le même titre, et est en général très-défectueux.

jourd'hui que nos connaissances sur le Japon ont
de beaucoup dépassé ce que l'on savait à l'époque
de Kæmpfer. En outre, ces manuscrits sont, pour la
plupart, d'une écriture difficile à déchiffrer, et les
faits y énoncés manquent souvent de cette précision
que nous tenons à rencontrer dans de tels travaux.
La partie spécialement philologique des manuscrits
de Kæmpfer est de peu d'importance, et son vocabulaire japonais ne saurait être consulté avec beaucoup de fruit: c'est une maigre collection de mots
assez mal orthographiés, à laquelle on a joint quelques
phrases de dialogues. L'*Herbarium* d'Engelbert Kæmp-

O. — Lexicon linguæ persicæ, et aliquot observationes grammaticales.

Sloane, n° 2919; ms. sur papier persan.

P. — Epistolæ variæ ad Raphael du Mans, Kend Dijckman,
W. Sicken, Herbert de Bager, W. Lycochthon, Jean de Tudert,
Brochebourde, D. Smuyser, C. Klingstiern, Monster Roll, 1693.—
Testament van Jacob Capelle, Joh. Merman. — Translation of a
letter of J. H. Kæmpfer to D^r Steigerthal, offering him his remai-
ning mss., with a catalogue of them.

Sloane, n° 3064.

Q. — Raphael du Mans. Descriptio Persiæ, communicata Engelberto Kæmpfer, Ispahanæ, 1684; cum Grammatica linguæ tur-
cicæ.

Le père Raphaël du Mans était, lors du séjour de Kæmpfer dans cette ville,
prieur du couvent des capucins à Ispahan, et avait rempli pendant plus de
trente années les fonctions d'interprète à la cour du chah, de telle sorte qu'il
possédait une profonde expérience des choses de la Perse. Il fournit ainsi à
Kæmpfer la plupart des renseignements précieux que ce savant voyageur a
consignés dans la partie historique de ses ouvrages.

fer [1], conservé au département botanique du British Museum, mérite, au contraire, d'être étudié avec soin. Les noms japonais qu'il renferme, à côté des échantillons desséchés et d'un assez grand nombre de noms latins, permettraient d'étendre la liste encore très-exiguë des synonymies botaniques japonaises connues jusqu'à présent, et fourniraient les moyens d'aborder les nombreux ouvrages de phytologie publiés au Nippon, et dont quelques-uns sont déjà parvenus jusqu'à nous.

Aujourd'hui les ouvrages de Kæmpfer sont un peu arriérés; mais, au moment de leur apparition, ils fournirent au monde savant un vaste ensemble de documents aussi neufs qu'intéressants. Les érudits furent unanimes pour reconnaître les rares aptitudes de leur auteur et la variété de connaissances qui le plaçaient au-dessus de la plupart des voyageurs de son siècle. Linné tout le premier voulut lui rendre hommage en attachant son nom à un genre de plante de la famille des balisiers [2], et les naturalistes, les médecins et les philologues citèrent tour à tour ses travaux avec éloges. Il n'existe encore à Lemgo, ville natale de Kæmpfer, aucun monument [3] élevé à la mémoire de ce grand

---

[1] Volumen plantarum in Japonia collectarum, ab Engelberto Kempfero (*sic*), M. D., annis 1691 et 1692. — Additæ sub finem Plantæ aliquot ab eodem in Persia et insula Ceylan reperta. (In-fol. de 111 feuillets.)

[2] Le genre *Kæmpferia*.

[3] En revanche, M. de Siebold, l'illustre continuateur de Kæmpfer, a fait ériger, dans le jardin botanique du comptoir hollandais de Dé-sima (port de Nagasaki), au Japon, un monument en l'honneur

citoyen; mais, en ce moment même le gouvernement
de Lippe-Detmod songe à accomplir ce pieux devoir,
et il n'y a point à douter que, sous le haut patronage
de S. A. le prince Léopold, ce projet ne soit prochainement réalisé. Il est de l'intérêt des villes et des États
de témoigner publiquement de leur admiration pour
ceux qui ont consacré leur vie entière aux progrès des
sciences et à la gloire de leur patrie.

---

de ce grand voyageur et de son émule Thunberg. On y lit cette
inscription :

E. KÆMPFER, C. P. THUNBERG.
ECCE VIRENT VESTRÆ HIC PLANTÆ, FLORENTQUE QUOTANNIS
CULTORUM MEMORES, SERTA FERUNTQUE PIA.

·LA

# LITTÉRATURE DES SIAMOIS.

Aujourd'hui que les presses de l'Imprimerie impériale viennent de publier un grand dictionnaire de la
langue thaï ou siamoise ¹, l'étude de cet idiome se présente dans des conditions favorables qui fixeront sans
doute la sollicitude de quelques savants. Toutefois les
orientalistes se demandent encore s'il existe au Siam
une littérature d'une valeur quelconque, et si elle n'est
pas réduite tout au plus à de médiocres traductions
d'ouvrages bouddhiques.

Il m'a paru à propos, dans cette courte note, de signaler les documents littéraires et scientifiques qu'on
pourra tirer de la connaissance du thaï. Si, jusqu'à
présent, les imprimeries n'ont pas été assez nombreuses chez les Siamois pour propager rapidement

¹ *Dictionarium linguæ thaï, sive siamensis, interpretatione latina, gallica et anglica illustratum,* auctore D. J. B. Pallegoix,
episcopo Mallensi, vicario apostolico siamensi. Parisiis, 1854;
in-4.

des éditions de leurs écrits, les ouvrages célèbres ou
utiles ne s'en sont pas moins répandus au moyen de
copies manuscrites dans toutes les classes des lettrés du
royaume. D'un autre côté, le roi de Siam a livré à la typographie plusieurs ouvrages indigènes [1] qu'il a fait reproduire en caractères originaux. Une collection de
décrets royaux a déjà été imprimée; et en ce moment
même les presses royales de Bankgok [2] sont occupées
de l'impression du *Kot-maï laksana tang-tang*, Recueil
des lois du pays. Il faut donc l'espérer, sous la protection libérale de P'ra Borom Inthara Maha Mongkut,
souverain actuel du Siam, les lettres continueront à
fleurir et les presses à les propager rapidement parmi
les indigènes et parmi nous.

Tous les genres littéraires sont représentés dans la
littérature siamoise. L'histoire générale et la chronique,
la législation, la géographie descriptive, les ouvrages
didactiques, les traités de médecine et d'histoire naturelle, les livres d'astrologie et d'astronomie, les romans
historiques et mythologiques, les romans de mœurs et
les contes, les drames et les comédies nous y apparais-

---

[1] Ces travaux ont été confiés à une commission qui, choisie
parmi les lettrés les plus érudits du Siam, se charge de la rédaction des ouvrages commandés par le roi.

[2] L'imprimerie royale de Bang-kok a publié différents textes
par la lithographie et la typographie; j'ai reçu, il y a quelques
années, un exemplaire d'une inscription ancienne du Siam dans un
caractère dont je ne connais pas d'autre spécimen, et qui y a été lithographiée. Je dois ce précieux envoi à l'amitié de Mgr Pallegoix.

sent comme quelques-uns des genres les plus cultivés
et les plus propres à exciter la curiosité des orientalistes.

Les ouvrages bouddhiques tiennent évidemment une
très-large place dans la littérature thaï : l'on pourrait
même dire que la presque totalité des livres qui la composent a été rédigée sous l'inspiration de la puissante
doctrine de Çakya-mouni. Il est hors de doute qu'un
grand nombre de ces ouvrages n'ont pour nous qu'un
faible intérêt; mais il y a aussi tout lieu d'espérer
qu'il en est quelques-uns de vraiment dignes de nos pa-
tientes recherches. Le Siam est aujourd'hui l'un des
pays où le bouddhisme est le plus florissant, et on assure
qu'il y a moins dégénéré que partout ailleurs. Les livres
de cette religion, qui s'y rencontrent en foule, sont,
pour la plupart, sinon tous [1], traduits sur les originaux sanscrits ou palis, et il n'est pas impossible qu'il
s'en trouve parmi eux qui soient depuis longtemps per-
dus dans la presqu'île cis-gangétique. On varie d'opinion sur le pays qui a fourni au Siam les livres sacrés
de l'Inde. Les uns veulent que c'ait été Ceylan; d'autres
citent la Chine; d'autres enfin le Lao [2]. Divers ordres de
faits invitent à penser qu'ils ont été primitivement

---

[1] Cf. Wilson, dans le *Journ. of the Roy. Asiat. Society*, t. XVI,
p. 236.

[2] Voy. Eug. Burnouf, dans le *Journ. asiat*, 2ᵉ série, t. IV, p. 216;
voy. également Edward E. Salisbury, dans le *Journ. of the Ame-
ric. Orient. Society*, t. I, p. 116. Pour l'origine laotienne des livres
bouddhiques des Siamois, voy. Kæmpfer, *Hist. de l'emp. du Japon*,
et La Boubère, *Descript. du roy. de Siam*.

transportés de Ceylan à Java et de là au Kamboje, d'où
ils se sont propagés sur le territoire thaï. Le respect
que les Siamois professent pour les livres kambodjiens
ou khmer, comme ils les appellent, et l'usage qu'ils font
de leurs caractères dans tous les écrits religieux, viennent
à l'appui de cette opinion qui d'ailleurs est d'accord avec
la tradition indigène. Toujours est-il que les ouvrages
bouddhiques se sont répandus à profusion dans le
Siam, et cela à une époque vraisemblablement reculée,
car, si on en croit les Siamois, le bouddhisme florissait
chez eux dans des temps antérieurs à l'introduction de
l'alphabet pali [1].

Le recueil des livres sacrés du Siam est intitulé *Traï-
pidok,* titre que Pallegoix explique par « les trois véhi-
cules ». Il est évident, je crois, que ces mots sont une
altération du sanscrit *tripitaka* « les trois corbeilles »,
par lequel on désigne, dans l'Inde, les trois classes
de livres canoniques du bouddhisme. Ce recueil est,
en effet, divisé en trois séries, dont les noms trahissent
tout d'abord une origine indienne : la première est intitulée *P'ra-Vinaï* (les règles) et répond sans doute au
sanscrit *vinaya* « la discipline » [2] ; — la seconde se
nomme *P'ra-sut* (sermons et histoires) et rappelle le sanscrit *soûtra* « préceptes, traités » [3] ; — la troisième enfin est
désignée par le mot *P'ra-baramat* qui est probablement
une altération du sanscrit *abhidharma* « la métaphysi-

---

[1] Eug. Burnouf, dans le *Journ. asiat.,* 2e série, t. IV, p. 217.
[2] *Vinaya pitaka* (Traité de la discipline) des Indiens bouddhistes.
[3] *Soûtra-pitaka* (Discours du Bouddha).

que » [1]. Le tout forme 3,683 volumes, comprenant 402 ouvrages différents [2]. A l'origine, ces ouvrages étaient rédigés en pali, et encore de nos jours on en rencontre de nombreuses copies dans cette langue. Il en existe cependant des traductions en siamois, mais elles sont toujours transcrites en lettres kambojiennes, car employer pour de tels livres l'écriture vulgaire thaï semblerait une épouvantable profanation. L'évêque de Mallos assure que les Traï-pidok sont très-répandus au Siam, et que dans chaque monastère on en trouve un exemplaire plus ou moins complet. Le même savant cite un autre ouvrage intitulé *Traïp'um* « les trois lieux » qui embrasse tout le système religieux des bouddhistes. Ce livre fut composé sur l'ordre d'un roi de Juthia, en l'an 2345 de P'ra Khodom [3], par les docteurs les plus éclairés du royaume et d'après les anciens livres sacrés. Il ne faut pas s'attendre à y trouver des vues profondes et originales, mais seulement un exposé détaillé de la religion de Çakya, telle qu'elle est comprise par les Siamois. Il paraît, d'après ce livre, que le *nirvâna* (fin suprême des bouddhistes), par exemple, est entendu dans un sens très-voisin de l'anéantissement absolu : « Le « *nip'an* (nirvâna) est l'extinction de la forme du corps,

---

[1] *Abhidharma-pitaka* (Lois manifestées).

[2] C'est sans doute ce qui subsiste de la collection des 84,000 livres de la loi bouddhique. Voy. cependant sur ce nombre Burnouf, *Introd. à l'hist. du Bouddh. indien*, p. 35.

[3] Si cette date, donnée par Pallegoix (*Descript. du roy. thaï*, t. I, p. 416), est exacte, l'ouvrage est fort récent, car l'an 2345 de P'ra Khodom répond à 1802 de notre ère.

« du goût et des autres sens, de l'expérience des
« choses, de notre constitution (*sic*) selon le mérite ou
« le démérite de l'âme ou de l'esprit. Toutes ces choses
« sont entièrement anéanties; et il n'y aura pas de nou-
« velle naissance; la fin de l'existence, la fin des mala-
« dies et de toute tristesse, cet anéantissement, selon
« les bouddhistes, est la souveraine et parfaite béa-
« titude [1]. »

En dehors des ouvrages purement religieux, les Siamois possèdent de nombreux livres d'histoire. Quelques-uns se rapprochent, par le style et le mode de
composition, des annales officielles; mais la plupart sont
émaillés de légendes merveilleuses qui les placent à une
égale distance de la chronique et du conte populaire.

---

[1] Il est curieux de rapprocher cette définition de celle que nous
a donnée Eug. Burnouf d'après les Indiens de la péninsule cis-gangétique : « Le *Nirvâna* est pour les théistes l'absorption de la vie
individuelle en Dieu, et pour les athées l'absorption de cette vie individuelle dans le néant; mais, pour les uns et pour les autres, le
Nirvâna est la délivrance, c'est l'affranchissement suprême. »
(*Introd. à l'Hist. du Buddh. ind.*, p. 18.) —Dans un grand vocabulaire ms. que Mgr Pallegoix avait fait copier à Siam pour la composition de son lexique, le *Nirvâna* était expliqué d'une façon qui
m'a semblé remarquable, bien que le savant évêque de Mallos ait
cru devoir la rejeter : « Le *Nip'an* (Nirvâna) est l'anéantissement de
toute puissance intellectuelle ou matérielle sur les choses visibles;
une fois l'homme arrivé dans cet état, il ne ressent plus aucune
sensation, n'éprouve plus aucune joie ni aucune tristesse, ne
comprend plus ni le nom, ni l'étendue, ni la durée, ni la quantité, ni la qualité des objets existant ; (tout, pour lui) se confond
dans l'association du être et du non-être simultané (?) de toutes
les choses (et de toutes les idées). »

Une des plus célèbres relations de ce genre, le *P'onysa-vadan*, se divise en deux parties : la première ( la seule qui, jusqu'à présent, soit parvenue jusqu'à nous [1]) raconte les événements qui se sont passés depuis le premier établissement des Thaï au nord [2] de la presqu'île qu'ils habitent aujourd'hui jusqu'à la fondation de la ville de Juthia (1349 de notre ère); la seconde, en quarante volumes, se continue jusqu'à l'époque actuelle [3].

Les autres ouvrages historiques du Siam ne nous sont connus que de titre, et encore sommes-nous loin d'en posséder un catalogue à peu près complet. Dans les listes qui ont été publiées [4], on voit figurer les annales de la Cochinchine, de la Chine, du Pégou, des pays malays, de Ceylan, etc. Beaucoup de titres semblent annoncer des récits d'événements rédigés suivant la manière de Walter Scott ou d'Alexandre Dumas. Le regrettable évêque de Mallos m'a assuré cependant qu'il

[1] Je possède un manuscrit de ce précieux ouvrage qui m'a été donné par un jeune et intelligent néophyte siamois nommé Pierre Kéo, amené en France en 1853, par l'évêque de Mallos.

[2] La première partie de l'ouvrage dont il est ici question est intitulée *P'ongsavadan Muang-nua* « Histoire des pays du Nord », parce qu'en effet le berceau de la civilisation siamoise a été le bassin septentrional du large fleuve Mé-nam, dans la région aujourd'hui occupée par l'état de Tchieng-maï.

[3] J'ai donné une analyse de ces Annales de Siam dans mes *Études asiatiques*, p. 170. On en trouvera une analyse différente dans Pallegoix, *Descript. du royaume thaï ou Siam*, t. II.

[4] Voy. la liste d'ouvrages historiques extraite d'un grand catalogue de l'évêque de Mallos par M. Umery, dans sa curieuse Notice sur la chronologie siamoise (*Revue orientale et américaine*, t. VII, p. 306 et sv.).

existait parmi ces écrits des chroniques composées avec
exactitude et sincérité. Quoi qu'il en soit, il y a sans
doute plus d'un enseignement à tirer de ces riches collections; et, dût-on n'y rencontrer le plus souvent que
des légendes, il serait encore intéressant de les étudier.
L'existence du roman d'Alexandre dans la littérature
siamoise [1] a notamment paru à un éminent philologue
belge [2] très-digne de préoccuper les orientalistes. Il
est souvent si difficile d'obtenir les moindres données
sur certaines périodes de l'histoire asiatique qu'on doit
se trouver heureux de posséder des légendes dont on
peut, en usant sobrement des procédés de la critique
moderne, dégager parfois des faits utiles et incontestables.

Dans le domaine de la littérature légère, les Siamois
possèdent une grande quantité de romans, la plupart
composés en vers et presque tous plus ou moins saturés de bouddhisme [3]. Ils tournent le conte assez bien et
déploient de l'imagination dans les nouvelles joyeuses.
Il n'y a pas jusqu'au drame qui n'ait été en faveur parmi
eux; et, si l'on en croit un écrivain compétent [4], ils ont

---

[1] La littérature siamoise est, dit-on, assez riche en traductions
d'ouvrages asiatiques. Mgr Pallegoix m'a assuré qu'outre des traductions de livres indiens et malays, elle renfermait des versions
d'ouvrages chinois, notamment celles des Cinq livres canoniques, des
Quatre livres moraux de Confucius, du Livre des mille mots, etc.

[2] E. Jacquet, dans le Journ. asiat., 2e série, t. IX, p. 108.

[3] On peut lire deux légendes, qui donnent assez bien l'idée des
romans siamois, dans le Chinese Repository, t. IV, p. 177.

[4] Capt. Low, dans les Asiatic Researches, t. XX, p. 353.

atteint dans ce genre « à un haut degré de perfection. »

La poésie thaï proprement dite ne mérite pas moins l'attention des orientalistes : l'épopée, la chanson populaire, l'élégie, l'hymne et le quatrain érotique y sont représentés avec profusion. Parmi les œuvres poétiques les plus remarquables, il faut surtout citer le *Maha tchat* [1] ou « la Grande génération », poëme épique en treize chants, dont le sujet est emprunté à l'histoire d'un roi nommé *P'ra Vetsandon*.

Les Siamois possèdent même une œuvre purement grammaticale, connue dans le pays sous le nom de *Chindamani*, et, suivant Leyden [2], des traités de médecine « dont la haute antiquité est reconnue ».

Mais je dois m'arrêter : ce que j'ai voulu, par ce peu de mots, c'est rappeler, dans une circonstance opportune, la valeur littéraire d'un peuple qui, comme le dit fort bien M. Lassen, est riche « sur tous les sujets qui se rapportent à la religion bouddhique [3]. » Jusqu'à présent bien peu de personnes ont fait de la langue thaï une étude spéciale. Nul doute qu'un orientaliste consciencieux, adonné à son étude, ne découvre une foule de documents dignes de ses constantes recherches. Il suffit pour s'en convaincre de jeter les yeux

---

[1] Ces mots me semblent répondre au sanscrit *mahâdjana* « illustre »; toutefois, pour conserver le sens du siamois, il vaut mieux les rapporter à la forme *mahâ-djana* « la grande génération ».

[2] *Remarks on the Languages and Literatures of the Indo-Chinese Nations.*

[3] *Indische Alterthumskunde*, t. IV, p. 445.

sur le catalogue que nous devons au zèle du regrettable évêque de Mallos [1], bien que ce catalogue succinct,
extrêmement incomplet dans toutes ses parties, ne
puisse donner qu'une idée fort imparfaite des monuments de la plus importante littérature indo-chinoise.

---

[1] Dans sa *Grammatica linguæ thaï*, p. 172.

มีพระญาผู้หนึ่ง ชื่อพระญาอาไภยะคามมุนนีทรงศีลา จาร

บริสุทธิอยู่เมืองหริภนใชยนคร ๚ ย่อมออกไปจำศีลอยู่ในเขา

ให่ญ อึ่งรอ้นลงไปถึง อาศนนางนาคจะอยู่มิได้ก็ขึ้นมาในภูเขา

นั้น ก็พบพระญาจำศีลอยู่ก็มาเสพย์เมถุน สังวาษด้วยนางนา

คได้ ๓ วันแล้วก็ลาไป พระญาจึ่งให้ผ้ารัตนะกำพล และแหวน

Fragment du texte siamois du P'ongsavadan muang-nua

# L'EXPÉDITION

## EN CHINE ET AU JAPON

### DU BARON GROS ET DE LORD ELGIN

#### 1857-1858.

———

Les ambassades du comte Elgin et du baron Gros à la Chine et au Japon, en 1857 et 1858, ont fait beaucoup de bruit. Je n'examinerai point ici ce qu'on leur doit au point de vue politique, mais seulement ce qu'elles ont produit pour la science et dans quelle mesure elles ont étendu le champ de nos connaissances du côté de cet extrême Orient si digne d'être sérieusement exploré. Deux livres jusqu'à présent paraissent avoir été les fruits littéraires de cette grande expédition. Le premier paru, celui de M. Laurence Oliphant [1], secrétaire

---

[1] *Narrative of the Earl of Elgin's Mission to China and Japan in the years* 1857, '58, '59, by Laurence Oliphant, Private Secretary to Lord Elgin, author of the « Russian shores of the Black-Sea », etc. Edimburgh, W. Blackwood and Sons, 1859 ; 2 vol. in-8°.

intime de lord Elgin, est un bel ouvrage en deux volumes, imprimé avec luxe, et rempli de vignettes et de
planches en couleurs. Le second, celui de M. le marquis
de Moges [1], attaché à la mission du baron Gros, est un
petit volume de 346 pages, d'un format commode et
sans préface. L'un et l'autre sont destinés au plus
grand nombre des lecteurs.

Le volume de M. le marquis de Moges, ainsi que l'indique son titre, est un recueil de *Souvenirs* notés en
route sur les feuillets de son porte-feuille. C'est, du
moins en majeure partie, une espèce de journal où
s'inscrivent la pluie et le beau temps, les plaisirs et les
ennuis de la traversée. L'auteur est parfois mélancoli-
que; d'autres fois il prend son sort en patience, fre-
donne des chansons, et écrit :

« 1er mai 1858.

« Le joyeux *renouveau* n'existe point pour nous ;
« Nous ne pourrions guère, à l'instar de Remi Belleau ,
« Chanter les chansons du printemps et célébrer
            « Avril , l'honneur et des bois
                « Et des mois. »

Ainsi arrive M. de Moges à l'entrée du Pé-ho. Il nous
raconte alors, dans un style clair et souvent réjouissant,
l'historique des négociations qui ont abouti au traité de
Tien-tsin, et par suite au désastre de Ta-kou; puis il ré-

---

[1] *Souvenirs d'une ambassade en Chine et au Japon*, en 1857 et
1858, par le marquis de Moges. Paris, Hachette et Cie, 1860 ; in-12.

sume quelques-unes des notions les plus curieuses que
l'on possédait avant lui sur la Chine, et met à la voile
pour le Japon.

Comme l'observe M. de Moges, l'ambassade française est demeurée trop peu de temps à Yédo pour y
recueillir beaucoup d'informations importantes. Il est
à regretter toutefois que le spirituel diplomate n'ait
pas été au courant des *desiderata* de l'orientalisme. Au
lieu de nous rapporter avec plus ou moins d'exactitude
des faits connus de tous les japonistes, s'il avait mis en
lumière un nombre égal de faits nouveaux, il aurait
rendu de véritables services à la science. Aujourd'hui
que les voyages lointains deviennent en quelque sorte
à la portée de tout le monde, il serait fort à désirer que
les sociétés savantes, chacune suivant sa spécialité, mis-
sent à la disposition des voyageurs un tableau détaillé
des questions qui les intéressent. La science y gagne-
rait, et les touristes eux-mêmes prendraient à l'avenir
plus de soin dans leurs recherches et plus de goût à
l'étude, parce qu'ils auraient la satisfaction de savoir
qu'ils ne sont pas exposés sans cesse à enfoncer des
portes ouvertes.

La supériorité des Japonais sur les Chinois, tant au
physique qu'au moral, a frappé l'attention de M. de
Moges, comme de tous les voyageurs qui ont étudié le
Nippon. L'intelligent diplomate se refuse à croire que
ces actifs insulaires aient pu provenir originairement de
la Chine. « Les Japonais, dit-il, aussi blancs que nous,
ne sauraient être les descendants des jaunes fils de
Han ; eux-mêmes, au reste, repoussent toute commu-

nauté d'origine avec les Chinois. » Leur attitude noble
et fière, leur démarche toute martiale, leur tendance
constante vers le progrès, les distinguent essentiellement
de la race chinoise, rouée, basse dans ses instincts,
ennemie de toute civilisation venant de l'étranger. « Le
Japonais, ajoute M. de Moges, connaît le point d'honneur; lui enlever son sabre est une grave insulte, et,
dans ce cas, il ne peut être remis dans le fourreau
qu'après avoir été trempé dans le sang. Le Chinois se
met à rire quand on lui reproche d'avoir fui devant
l'ennemi ou qu'on lui prouve qu'il a menti : ce sont
pour lui choses indifférentes. La race chinoise est d'une
saleté dégoûtante; la race japonaise est d'une merveil-
leuse propreté. »

L'organisation militaire du Nippon est encore très-
imparfaite. Cependant la cour de Yédo, s'apercevant
que sa politique d'exclusion ne saurait plus la préserver
longtemps de l'invasion européenne, s'occupe avec
beaucoup d'activité de s'initier aux méthodes et aux
procédés stratégiques de l'Occident. Aussi est-elle dé-
cidée à rompre avec toutes les traditions militaires du
passé pour adopter les armes et les manœuvres en
usage parmi nous.

Plus habile que la Chine, le Japon a compris que
toute résistance à l'Europe ne pourrait qu'amener de
funestes résultats pour son indépendance. Sourd, il y a
quelques années, aux conseils du roi Guillaume II de
Hollande, qui conseillait au Taï-koun de renoncer à sa
vieille politique d'isolement, le gouvernement japonais,
depuis l'expédition américaine du commodore Perry,

s'est montré tout le premier désireux d'établir des relations amicales avec nous [1]. Le bruit du canon français et anglais, à l'entrée du Pé-ho, n'a peut-être pas été absolument sans effet pour déterminer la cordialité avec laquelle nous avons obtenu les traités de Yédo. « Toutefois l'on doit reconnaître, avec M. de Moges, que si la crainte entra pour quelque chose dans la conclusion de ces traités, ils furent aussi en grande partie le résultat de la rare intuition que possède le gouvernement japonais, et qui le porte à accorder de bonne grâce et spontanément ce qu'il sent pouvoir lui être un jour enlevé par la force. »

L'ouvrage de M. Laurence Oliphant est de beaucoup plus considérable que le précédent, et, sinon plus agréable à lire, du moins un peu plus instructif. Il s'y rencontre trop de ces banalités qui gâtent la plupart des narrations des voyages; mais, à cela près, il renferme bon nombre de données curieuses qui le distingueront des mauvais livres sur le Japon, dont on accable le public, surtout depuis quelques années.

Dès la préface, l'auteur se hâte de tracer une ligne de démarcation très-prononcée entre les Japonais et les Chinois, au grand avantage des premiers. Contrairement à ce que répètent chaque jour les compilateurs, la franchise et la courtoisie distinguent ces insulaires, dont on incrimine sans cesse le caractère soupçonneux

---

[1] Voy., sur le désir qu'exprimaient les Japonais de conclure un traité avec la France dès 1856, le père Furet, *Lettres sur l'Archipel japonais*, p. 52 et suiv.

et réservé. Dans un pays signalé pour sa méfiance envers les étrangers, lord Elgin, ainsi que sa suite, a joui d'une liberté exempte de toute restriction, et une quinzaine de jours lui a suffi pour conclure un traité sur les bases les plus libérales. L'ambassade anglaise venait de passer une année en Chine; sous tous les points de vue, le parallèle fut à l'avantage du Japon [1].

La plus grande partie du premier volume de M. Oliphant renferme le récit des événements qui ont abouti aux désastres de Ta-kou. Chacun les connaît; et d'ailleurs les détails que renferme la narration anglaise seraient ici d'un médiocre intérêt. Je les passerai donc sous silence, et arriverai de suite à l'expédition de lord Elgin sur le fleuve Jaune, au milieu du territoire occupé par l'insurrection chinoise.

En vertu de l'article x du traité de Tien-tsin, la navigation du fleuve Jaune est accordée aux navires anglais. Lord Elgin résolut, pour plusieurs motifs qui n'ont pas encore été complétement avoués, de remonter ce fleuve avec une portion de la division navale placée sous ses ordres. A peine l'escadre fut-elle arrivée à la hauteur de Nan-king, qu'elle fut assaillie par la canonnade des forts chinois, à laquelle elle riposta par un feu nourri. Les rebelles ne tardèrent pas à abandonner l'offensive, et les Anglais continuèrent leur

---

[1] Voici les propres termes dont se sert M. Laurence Oliphant, à la page vi de sa préface : « We had just passed a year in China, and all comparisons made with that Empire were in favour of Japan. »

promenade, lançant de temps à autre quelques bombes
ou boulets aux populations riveraines, qui, par leur
fuite précipitée, réjouissaient au plus haut degré les
marins de Sa Majesté britannique.

Il est évident que la relation de M. Oliphant ne nous
fournit pas tous les renseignements recueillis par l'expédition sur le compte de l'empire du sud fondé par
les rebelles.

Cette expédition, entreprise avec mystère, ne devait
pas nous être montrée dans son plein jour. Les détails
que nous donne la narration de lord Elgin sont intéressants; mais il est hors de doute que la vérité y a souvent été barbouillée de fard. La nouvelle cour établie à
Nan-king a donné le signal d'une révolution très-digne
d'étude dans l'organisation politique de la Chine et
dans les mœurs et coutumes de ses habitants. Fondée
sur le principe de la nationalité chinoise contre les en-
vahisseurs mandchoux, le souverain de Taï-ping, « la
grande paix », se donne pour restaurateur de l'ancienne
dynastie des Ming. On sait que cette dynastie conserva
le pouvoir pendant près de trois siècles, de 1368 à 1644.
Son dernier prince, abandonné de ses meilleurs soldats et trahi par son entourage, se vit assailli par une
troupe de révoltés jusque dans l'intérieur de son palais où il se pendit; ce qui n'empêcha pas son corps
d'être mutilé en présence du chef des rebelles, et ses
deux fils d'être décapités. Ces atrocités, et d'autres excès commis sur la population de Pé-king, ouvrirent les
portes de cette capitale aux conquérants mandchoux,
qui ne tardèrent pas à assujettir le reste de la Chine.

Mais bientôt ceux-ci signalèrent leur règne par toutes
sortes de persécutions, et firent regretter le gouvernement national. La nouvelle dynastie, qui cherche à se
rattacher à la dynastie des Ming, représente donc, aux
yeux des Chinois, le triomphe de l'élément indigène sur
l'élément étranger. A part l'intérêt tout particulier
que donne ce caractère politique à la cour de Nan-king,
la rénovation religieuse dont elle s'est faite la protec-
trice la rend extrêmement curieuse à étudier. La religion des rebelles consiste en un mélange d'idées confu-
céistes et chrétiennes, sous lesquelles se cachent les
germes d'une émancipation de la race chinoise. Dans
un pays où la civilisation consiste à rétrograder vers
le passé, c'est progresser que de rompre avec ce
passé. Voilà ce qu'a fait l'insurrection de Nan-king,
d'une manière singulière, il est vrai, d'une manière qui
peut être ridicule aux yeux des Européens, mais qui
est décisive et signale une ère nouvelle, une ère de
révolution et d'assimilation avec l'Occident. Voilà pourquoi nous avons à préférer l'alliance sincère que nous
offre l'empire naissant du Sud à tous les traités que
nous parviendrons à arracher par la force à l'empire
décrépit du Nord.

On éprouve le vif regret, d'un bout à l'autre de la
narration de M. Oliphant, que l'auteur ait absolument
manqué de toute érudition orientale. Il en est résulté
qu'en une foule de circonstances il a rapporté de travers ce qu'il a vu et entendu. L'orthographe qu'il a
adoptée pour les mots chinois et japonais est souvent
des plus défectueuses, ce qui ne pouvait manquer

d'ailleurs, l'auteur s'étant fait gloire de n'y point prêter attention. « Comme je suis absolument ignorant en
chinois, dit-il, et comme je présume que mon lecteur
l'est également dans cette langue *euphonique*, je lui re-
commanderai d'*éternuer*, ce qui sera pour lui le meilleur moyen de prononcer, comme un Chinois, le nom
de la ville de Khi-tchéou! » A de l'esprit d'un tel
aloi, il n'y a point de réflexion à faire. Néanmoins la
relation de M. Oliphant renferme un bon nombre de
pages intéressantes et de faits curieux à enregistrer;
mais il faut savoir la lire, et discerner ce qui est digne
de la science de ce qu'il faut rejeter comme des frivo-
lités de touriste.

# LA FRANC-MAÇONNERIE

## CHEZ LES CHINOIS.

———

On n'a point encore publié, en tant que je sache, de renseignements sur l'état de la franc-maçonnerie en Chine. C'est même tout au plus si l'on sait qu'il existe, parmi les indigènes de ce vaste empire asiatique, une société non-seulement fondée sur les mêmes principes, mais encore unie à la grande famille du E∴ de la V∴ par une communauté de pratiques secrètes, d'attouchements et de signes. Ce fait est cependant aujourd'hui hors de doute, ainsi qu'on pourra s'en convaincre par quelques-uns des renseignements que j'ai recueillis dans une conversation sur la matière avec un M∴ chinois.

Il y a quelques mois, un profane nommé Ting Tunling, natif de Kouan-tchu, près Pé-king, se présentait à la R∴ ⟦∴⟧ la *Jérusalem des Vallées égyptiennes,* où il venait solliciter la lumière maçonnique. Le Vén∴ de cet atelier, le T∴ R∴ F∴ Hubert, me fit l'honneur de m'inviter à servir d'interprète au récipiendaire et à le guider dans les épreuves qu'il avait à subir. Je m'aper-

çus en cette circonstance que les doctrines maçonni-
ques s'accordaient aisément avec le caractère de mon
Chinois, et qu'en participant aux cérémonies du rituel
il ne se trouvait pas plus dépaysé qu'un Européen à son
entrée dans le temple. M. Ting Tun-ling accomplit sans
difficulté les conditions exigées dans les initiations, et
me témoigna son vif contentement lorsqu'il eut obtenu
le modeste tablier d'apprenti. A cette occasion, il me
dit qu'il existait dans son pays des associations identiques à celles de nos loges, et liées entre elles par des
serments inviolables. Toutefois, comme il n'avait jamais
été initié à leurs doctines, il ne put satisfaire davantage ma curiosité.

Le hasard voulut que tout récemment il vint à Paris
un autre Chinois du nom de Sam-Oung, qui avait reçu
non-seulement, comme Ting Tun-ling, la première ini-
tiation maçonnique, mais qui avait été conduit jusqu'en
la Chambre du milieu. J'appris de ce F.·. que la Société
du E.·. de la V.·. comptait des membres dans toute
l'étendue de la Chine, sous le nom de *San-ho-hoeï*, mais
qu'elle n'était ouvertement tolérée qu'à Canton et à
Hong-kong, où elle pouvait se livrer sans danger à ses
pratiques et à ses initiations. Les membres de cette Société se reconnaissent entre eux par divers signes, mots
et attouchements. J'en citerai quelques exemples.

Les M.·. chinois ne laissent jamais pendre volontairement leur queue derrière le dos comme les autres habitants du Céleste-Empire; ils la font revenir sur le devant,
du côté droit, et y suspendent 3 pièces de monnaie qui
figurent le chiffre sacré sans cesse présent à leur esprit,

et qui est toujours supposé énoncé quand ils font verbalement, et pour se reconnaître, des multiplications de chiffres. Ainsi, me disait mon M.·. chinois, quand je vous demande combien fait 3 multiplié par 8, si vous êtes un M.·., vous me répondrez 21 (c'est-à-dire 21 + 3, nombre sacré non exprimé); si vous êtes un P.·., vous me répondrez 24 (en chinois : *'o wen ni san-păh? che mĭh-jin, chouĕh œll-chĭh-yĭh; pou che mĭh-jin, chouĕh œll-chĭh-sse*).

L'attouchement se fait comme dans le rite écossais ancien et accepté, mais dans le creux de la main.

Lorsqu'un M.·. chinois se promène sans chapeau, au lieu de s'entourer la tête de sa queue en partant de gauche à droite et en la rentrant pour la fixer de haut en bas, il fait tourner sa queue autour de sa tête, dans la direction de droite à gauche et en fait rentrer l'extrémité de bas en haut dans les contours pour la retenir. Lorsqu'il porte à la main un parapluie, il a soin de le renverser, afin que la tête en soit toujours tournée vers le sol.

Dans le langage journalier, les maçons chinois se servent de mots conventionnels qui ne sont pas compris des autres Chinois. Ils diront, par exemple, *tien* « un chien », au lieu de *kœou*. Ils écriront leurs noms en ajoutant aux trois signes qui les composent la clef chinoise de l'eau, parce qu'elle est composée de trois traits, et cela quand bien même les signes employés pour ces noms renfermeraient déjà cette clef.

Quand un M.·. rencontre un F.·. en compagnie d'un personnage inconnu, avant d'engager la conversation il tourne les yeux vers le personnage, puis, s'adressant au F.·., il lui dit : *Hao-pou-hao?* ce qui, pour les profanes, signifie : « Comment vous portez-vous ? » mais qui, pour le F.·. interrogé, signifie : « Est-il maçon ? » — La réponse *Hao* « Je vais bien » veut dire : « L'acacia lui est connu » ; au contraire la réponse *Pou-hao* « Je ne vais pas bien » veut dire : « Il pleut. »

S'il reste encore des doutes sur le caractère maç.·. de l'individu rencontré par hasard, le M.·. demande au F.·. s'il n'a pas trois sapèques[1] à lui prêter. Sur la réponse négative du F.·., si l'individu rencontré est P.·., il ne manque pas d'offrir la modique somme, ce qu'un maçon ne ferait jamais par respect pour le nombre 3.

La franc-maçonnerie chinoise, autant que j'en puis juger par les renseignements insuffisants qu'on m'a fournis, se présente d'ailleurs sous deux aspects nettement tranchés : tantôt elle est seulement philosophique et humanitaire, tantôt elle est politique et révolutionnaire. J'ignore également quel genre d'affiliation peut exister entre ces deux genres de maçons ; mais il paraît certain que les derniers sont de beaucoup les plus nombreux, et qu'ils ont prêté un puissant concours à l'œuvre de la restauration du gouvernement national connu sous le nom de *Taï-ping* (actuellement dits des insurgés ou rebelles de Nan-king).

On me permettra, avant de terminer cette courte note, de mentionner brièvement un petit opuscule sur la franc-maçonnerie, [publié par le Chinois Ting

---

[1] Monnaie de la plus basse valeur, espèce d'obole.

Tun-ling dans sa langue maternelle. C'est très-probablement le premier écrit maçonnique qui aura paru dans l'idiome du Céleste-Empire, et il deviendra fort rare, car il n'a été tiré, je crois, qu'à une quarantaine d'exemplaires [1].

Sur la première page du petit traité de Ting Tun-ling on lit : *Sah-ling-tchouen-fouh-yin*, ce qui signifie : « Évangile historique de Jérusalem ». Les signes placés au-dessus du titre et séparés par .·. représentent le mot sacré du premier degré maçonnique. Dans la colonne de droite on lit ces mots : « Composé par Ting, du temple du Bonheur glorieux », et dans la colonne de gauche, ces mots : « Imprimé dans le temple mystérieux de la rue Cadet, dans la ville capitale de Paris ».

L'auteur débute ainsi : « L'origine de la doctrine du « mystère (la Franc-maçonnerie) remonte à plus de « 4,000 années. On l'a désignée sous plusieurs noms qui « sont synonymes. Aujourd'hui c'est une des plus gran- « des doctrines du monde : elle compte cent mille my- « riades (un milliard, c'est-à-dire un nombre considé- « rable) de disciples qui s'aiment les uns les autres. » Ting Tun-ling expose ensuite quels sont les devoirs, les droits et les croyances des maçons : « Ils ne connais- « sent point de frontières, pas de nation ; ils ne con- « naissent point (c'est-à-dire ils ne préfèrent point) la

---

[1] Cet écrit maçonnique n'a pu être déposé conformément à la loi, les employés du « dépôt légal » n'ayant pas voulu le recevoir sous prétexte qu'ils ne savaient pas ce qu'il contenait. J'en ai toutefois obtenu de l'auteur un exemplaire que j'ai offert à la Bibliothèque impériale.

« doctrine de Fouh (Bouddha), ni la doctrine de Koung-
« tsze (Confucius), ni la doctrine de Lao-tsze, ni la doc-
« trine de Yé-sou (Jésus), ni la doctrine de Weï-tsze (Ma-
« homet); tous croient à l'existence du *Tien-chu* (le
« maître du Ciel, Dieu), et enseignent aux hommes la
« fraternité (*Siang-'aï*). » Et plus loin il ajoute : « La doc-
« trine du mystère (la Franc-maçonnerie) ne reconnaît
« qu'un Dieu unique; ce Dieu n'a pas de nom, ou, si on
« le nomme, tous les noms qu'on lui donne répondent
« à une seule idée et sont synonymes. »

Je me dispense de reproduire ce que Ting Tun-ling rap
porte de l'organisation des temples; il n'entre à ce sujet
que dans très-peu de détails qui n'ont pour nous aucun
intérêt. Qu'il me suffise de dire, en terminant, que ce
petit écrit m'a paru, au point de vue maçonnique,
remarquable à plus d'un titre, et même à certains
égards supérieur aux écrits communément répandus
parmi nous sur la doctrine des disciples d'H.·., notamment dans ce qu'il dit de la recherche de l'absolu, qui
incombe, suivant ce F.·. chinois, à tous les E.·. de
la V.·.

Pendant le séjour de la première ambassade japonaise à Paris, j'ai conduit au G.·. O.·. de France plusieurs des membres les plus éclairés de cette mission,
et j'ai répondu dans les termes voulus à une foule de
questions que m'ont adressées ces intelligents insulaires
de l'extrême Orient sur le caractère et l'organisation
d'un ordre qui leur était sympathique à plus d'un
point de vue. Toutefois, après m'être entretenu de la
franc-maçonnerie avec un grand nombre de membres de

cette légation et de celle qui se trouvait il y a quelques
mois à Paris, j'ai lieu de penser que les ramifications
de cette société n'ont pas encore pénétré au Japon,
bien qu'elles se retrouvent sur toute l'étendue du continent asiatique.

LA

# PARABOLE BOUDDHIQUE

## DE L'ENFANT ÉGARÉ.

———

Parmi les livres qui composent cette belle et riche collection d'ouvrages sacrés et philosophiques, mystérieux et poétiques, formée dans les époques où le bouddhisme régnait avec le plus de puissance et excitait le plus d'enthousiasme, les manuscrits des neuf *Dharmas* [1] ont été, peut-être plus que les autres écrits

---

[1] Voici, d'après Eug. Burnouf, la liste bibliographique des neuf *Dharmas*, à laquelle j'ai ajouté les titres des éditions et traductions qui en ont été publiées en langues européennes :

1. — *Pradjñâ pâramitâ,* ou Perfection de la sagesse ; espèce de somme philosophique où se trouve contenue la partie spéculative la plus élevée du bouddhisme.

Consulter, sur cet ouvrage, Schmidt, dans le *Bullet. scient. de l'Acad. impér. de Saint-Pétersbourg,* t. I, p. 145, et, dans les *Mémoires* de la même Académie, t. IV, p. 124.

2. — *Ganda vyoûha,* ouvrage narratif contenant l'histoire de plusieurs saints du bouddhisme et des développements de la doctrine qui en démontrent la perfection.

3. — *Daçabhoûmiçvara,* exposition des dix degrés de perfection par lesquels passe le Bouddha.

de ce genre, propagés chez les diverses nations soumises à l'influence religieuse des doctrines du Bouddha. En effet, ces neuf livres, autant qu'il nous est permis d'en juger jusqu'à présent, semblent renfermer une suite de traités touchant aux points les plus essentiels de la grande doctrine de l'Inde. Plusieurs d'entre eux ont déjà été traduits et publiés; plusieurs aussi, comme le *Samâdhirâdja* et le *Pradjñâ Pâramitâ*, malgré leur haute importance, ne nous sont encore connus que d'une manière fort imparfaite.

4. — *Samâdhirâdja*, traité sur diverses espèces de contemplations.

5. — *Sâddharma Laṅgkâvatara*, l'Instruction de la bonne Loi donnée à Langka ou Ceylan; traité dans le genre du Prâdjna pâramita, mais ayant une tendance plus marquée vers la polémique.

6. — *Sâddharma poundarîka*, ou le Lotus blanc de la bonne Loi.

*a.* Le Lotus de la bonne Loi, traduit du sanscrit, accompagné d'un Commentaire et de vingt et un Mémoires relatifs au bouddhisme, par EUGÈNE BURNOUF. *Paris*, Imprimerie impériale, 1852; in-4°.

7. — *Tathâgata gouhyaka*. C'est probablement un traité mystique sur les perfections cachées du Bouddha.

8. — *Lalita vistara*, ou le Développement des jeux.

*a.* Spécimen du Gya-tcher-rol-pa. Partie du chap. VII contenant la naissance de Çakya-Mouni. Texte tibétain, traduit en français et accompagné de notes, par PH.-ÉD. FOUCAUX. *Paris*, 1841; gr. in-8°. (Texte autographié.)

*b.* Rgya-tcher-rol-pa, ou Développement des jeux, contenant l'histoire du bouddha Çakya-Mouni, traduit sur la version tibétaine du Bkah-hgyour et revu sur l'original sanscrit, par PH.-ÉD. FOUCAUX. *Paris*, Imprimerie impériale, 1847-48; 2 vol. in-4°.

*c.* Bibliotheca indica (une édition sanscrite du Lalita vistara a été publiée dans ce recueil). *Calcutta*, 1853; in-8°.

9. — *Souvarna prabhâ*, explication de divers points de la doctrine, avec légendes.

Sous le rapport narratif et au point de vue des enseignements qu'il renferme, le *Saddharma poundarika* et le *Lalita vistara* sont, dans la liste des Dharmas, surtout dignes de notre attention. Le premier, que les orientalistes désignent sous le nom de Lotus de la bonne Loi, nous est connu par la traduction qu'en a donnée Eugène Burnouf dans sa collection malheureusement inachevée de documents sur l'histoire du bouddhisme indien. Le second, le Développement des jeux, contient la vie divine et humaine du dernier bouddha Çakya-Mouni; il a été traduit en français par le savant et modeste professeur qui présente aujourd'hui à l'appréciation du monde savant la version tibétaine de l'un des chapitres les plus curieux du Lotus de la bonne Loi [1], version à laquelle il a joint une fidèle interprétation qui permet d'établir un parallèle entre la traduction sanscrite et la traduction lamaïque, et d'en constater les variantes. Afin de rendre ce travail plus facile, il a donné en interlinéaire les deux versions de ce morceau, et les a reproduites lui-même sur la pierre lithographique de la façon la plus satisfaisante.

Les traductions en diverses langues que l'on peut se procurer des livres sacrés ou philosophiques des Indiens sont toujours dignes de la sollicitude des orientalistes;

---

[1] *Parabole de l'enfant égaré*, formant le chapitre IV du Lotus de la bonne Loi, publiée pour la première fois en sanscrit et en tibétain, lithographiée à la manière des livres du Tibet, et accompagnée d'une traduction française d'après la version tibétaine du Kanjour, par Ph.-Ed. Foucaux. Paris, 1854; in-8°.

car, outre qu'elles peuvent présenter parfois des passages omis dans le texte original, ou au moins des variantes importantes, elles facilitent considérablement
l'interprétation de ces livres, dont le sens, souvent obscur, réclame non-seulement un instinct supérieur des
choses métaphysiques, mais encore des connaissances
variées en philologie et en grammaire.

A part la version tibétaine du Lotus de la bonne Loi,
il existe, en plusieurs langues étrangères, des traductions de ce remarquable ouvrage. La Bibliothèque impériale de Paris possède, entre autres, un exemplaire
de l'édition chinoise intitulée *Miao-fa-lien-hoa-king*
« Livre sacré de la fleur de lotus de l'excellente Loi [1]. »
J'en extrairai un passage qui, mis en regard de la
traduction faite par M. Foucaux sur le texte tibétain,
montrera suffisamment comment on a su rendre l'original indien sur le plateau de l'Himâlaya et dans le
bassin du fleuve Jaune. Ce passage est celui où l'enfant
égaré, après s'être abreuvé de toutes les amertumes de
la misère, se retrouve par hasard et sans s'en douter au
seuil de la maison de son père qui pendant son absence
a acquis d'immenses richesses :

---

[1] Il existe une autre version chinoise du Lotus de la bonne Loi
qui doit se rapprocher beaucoup plus du texte sanscrit traduit par
Burnouf que celle de la Bibliothèque impériale. Elle porte le titre
de *Tching-fa-hoa-king* (en 7 livres), titre qui répond au sanscrit
*Saddharma poundarîka*.

Enfin il existe un autre ouvrage sur le Lotus de la bonne Loi,
désigné dans les recueils bibliographiques chinois sous ce titre :
*Miao-fa-lien-hoa-king-lun,* par Vasoubandhou; en 2 livres.

**VERSION TIBÉTAINE.**

(Traduction de M. Foucaux.)

... Qu'ensuite, ô Bhagavat, cet homme pauvre, parcourant, pour trouver de la nourriture et des vêtements, les villages, les bourgs, les villes, les provinces, les royaumes et les résidences royales, arrive enfin à la ville où habite (son père), cet homme possesseur de beaucoup de richesses, de coris, de trésors et de magasins de grains : que cependant, ô Bhagavat, le père de cet homme pauvre, possesseur de beaucoup de richesses (etc., comme ci-dessus), qui habite dans cette ville, se rappelle sans cesse ce fils perdu depuis cinquante ans; qu'il se désole seul en lui-même, sans en rien dire à quelque autre que ce soit, et qu'il réfléchisse ainsi : Je suis âgé, vieux, cassé; j'ai beaucoup de coris, d'or, de trésors, de grains, de greniers et de maisons, et je n'ai pas (un seul) fils ! Si je venais à mourir, tout cela ne périrait-il pas sans que quelqu'un en jouît? Qu'il se souvienne ainsi d'un fils à plusieurs reprises : Ah ! si mon fils pouvait jouir de cette masse de richesses, je serais au comble du bonheur !

**VERSION CHINOISE.**

... Alors le fils épuisé de fatigues et de misères, après avoir parcouru les villages et traversé les royaumes et les cités, arriva dans la ville où demeurait son père. Celui-ci, plongé dans ses pensées, se disait chaque jour : Mon fils est séparé de moi depuis cinquante ans, et je n'en ai encore parlé à personne. Seulement, en lui-même, son cœur était assailli de pensées, et il renfermait en lui ses regrets et ses chagrins. Il se disait : Je suis vieux et décrépit; j'ai beaucoup de richesses, d'or, d'argent et de choses précieuses; mes magasins regorgent, mais je n'ai pas de fils ! Si je me trouvais sur le point de mourir, je n'aurais personne à qui je pourrais les confier et les remettre. C'est pourquoi, avec constance, chaque jour il songeait à son fils, et de nouveau il formait cette pensée : Si (par bonheur) je retrouvais mon fils, je lui abandonnerais mes richesses, et, tranquille et joyeux, je ne me replongerais plus dans la tristesse.

Qu'ensuite, ô Bhagavat, cet homme pauvre, cherchant des vêtements et de la nourriture, arrive enfin à l'endroit où se trouve la demeure de cet homme riche, possesseur de beaucoup de coris (etc.). Que le père de cet homme pauvre se trouve à la porte de sa maison entouré d'une grande foule de Brahmanes, de Kchattriyas, de Vâicyas et de Çoûdras, dont il reçoit les hommages, assis sur un grand trône que soutient une estrade ornée d'or et d'argent; qu'il soit occupé à des affaires de centaines de mille de kôtis de coris, éventé par un chasse-mouche, sous un dais dressé sur un terrain jonché de fleurs fraîches, auquel sont suspendues des guirlandes de pierreries, jouissant de tous les avantages de l'opulence.

Que cet homme pauvre, ô Bhagavat, voie son propre père assis à la porte de sa maison, au milieu de cet appareil de l'opulence, environné d'une foule nombreuse de gens, occupé aux affaires d'un maître de maison; et qu'après l'avoir vu, effrayé, agité, inquiet, sentant ses poils se hérisser, hors de lui, il réfléchisse ainsi : C'est le roi ou le ministre du roi que

Honorable du siècle (ô Bouddha), dans ce moment le fils pauvre, qui allait de côté et d'autre en se louant à la journée, arriva (par hasard) à la maison de son père. Il s'arrêta alors et se tint debout à côté de la porte. De loin il aperçut son père assis sur le siége du lion (*Sinhâsana*); un escabeau précieux reposait ses pieds; les Brahmanes, les Kchattriyas, les chefs des marchands, tous enfin l'entouraient avec respect. Un collier de véritables perles, d'une valeur de mille fois dix mille *souvarnas*, lui servait de parure. Une foule d'intendants et de serviteurs, ayant en main des chasse-mouches blancs, se tenait à sa gauche et à sa droite. On le recouvrait d'un voile précieux; on faisait flotter (à ses côtés) des bannières ornées de fleurs; de l'eau parfumée arrosait le sol; on répandait (autour de lui) une multitude de fleurs renommées. On avait rangé (près de lui) une foule de choses précieuses, afin qu'il pût en faire des cadeaux. Avec tous ces ornements magnifiques, il avait un air imposant.

Le pauvre fils, voyant la grande puissance de son père,

je viens de rencontrer tout à coup; je n'ai rien à faire ici : allons-nous-en donc là où est la demeure des pauvres; c'est là que j'obtiendrai de la nourriture et des vêtements sans beaucoup de peine. Je suis resté ici (assez) longtemps; puissé-je n'être pas arrêté ou mis en prison, ou encourir quelque autre disgrâce! Qu'ensuite le pauvre homme, en proie aux frayeurs qui se succèdent dans son esprit, ne reste pas là et s'éloigne à la hâte...

fut saisi de terreur. Cet homme (dit-il) est peut-être roi, ou bien il appartient à la classe des rois. Ce n'est pas là que je pourrai trouver à m'employer et à subvenir à mes besoins. Il vaut mieux que j'aille dans un pauvre village, près d'un fermier : là j'obtiendrai des vêtements et des vivres. Si je reste longtemps ici, on en viendra peut-être à me faire violence et à m'obliger à la servitude. Pensant ainsi, il prit la fuite...

Le Lotus de la bonne Loi renferme une série de paraboles bouddhiques, parmi lesquelles celle de l'Enfant égaré est, en réalité, une des plus intéressantes. L'introduction qui précède le volume de M. Foucaux contient une série de détails relatifs aux Dharmas en général, et plus spécialement à celui qui renferme l'épisode qu'il nous fait connaître sous sa forme tibétaine. On y trouve également un résumé de la *Maison embrasée*, parabole que Bouddha raconte et explique à ses disciples; enfin le savant traducteur y présente un parallèle de l'allégorie de l'Enfant égaré des livres bouddhiques avec celle de l'Enfant prodigue de l'Évangile, qui, malgré quelques rapports assez singuliers, sont au fond fort différentes l'une de l'autre.

La traduction claire et suffisamment littérale de M. Foucaux, jointe aux notes qu'il a réunies pour faciliter la lecture du texte de la Parabole, est un nouveau secours pour l'étude du tibétain, qui sera apprécié à sa juste valeur par les orientalistes, et surtout par les personnes qui suivent le cours du savant professeur à la Bibliothèque impériale.

馬車乘牛羊無數出入息利乃徧他國商

估賈客亦甚眾多時貧窮子遊諸聚落經

國邑遂到其父所止之城父每念子與子離

別五十餘年而　局　訳如此事但自思

惟心懷悔恨自　念老朽多有財物金銀珍

君庫及、　無有子息一日終沒財物亡無一

所委付是以慇懃每憶其子復作是念我若

得子委付財物坦然快樂無復憂慮世尊爾

FAC-SIMILÉ DE LA TRADUCTION CHINOISE
du Lotus de la Bonne Loi.

# HENDRIK HAMEL

## ET SA CAPTIVITÉ EN CORÉE.

———

Hendrik Hamel, voyageur néerlandais, naquit à Gorcum (Gorinchem), vers le commencement du dix-
septième siècle [1]. Le 10 janvier 1653, il partit du Texel,
comme historiographe, à bord du bâtiment le *Sperber*
(l'Épervier). Après avoir souffert beaucoup de tempêtes
et de mauvais temps, son vaisseau mouilla, le 1er juin

———

[1] Je n'ai pu réussir à me procurer la date exacte de la naissance
de ce navigateur. M. Wijnaendts, bourgmestre de sa ville natale,
a bien voulu faire, à ma demande, dans les registres de baptêmes
de la ville de Gorcum, des recherches qui ont été infructueuses.
Toutefois, comme l'on possède ces registres depuis le mois de novembre 1619, il en résulte que Hamel a dû naître avant la fin de
cette même année. De la sorte, il avait au moins trente-quatre
ans lors de son départ du Texel, en 1653, ce qui, du reste, ne
paraît pas impossible à M. Wijnaendts, ni même improbable, puisqu'il avait alors le titre d'historiographe, et qu'il fallait qu'il eût
un certain âge pour être associé « à un gouverneur dans les parages
des Indes orientales. »

suivant, dans le port de Batavia, et mit à la voile, le 14 du même mois, pour Formose, qui était alors gouvernée par les Hollandais. Le 16 juillet, l'équipage atteignit la capitale de cette île, où l'on déchargea le navire; puis l'on reprit la mer en se dirigeant vers le Japon, avec une nouvelle cargaison de marchandises (30 juillet).

Le 15 août suivant, le *Sperber* fut assailli par une violente tempête et prit eau; au bout de peu d'instants il fallut abandonner ce navire, ainsi que les marchandises de la Compagnie qu'il renfermait au fond de cale, pour ne plus songer qu'à un sauve-qui-peut général. Ceux qui étaient couchés dans la partie inférieure du navire furent tous noyés; les autres se jetèrent volontairement à la mer ou furent enlevés par les flots et abandonnés au gré de la mer en furie. Hamel et quatorze de ses compagnons abordèrent, presque nus et accablés de souffrances, sur les côtes d'une île que l'un d'eux avait aperçue du milieu de l'obscurité, au moment même où une dernière rafale avait décidé de la perte du *Sperber*.

Le lendemain, ceux qui purent marcher allèrent à la recherche de leurs compagnons d'infortune que le hasard aurait pu jeter sur quelque autre côté de la plage. A la suite de cette perquisition, Hamel eut la douleur de constater que, sur soixante-quatre personnes dont se composait le personnel du navire hollandais, trente-six seulement avaient échappé tant bien que mal aux périls du naufrage. Bientôt après le pilote reconnut qu'il avait abordé sur l'île de *Quelpaert* [1],

---

[1] L'île de Quelpaert (en japonais *Tan-ra* ou *Tsin-ra*) est située

située entre le Japon et la Corée et dépendant de ce dernier royaume.

Au bout de quelques jours, Hamel et ses compagnons furent faits prisonniers par des soldats coréens. Ils eurent ensuite une entrevue avec un Hollandais nommé *Jean Jans Wettevrée*, qui, à la suite d'un naufrage, avait été retenu captif en Corée. La joie de retrouver si inopinément un compatriote leur fit oublier un instant la triste condition dans laquelle le sort les avait plongés; mais leur joie fut de courte durée, car ils apprirent bientôt par lui qu'une coutume rigoureuse et cruelle ne voulait pas que l'étranger qui avait mis le pied sur le sol coréen en pût jamais sortir.

Par la suite, les malheureux naufragés eurent à souffrir toutes sortes de corvées et de mauvais traitements de la part des mandarins, et cela d'autant plus que quelques-uns d'entre eux avaient tenté de s'échapper du royaume sur un léger esquif.

Mandés près du roi de Corée, ils traversèrent les provinces de Tsyœn-la et de Ts'young-ts'yœng, d'où ils gagnèrent la capitale, nommée *Sior* [1]. A l'audience, ils apprirent officiellement l'arrêt irrévocable de leur

---

par 33° de latitude nord et par 124° de longitude orientale, méridien de Paris. Voy. dans ce volume p. 75, et pour plus de détails l'encyclopédie japonaise *Wa-kan-san-saï-dzou-yé*, liv. XIII, f° 18.

[1] C'est évidemment le même nom que *Seoul*, donné à la capitale de la Corée (voy. mes *Études asiatiques*, p. 108), un seul caractère servant à noter, eû coréen comme en japonais, les sons *l* et *r* de nos alphabets.

captivité perpétuelle et furent enrôlés dans la garde royale, avec ordre d'accompagner au besoin le général de la milice lorsqu'il entrerait en campagne. Quelque temps après, deux des naufragés hollandais, apprenant l'arrivée de l'ambassadeur de Chine pour réclamer le tribut, se jetèrent sur ses pas, s'efforçant d'obtenir sa protection. Celui-ci les fit appeler en effet dans son palais; mais le roi, effrayé de ce qui pouvait en arriver, acheta par des présents le silence de l'Envoyé du grand khan et obtint de lui les deux malheureux qui bientôt après expiraient dans les cachots. Cet événement mit également en péril la vie de Hamel et de ses compagnons.

Au bout de quelque temps, le roi de Corée vint à mourir (1659); mais son fils, que l'empereur de Chine reconnut pour son successeur, ne fit rien pour améliorer le sort de ses prisonniers hollandais. Afin d'éviter qu'ils vinssent à se rencontrer avec les envoyés du grand khan, ils furent éloignés de la capitale et relégués dans la province de Tsyœn-la, qu'ils avaient déjà habitée. Là, ils furent de nouveau en butte aux plus odieuses exactions, si bien qu'ils résolurent à leur tour de tenter à tout prix une évasion, se disant que lors même qu'elle ne réussirait point et qu'elle causerait leur mort, comme cela avait eu lieu pour plusieurs de leurs compagnons d'infortune, du moins ils seraient délivrés d'une vie trop cruelle pour la supporter plus longtemps. A force de ruse, et grâce à une somme d'argent assez élevée qu'ils étaient parvenus à former en secret, ils parvinrent à acheter une barque, des voiles et des cordages à l'aide desquels, le 4 septembre 1666, ils s'engagèrent à tout hasard, sans carte et sans boussole, sur la mer du Japon [1], dans l'espoir de parvenir à débarquer sur un point quelconque de ce dernier pays. Le vent leur étant favorable, ils abordèrent en effet dans une des îles de l'archipel japonais, où on leur facilita les moyens de se rendre à Nagasaki. Arrivés dans cette localité, Hamel et ses courageux compagnons furent présentés au chef de la factorerie hollandaise, qui leur fit l'accueil le plus amical, s'enquit de leur histoire et les envoya à Batavia, d'où ils partirent pour Amsterdam sur un des navires de la Compagnie. Après avoir essuyé de nouvelles tempêtes, ils revirent enfin leur chère patrie le 20 juillet 1668, après une captivité de treize ans et vingt-huit jours dans le royaume de Corée, où ils avaient dû abandonner huit de leurs compatriotes, sans espérance de les revoir jamais, et sans savoir ce que coûterait à ces infortunés leur audacieuse évasion.

Le récit du naufrage du *Sperber* et de la captivité de son équipage a été composé par Hendrik Hamel, sur le journal qu'il avait tenu de son voyage [2]. Le style simple et naïf de l'auteur, le charme des détails que l'on rencontre dans sa relation et dans la description de la Corée qu'il y a jointe, et, avant tout, le caractère de

---

[1] La mer du Japon, où règnent les terribles typhons, est excessivement dangereuse pour la navigation.

[2] Cette relation a été publiée primitivement sous ce titre :

1. Journal van de ongelukkige voyagie van't jacht De Sperber gedestineerd na Tajowan, in't jaar 1653. *Rotterdam*, 1668.

vérité que respire d'un bout à l'autre son ouvrage, lui ont valu un brillant succès lors de son apparition, et bientôt des traductions[1] dans les principales langues de l'Europe. La relation de Hendrik Hamel est la meilleure en son genre que nous possédions jusqu'à présent, et on doit lui attacher d'autant plus de prix que cet intelligent navigateur est le seul Européen qui ait décrit la péninsule coréenne après y avoir résidé plusieurs années. Une édition nouvelle, surtout si elle était accompagnée d'un bon commentaire, rendrait encore aujourd'hui service aux sciences géographiques, ou tout au moins à l'histoire de ces sciences.

---

[1] Notamment en français, en anglais et en allemand :

2. Relation du naufrage d'un vaisseau holandois (sic) sur la Coste de l'Isle de Quelpaerts : Avec la Description du Royaume de Corée : Traduite du Flamand par monsieur Minutoli. *Paris,* L. Billaine, 1670 ; in-12 (rare).

3. An Account of the Shipwreck of a Dutch Vessel on the Coast of the Isle of Quelpaert, Together with the Description of the Kingdom of Corea. Translated out of the French. *London,* 1732 ; in-fol.

L'édition allemande m'est inconnue.

# LES

# LIVRES ÉLÉMENTAIRES

## DES ÉCOLES CHINOISES.

---

### LE *TSIEN-TSZE-WEN*.

Le *Tsien-tsze-wen* est le principal livre dont on se serve en Chine pour initier la jeunesse aux éléments des sciences, de l'histoire, et, en un mot, de toutes les branches de la littérature nationale. Il renferme, ainsi que l'indique son titre, mille signes idéographiques qui ne se représentent jamais deux fois dans le corps du texte et qui sont combinés de manière à former des vers comprenant tous également quatre caractères. Le rhythme et la rime y ont été observés, malgré les immenses difficultés que présentait la rédaction d'un ouvrage classique dans de telles conditions.

L'auteur, *Tchœou Hing-tsze,* fut chargé de composer ce curieux et singulier petit livre par l'empereur *Wou-ti,*.

fondateur de la dynastie des Liang[1], qui désirait réunir en un seul texte mille caractères qu'avait écrits un célèbre calligraphe de son temps, le ministre *Wang Hi-tchi*. Pour satisfaire au désir de ce prince, l'histoire rapporte que Tchœou Hing-tsze composa le *Tsien-tsze-wen* en une seule nuit, ce qui lui causa une telle fatigue que le lendemain, dit la légende, ses cheveux et sa barbe étaient devenus absolument blancs.

Au début de l'ouvrage, l'auteur trace à grands traits un tableau de la nature et de ses productions. Il traite ensuite des vertus des premiers souverains, des facultés de l'homme et de ses devoirs envers la société. Puis il passe en revue les splendeurs de la Chine, de sa cour, de ses palais, etc. Enfin il achève son travail par un coup d'œil rapide sur la vie privée des Chinois, l'agriculture et les arts.

De nombreuses traductions du *Tsien-tsze-wen* ont été publiées par les peuples qui avoisinent la Chine ou qui en sont tributaires. Nous possédons déjà plusieurs de ces traductions, notamment celles en langues mandchoue, mongole, coréenne, japonaise[2]. Il en existe

---

[1] Règne de 502 à 550 de notre ère.

[2] Voici la liste des principales versions orientales du *Tsien-tsze-wen* qui existent, à ma connaissance, dans les bibliothèques de l'Europe :

A. — *Hoeï-youen Tsien-tsze-wen*. Belle édition appartenant au Recueil des livres élémentaires des Chinois, publiée en 1800. (Collection Klaproth.)

B. — *Sin-ts'ien-tchoung-ting Tsien-tsze-wen tsien-chou*. Nouvelle édition commentée, in-8°. (Collection Klaproth.)

également des versions tibétaines et siamoises, mais je ne sache pas que jusqu'à présent il en soit parvenu d'exemplaire en Europe.

Les amateurs de paléographie chinoise trouveront un grand intérêt dans l'étude du Livre des mille caractères, car les Chinois se sont appliqués à en donner des éditions dans tous les genres d'écritures anciennes et modernes qu'ils connaissent. Le dépar-

---

H. — *Goun-den Sen-zi-mon.* Édition accompagnée de notes japonaises, par le docteur Mogami San-si. *Yédo*, 1515; in-8°. (Collection Siebold.)

I. — *Kwa-in-zyou-taï Sen-zi-mon kô-mok.* Édition avec les diverses formes de tous les caractères, une table des clefs chinoises en écriture antique et moderne, une liste des *nanori* ou prénoms japonais, et une version littérale japonaise par Nisi-kamé-son. *Myako*, 1756; in-8°. (Coll. Siebold.)

C. — *Wang yeou-tun-tchi-chou Tsien-tsze-wen.* Édition en lettres blanches sur fond noir, par le calligraphe Wang Yœou-tun; in 8°. (Coll. Siebold.)

J. — *Si-teï Sen zi-mon.* Édition en quatre écritures différentes (kiaï-hing-chou « écriture courante moderne », tsao-chou « écriture cursive », li-chou « écriture des bureaux », tchouen-chou « écriture antique »), avec la notation des prononciations sinico-japonaises en écriture *kata-kana*, et la traduction japonaise du texte en écriture *fira-kana*; in-12 oblong. (Bibl. impériale de Paris.)

K. — *Ir-ts'yœn kour-tsă-kour-wor.* Édition avec la prononciation figurée et la traduction en coréen; in-4°. (Bibliothèque du Département asiatique, à Saint-Pétersbourg.)

On trouve également le *Tsien-tsze-wen* reproduit dans les annexes de divers ouvrages de philologie publiés en Chine et au Japon.

Aux éditions indigènes qui viennent d'être citées, on peut ajouter

tement des manuscrits de la Bibliothèque impériale à Paris et le Musée britannique à Londres renferment à ce point de vue plusieurs éditions fort intéressantes du poëme de Tchœou Hing-tsze.

La traduction française que M. Stanislas Julien vient de donner du *Tsien-tsze-wen* [1] inaugure une série d'ou-

---

les éditions suivantes du même livre, publiées par les Européens :

A. — Le Livre des mille mots, en chinois, dans : Chrestomathie chinoise, publiée aux frais de la Société asiatique (par KLAPROTH). *Paris*, 1833 ; in-4°.

B. — The Thousand Character Classic, in Chinese and Corean ; (edited) by PHILOSINENSIS. *Batavia*, 1835 ; in-8°. (Voy. plus loin.)

C. — Tsïan-dsü-wen, sive Mille litteræ ideographicæ. Opus sinicum origine cum interpretatione koraiana, in peninsula Kooraï impressum, in lapide exaratum a Sinensi Ko-tsching-Dschang, et redditum curante PH.-FR. DE SIEBOLD. (Annexo systemate scripturæ kooraianæ.) *Lugduni-Batavorum*, ex officina lithographica editoris, 1833.

Tiré à 125 exemplaires, pour la Bibliotheca japonica de M. de Siebold.

D. — Le Livre des mille caractères, en chinois (caractères de l'écriture courante et caractères cursifs), avec la notation phonétique des signes en sinico-japonais et en *kata-kana*, et la traduction japonaise juxta-linéaire en *fira-kana*, dans : Recueil de textes japonais, publié à l'usage des personnes qui suivent le cours professé à l'École spéciale des langues orientales, par LÉON DE ROSNY. *Paris*, 1863 ; in-8°.

[1] *Enseignement primaire de la langue chinoise :* Le Livre des mille mots, le plus ancien livre élémentaire des Chinois, publié en chinois avec une double traduction et des notes, par Stanislas Julien, de l'Institut. Paris, B. Duprat, in-8° de 50 et 40 pp.

Il existait déjà des traductions en plusieurs langues européennes du *Tsien-tsze-wen*, publiées sous les titres suivants :

1. Translation of a Comparative Vocabulary of the Chinese, Corean and Japanese Languages ; to which is added the Thousand Character Classic, in Chinese and Corean ; the whole accompanied by copious indexes of all the Chinese and English words occuring in the work, by PHILOSINENSIS. *Batavia*, Parapattan Press, 1835 ; in-8° (imprimé à la chinoise).

2. Das Tsïan-dsü-wen, oder Buch von tausend Wörtern, aus dem Schinesischen, mit Berücksichtigung der koraischen und japanischen Uebersetzung, ins Deutsche übertragen von Dr J. HOFFMAN. *Leiden*, 1840 ; in-fol.

Extrait des Archiv zur Beschreibung von Japan, de M. Ph. Fr. de Siebold.

vrages classiques chinois que ce savant sinologue se
propose de livrer successivement à l'impression, dans
l'intérêt des personnes qui suivent son cours à l'École
spéciale des langues orientales. Cette traduction double,
littérale et libre, est disposée de façon à lever, en faveur
de l'étudiant, les innombrables difficultés que renferme
ce petit livre ; car il ne faut pas se le dissimuler, malgré
l'usage qu'on en fait à la Chine, le Livre des mille mots
ne se lit pas aisément. Le système qui a présidé à sa
rédaction a imposé à l'auteur chinois des tours de force
littéraires qui, s'ils sont intéressants eu égard à la difficulté vaincue, ne sauraient avoir pour effet de contribuer à l'élégance et à la clarté du discours. Bref,
M. Stanislas Julien nous a donné l'explication d'un livre
élémentaire que personne que lui n'était peut-être
capable de bien expliquer en Europe.

### LE *SAN-TSZE-KING*.

Le *San-tsze-king* ou Livre (en phrases) de trois mots
est, avec le *Tsien-tsze-wen* ou Livre des mille mots,
l'ouvrage le plus répandu dans les écoles primaires de
la Chine. Il a été rédigé sous la dynastie des Soung,
vers la fin du treizième siècle de notre ère, par un disciple du fameux philosophe Tchou-hi, nommé *Wang
Peh-hœou*, qui le destinait à l'éducation de ses enfants.

D'un style moins guindé que le Livre des mille mots,
le *San-tsze-king* se compose de vers de trois syllabes,
accouplés deux à deux au point de vue du sens, et rimés

suivant les principes de la prosodie chinoise. L'auteur commence par exposer la nécessité de donner de bonne heure de l'instruction aux enfants et de surveiller leurs progrès. Il explique ensuite dans quel ordre ils doivent acquérir cette instruction et en quoi elle consiste ; ce qui l'amène à une sorte de catéchisme où sont groupées de la façon la plus succincte les notions élémentaires de philosophie, de morale, de politesse et de science qu'aucun Chinois ne doit ignorer. Puis il énumère quelques faits relatifs aux successions des dynasties impériales de la Chine, et termine son récit en appelant l'attention des enfants sur les avantages que procure l'étude et sur la nécessité de s'y adonner avec zèle.

Il existe depuis longtemps des traductions du *San-tsze-king* en diverses langues européennes [1], mais elles sont en général très-défectueuses. C'est ce qui a engagé M. Stanislas Julien à en donner une nouvelle version,

---

[1] Voici la liste des traductions du *San-tsze-king* publiées jusqu'à ce jour, dans diverses langues européennes :

1. San-dzui-gine, to este kniga troeslovnaia, dans : Boukvare kitaïskoï, de ALEXIS LEONTIEW. *Saint-Pétersbourg, 1779*; in-8°. (En russe.)

2. San-tsze-king, translated by R. MORRISSON in Horæ Sinicæ. *London, 1812*; in-8°. (En anglais.)
Réimprimé par le docteur MONTUCCI dans : Parallel drawn between the two intended Chinese Dictionaries. London (*Berlin*), 1817 ; in-4°.

3. Lehrsaal des Mittelreiches, enthaltend die Encyclopädie der chinesischen Jugend. (San-dsü-king), übersetzt und erläutert von NEUMANN. *München, 1836* ; in-4°. (En allemand.)

4. The three-fold San-tsze-king, or the Triliteral Classic of China, as issued : 1° by Wang-po-heou, 2° by Protestant Missionaries in that country, and 3° by the Rebel-Chief Taë-ping-wang ; put into English, with notes, by the Rev. S. O. MALLAN, M. A. *London, 1856*; in-12.

accompagnée du texte original et de la prononciation des signes, dans l'intérêt de ses élèves de l'École spéciale des langues orientales [1]. La nouvelle version du savant sinologue, tout en suivant le texte original mot à mot, est cependant d'une clarté et d'une continuité parfaites, ce qui n'est pas d'une médiocre valeur dans un écrit en apparence aussi décousu que le Livre de trois mots. Elle rendra un véritable service aux personnes qui veulent commencer l'étude de la langue chinoise écrite.

Comme le Livre des mots, le petit ouvrage de Wang Peh-hœou a été traduit dans la langue de la plupart des peuples qui avoisinent l'empire chinois [2], et on en a

---

[1] M. Julien a d'abord publié sa traduction en latin; depuis il l'a imprimée en langue anglaise :

5. San-tseu-king. Trium litterarum liber a Wang-pe-heou sub finem XIII sæculi compositus ; sinicum textum, adjecta 214 clavium tabula, edidit et in latinum vertit S. J. *Parisiis*, 1864 ; in-8°.

6. San-tsze-king. The Three Character Classic, composed towards the end of the XIIIth century by Wang-pih-how; published in Chinese and English, with the Table of the 214 radicals. *Paris*, 1864 ; in-8°.

[2] Parmi les diverses versions orientales du *San-tsze-king* que j'ai eu l'occasion de rencontrer, je citerai les suivantes :

A. — *Kiaï-youèn San-tsze-king*. Belle édition en grands caractères semi-cursifs, appartenant au recueil des livres élémentaires des Chinois, publié en 1800. (Collection d'Hervey-Saint-Denys.)

B. — *Mandchou nikan khergen i kamtchimé soughé San-tsze-ging bithhé*. Édition chinoise avec traduction mandchoue, commentaire et paraphrase dans les deux langues. 1796 ; in-8°. (Coll. Klaproth.)

C. — *Man-han-ho-pi San-tsze-king tchu-kiaï*. Édition trilingue,

publié des éditions en toutes espèces d'écritures, avec des commentaires aussi intéressants qu'instructifs. Les amateurs de livres polyglottes ne sauraient trouver, dans l'Asie orientale, de livre plus digne d'attirer leur curiosité et de la satisfaire.

---

chinoise-mandchoue-mongole; 4 tomes gr. in-8°. (Bibl. impér. de Par.s.)

Une édition chinoise du *San-tsze-king* a en outre été publiée par Klaproth, dans la *Chrestomathie chinoise* de la Société asiatique, et une autre, imprimée à la manière chinoise, de format petit in-f°, a paru à Saint-Pétersbourg, sous la direction du baron Schilling.

# LE TAO-SSÉISME.

---

Le tao-sséisme ou doctrine du *tao* est une des trois principales religions de l'empire chinois et celle que jusqu'à présent l'on connaît d'une manière plus imparfaite. Les sectateurs de cette doctrine se donnent pour disciples et continuateurs de l'œuvre de Lao-tsze, fameux philosophe qui vivait au temps de Confucius (sixième siècle avant l'ère chrétienne); mais, ainsi que nous le verrons plus loin, ils n'ont guère conservé de ce maître que le nom, car les pratiques de leur culte sont, depuis de longs siècles, très-étrangères, pour ne pas dire absolument opposées, à l'esprit de celui qu'ils prétendent suivre et imiter.

Les sectateurs de cette croyance sont communément désignés sous le nom de *tao-sse* « docteurs de la voie », et le principe fondamental de leur doctrine sous le nom de *tao* « voie ». On a beaucoup disputé sur le sens de ce mot, dont dépend à peu près toute l'intelligence du *Tao-teh-king*, ouvrage révéré de Lao-tsze où il a exposé le système de sa philosophie. Les uns y ont vu

« la raison primordiale, l'intelligence qui a formé le monde et qui le régit comme l'esprit régit le corps », le λόγος de Platon, de Plotin ou de saint Jean ; d'autres ont jugé prudent de ne point traduire une expression sur laquelle repose un système aussi obscur, d'autant plus qu'il est assez difficile d'accorder les interprétations qu'on vient de lire, avec les explications des écrivains chinois les plus compétents [1] qui présentent le tao comme « dépourvu d'action, de pensée, de jugement, d'intelligence. »

Toujours est-il que les tao-sse, depuis longtemps, ne se préoccupent plus guère de découvrir le véritable sens de ce mot dogmatique, et que, adonnés à d'innombrables pratiques d'idolâtrie et de magie, ils laissent de côté tout ce qui, dans Lao-tsze, touche aux graves et éternelles questions de l'esprit humain.

D'après ce qu'on a pu recueillir sur la matière, ce fut durant la révolution opérée en Chine sous Tsin-Chi-Hoang-ti, le constructeur de la grande muraille et l'incendiaire des livres, que le tao-sséisme se développa et prit rang parmi les religions de l'empire. La magie et tous les genres de sorcellerie étaient alors en honneur. Les tao-sse surent s'y distinguer et obtinrent ainsi les faveurs du monarque. Plus tard, l'introduction du bouddhisme vint à son tour contribuer à altérer ce qui restait dans le tao-sséisme du système de Lao-tsze, et à saturer cette religion d'idées indiennes. Non-seule-

---

[1] Cités par M. Stanislas Julien dans l'introduction du *Tao-teh-king*, p. XIII.

ment on emprunta des dogmes et des cérémonies aux
disciples de Çakya-Mouni, mais on adopta même une
foule de noms sanscrits qui ne tardèrent pas à être naturalisés dans toutes les classes du Peuple aux Cheveux
noirs [1].

Sous la dynastie des Tang [2], le tao-sséisme obtint
une grande faveur, grâce à une supercherie de ses
partisans qui persuadèrent au Fils du Ciel qu'il des-
cendait du philosophe Lao-tsze. Aussi l'empereur Kao-
tsoung, l'un des princes de cette dynastie, voulut-il
qu'on enseignât la doctrine du tao aux membres de sa
famille et que les grades littéraires, dans les examens
publics, fussent accordés de préférence à ceux qui
auraient étudié et approfondi les monuments écrits de
cette doctrine.

Au contraire, sous la dynastie mongole, les tao-sse
se virent persécutés, et leurs livres, à l'instigation des
lamas, condamnés à la destruction. Poursuivis alors
par ceux-là même dont la religion se rapprochait le
plus de la leur, les disciples du tao-sséisme se trouvèrent également en butte aux injures et aux attaques
des lettrés de l'école de Confucius. La persécution devint terrible sous le règne du fameux empereur Koubilaï; et un décret, qui ne fut heureusement pas mis à
exécution, ordonna l'anéantissement par le feu de tous
les écrits de la secte du tao, y compris le *Tao-teh-king*
de Lao-tsze que près de vingt siècles avaient respecté.

---

[1] Voy. Edkins, *Notices of Chinese Buddhism*, p. 42.
[2] De 618 à 906 de notre ère.

La fortune dont les tao-sse avaient joui précédemment, les riches propriétés qu'ils avaient acquises sur toute l'étendue du territoire chinois, leur avaient suscité de nombreuses jalousies; le dévouement de Koubilaï à la foi de Foh (bouddhisme) donna aux haines cachées le moyen de se manifester au grand jour. Ces persécutions n'allèrent pas toutefois jusqu'à causer des effusions de sang, et les tao-sse purent encore s'adonner dans l'ombre à leurs pratiques religieuses. A force de persévérance, ils finirent par reconquérir le libre exercice de leur culte, et ils se répandirent de nouveau dans les diverses provinces du Céleste-Empire et même en Corée et au Japon, où ils ne firent toutefois que peu de prosélytisme.

La famille qui règne aujourd'hui sur la Chine (la dynastie Taï-tsing[1]) chercha à son tour à modérer la propagande des tao-sse et à arrêter l'extension donnée à leurs couvents et à leur population. Des ordonnances impériales furent publiées à ce sujet, et on réglementa l'organisation intérieure des monastères. Ces règlements de police empêchèrent parfois les désordres qui se produisaient si fréquemment parmi les religieux, mais souvent aussi ils furent impuissants à arrêter les tao-sse dans la voie dangereuse où ils ne cessaient de se lancer. Leurs temples, remplis d'une foule d'idoles, qu'ils ne se font guère scrupule d'emprunter aux religions étrangères, ont été plus d'une fois des centres de

---

[1] La dynastie mandchoue dite *Taï-tsing* « très-pure » occupe le trône, en Chine, depuis l'an 1616 de notre ère.

corruption. Toute idée supérieure a disparu de ce culte livré à tous les préjugés, à toutes les idolâtries : à peu d'exceptions près, on se borne aujourd'hui dans les pagodes à réciter des sortes de litanies accompagnées de prières et à brûler de l'encens devant des statuettes plus ou moins hideuses.

Une littérature considérable, empreinte du caractère abâtardi du tao-sséisme actuel et à la tête de laquelle on place d'ordinaire le Livre des récompenses et des peines [1] et le Livre de la récompense des bienfaits secrets [2], existe aujourd'hui en Chine, et si elle ne peut rien nous apprendre de bien intéressant, elle témoigne du moins de la prodigieuse activité et de la dévotion des nombreux sectateurs auxquels elle est destinée. Les légendes extraordinaires, les récits fantastiques qu'on y rencontre à chaque pas et où les diables et les génies de toutes sortes jouent d'habitude les premiers rôles, contribuent à perpétuer, parmi les populations du

---

[1] Le texte de ce livre, intitulé *Kan-ing-pien*, a été publié par Klaproth dans la *Chrestomathie chinoise* de la Société asiatique. Il en a paru deux traductions sous les titres suivants :

1. Le Livre des récompenses et des peines, traduit du chinois, avec des notes et des éclaircissements, par ABEL-RÉMUSAT. *Paris*, Renouard, 1816; in-8°.

2. Le Livre des récompenses et des peines, en chinois et en français, accompagné de quatre cents légendes, anecdotes et histoires qui font connaître les doctrines, les croyances et les mœurs de la secte des tao-sse. Traduit par STANISLAS JULIEN. *Paris*, Oriental translation Fund, 1835; in-8°.

[2] Le texte chinois de ce livre a également été publié par la Société asiatique, et il en a paru une traduction intitulée :

1. Yin-tchi-wen. Le Livre de la Récompense des bienfaits secrets, traduit sur le texte chinois, par LÉON DE ROSNY. *Paris*, 1856; in-8°.

Céleste-Empire, les croyances stupides et mensongères
que les prêtres tao-sse s'étudient à répandre chaque
jour en plus grande profusion.

Au point de vue politique, on doit regarder le tao-
sséisme comme un élément de division et de décadence
sociale au sein de la monarchie chancelante des Chinois; et l'on peut considérer les nombreux adhérents
de cette secte comme formant une population dégradée, sans conscience d'elle-même et incapable de résister au despotisme, quelle que soit la forme sous
laquelle il se présente pour la dominer et l'assujettir.

# LA

# BIBLIOTHÈQUE TAMOULE

## DE M. ARIEL, DE PONDICHÉRY.

EXTRAIT D'UN RAPPORT A LA SOCIÉTÉ ASIATIQUE DE PARIS,
LU DANS LA SÉANCE DU 14 DÉCEMBRE 1855.

Par testament olographe, M. Ariel, secrétaire-archiviste du Conseil d'administration à Pondichéry et membre de la Société asiatique[1], vous a légué la riche

---

[1] Ariel (Éd.-Sim.), l'un des élèves les plus distingués d'Eugène Burnouf, consacra sa vie à l'étude du tamoul et des autres idiomes dravidiens. On possède de lui une traduction partielle des *Kour'al* de Tirouvallouva[*] qui a paru dans le *Journal asiatique* (nov.-déc. 1848 et mai-juin 1852); mais ce mémoire, quelque important qu'il soit, n'est rien à côté des grands travaux pour lesquels il avait réuni une prodigieuse quantité de matériaux et qu'il se proposait de publier, lorsqu'une cruelle maladie vint le frapper au milieu de ses laborieuses entreprises. Les médecins lui déclarèrent alors qu'il n'avait de chance de recouvrer la santé qu'en retournant de

[*] Cf. sur ce poëme et son auteur la remarquable étude de M. Julien Vinson, dans la *Revue orientale* (de la Société d'Ethnographie), t. IX, p. 93 et suiv.

bibliothèque qu'il a formée pendant son séjour dans l'Inde, où il est décédé. Dans votre séance du 12 octobre dernier, vous avez chargé une commission, composée de M. Garcin de Tassy, de M. Lancereau et de moi, de procéder à l'ouverture des treize caisses qui renferment cette bibliothèque et de vous faire un rapport succinct sur leur contenu. La commission, après s'être réunie cinq fois au siége de la Société, m'a chargé de vous rendre compte des résultats de l'examen auquel elle s'est livrée [1] à l'effet de répondre à votre honorable appel.

Les objets qui composent le legs de M. Ariel peuvent être répartis en trois catégories principales : 1° les ouvrages imprimés, 2° les manuscrits, 3° les objets d'art, d'archéologie, d'ethnographie, d'histoire naturelle, etc. C'est suivant cet ordre que nous entreprendrons de passer en revue les principales richesses qui viennent

---

suite en Europe; mais M. Ariel ne voulait pas abandonner l'Inde avant d'avoir achevé ses recherches. En dépit de sa maladie, il se mit donc au travail avec plus d'ardeur que jamais, espérant ainsi rapprocher le moment de son départ pour la France. Il n'en fallut pas davantage pour aggraver rapidement sa situation; et, le 23 avril 1854, la mort vint le contraindre de renoncer à toutes ses espérances. Aucune notice n'a été consacrée, que je sache, à cet orientaliste remarquable.

[1] Cet article paraît ici pour la première fois. Mes études japonaises m'avaient empêché, en 1855, époque où j'en communiquai la première ébauche à la Société asiatique, de le compléter au point de vue de la bibliographie. Un nouvel examen minutieux de la collection Ariel m'a mis à même de le publier dans la forme sous laquelle je le donne aujourd'hui.

s'ajouter aujourd'hui à celles que renferme déjà notre
belle et précieuse bibliothèque.


I. — LES IMPRIMÉS.


Comme vous le savez, M. Ariel avait fait sa spécialité
de l'étude des *langues dravidiennes*, et surtout du tamoul, idiome communément en usage à Pondichéry,
et, au point de vue de la littérature et de la philologie
comparée, le plus important de l'Inde méridionale.
Aussi les livres tamouls tiennent-ils la plus large place
dans la belle et précieuse collection que nous avons eu
le plaisir d'examiner. C'est ainsi que, dans la série étendue d'ouvrages de linguistique, nous n'avons pas rencontré moins de dix dictionnaires *tamouls* [1] imprimés à

---

[1] Voici la liste bibliographique de cette importante série de
dictionnaires :

1. Dictionnaire français-tamoul et tamoul-français, par A. Blin, lieutenant de
cypahis. *Paris*, 1831 ; in-12 obl. (lithographié).
2. A Dictionary of the Tamil and English languages, by the late Rev. J.-P.
Rottler. *Madras*, 1834-39 ; 3 vol. in-4°.
3. A Manual Dictionary of the Tamil language. Published by the Jaffna Book
Society. *Jaffna*, American Missions press, 1842 ; in-8°.
Ce Dictionnaire, entièrement en tamoul, est le premier essai de dictionnaire
complet de cette langue et renferme environ 58,500 mots.
4. An English and Tamil Dictionary, or Manual Lexicon for schools, giving
in tamil all important english words, and the use of many in phrases. By the
Rev. J. Knight and the Rev. L. Spaulding. Revised, in great part, by the Rev.
S. Hutchings. *Madras*, American Mission press ; 1844, in-8°.
5. A Vocabulary of English and Tamil words : to which are added a Collection of familiar dialogues, the English Grammar and a few Letters, etc., com-
piled and published by late Innocent Nicholas. *Madras*, Prabhacarah Press ;
1845 ; in-8° de 194 pp.

Madras, à Pondichéry, à Jaffna ou à Paris, à l'exception
d'un seul qui est sorti des presses de l'île de la Réunion.

6. Dictionarium Latino-Gallico-Tamulicum. *Pudicherii*, e Typographiâ mis-
sionariorum apostolicorum, 1846 ; in-8° de 1430 pp.

7. Vocabulaire français-tamoul, publié par deux missionnaires apostoliques.
*Pondichéry*, 1850 ; in-8°.

8. A Pocket Dictionary of English and Tamil, by captain J. Ouchterlony, of
the Madras Engineers. *Madras*, Christian Knowledge Society's Press, 1851 ;
in-8°.

9. Dictionnaire tamoul-français, par deux missionnaires apostoliques de la
Congrégation des missions étrangères. *Pondichéry*, Impr. des Miss. apostol.,
1855-1861 ; 2 vol. in-8°.

10. A biblical and theological Dictionary, containing an alphabetical arrangement of most of the tamil scriptures, with their corresponding english word,
and suitables references ; etc., by Henry Bower. *Madras*, Vepery Mission
Press ; in-8.

A cette liste, il faut ajouter celle des grammaires tamoules, dont
les principales, dans la collection Ariel, sont :

1. Grammatica damulica, quæ per varia paradigmata, regulas et necessa-
rium vocabulorum apparatum viam brevissimam monstrat, qua lingua damulica seu malabarica, quæ inter Indos orientales in usu est, et hucusque in Europa
incognita fuit, facile disci possit, a Bartholomæo Ziegenbalg, Miss. *Halæ
Saxonum*, 1716 ; in-4°, min.

2. Grammar of the Malabar Language. By Robert Drummond. *Bombay*, Cou-
rier Printing Office, 1799 ; in-fol. min.

3. Rudiments of Tamŭl Grammar, combining with the rules of Kodun Tamŭl,
or the ordinary dialect, an Introduction to the Shen Tamŭl, or the elegant
dialect, of the Language. By Robert Anderson. *London*, 1821; in-4.

4. A Grammar of the high dialect of the Tamil language termed Shen-Tamil :
to which is added an Introduction to Tamil poetry; by the Rev. Father C.-J.
Beschi. Translated by Benj. Guy Babington. *Madras*, College Press, 1822;
in-4.

5. A Grammar of the Tamil language, with an Appendix. By C. T. E. Rhenius.
*Madras*, 1836 ; in-8°.

6. A. M. D. G. Grammatica latino-tamulica, in qua de vulgari tamulicæ
linguæ idiomate *Kodun-tamuj* dicto fusius tractatur, auctore P. Constantio Josepho Beschio, Soc. Jesu. Nova editio cum notis et compendio grammaticæ de
elegantiori dialecto *Sen-tamuj* dicta, ab uno missionario apostolico Congr.
Miss. ad exteros. *Pudicherii*, ex Typ. Miss. apost. dictæ Congreg., 1843 ; in-8°.

L'édition originale de cette grammaire (*Trangambariæ*, Typis Missionis da-
nicæ) a été publiée en 1738 ; in-8°. — Une autre édition (apud *Madraspatnam*,

Pour l'étude comparée du tamoul et du télinga, autre idiome curieux de l'Inde dravidienne, un vocabulaire trilingue vient s'ajouter à cette liste; et, pour l'intelligence des textes dans cette dernière langue et dans les autres dialectes de la même région, des dictionnaires et grammaires *télinga* ou *télougou, malayala, carnataca* et *gond* [1]. — A simple titre de renseignements, j'ajouterai la mention d'un vocabulaire avec abrégé grammatical pour les langues *malgache, sakalave* et *betsimtsarak* [2].

S'il nous paraît inutile de vous entretenir des livres

---

e Typ. Collegii) est datée de 1813 ; in-4° min. — Enfin il a paru une traduction en anglais, par M. William Mahon, à Madras, en 1848.

7. Grammatica tamuliensis, or an English Version of the celebrated Tamil Nunnool, with explanatory notes, vocabulary, appendices, and extracts from the hitherto unpublished Commentary of Sunghara Nama Sivayur. By W. Joyes and S. Samuel Pillay. Revised and corrected by the Rev. T. Brotherton. *Madras,* 1848; six parties en un vol. in-8°.

[1] Ces ouvrages, pour la plupart assez rares, sont les suivants :

1. A Grammar of the Teloogoo language, commonly termed the Gentoo, peculiar to the Hindoos inhabiting the North Eastern Provinces of the Indian Peninsula. By A. D. Campbell. 2d edition. *Madras,* College Press, 1820 ; in-4°.

2. A Dictionary of the teloogoo language, commonly termed the Gentoo, peculiar to the Hindoos of the North Eastern Provinces of the Indian Peninsula , by A. D. Campbell. *Madras,* College press, 1821 ; 601 pp.

3. A Dictionary English and Carnátaca. By William Reeve, Protestant Missionary of the London Missionary Society. *Madras,* College Press, 1824 ; 2 vol. in-4°.

4. A Dictionary Carnátaca and English. By William Reeve. *Madras,* Government Gazette Press, 1832 ; 2 vol. in-4°.

5. A Grammar of the Malayalim Language, as spoken in the principalities of Travancore and Cochin, and the districts of North and South Malabar. By the Rev. Joseph Peet. *Cottayam,* Church Mission Press ; in 8° de 218 p.

[2] Vocabulaire et Grammaire pour les langues malgache, sakalave et betsimitsara, par l'abbé Dalmond. *Saint-Denis.* (ile Bourbon), 1842 ; in-8°.

en nombre considérable rédigés par les orientalistes européens et qui figurent dans les bibliothèques un peu complètes de tous les indianistes, il n'en est pas de même de certains *ouvrages publiés dans l'Inde,* sans aucune version européenne, par les indigènes de cette péninsule. Nous vous en dirons donc quelques mots avant de passer aux livres tamouls qui forment, comme il a été dit, le fonds principal de la collection Ariel.

Parmi les éditions indiennes des livres *sanscrits,* se trouve la collection des anciens législateurs de l'Inde, qui comprend dix-neuf ouvrages connus sous le nom de *Sañhita.* L'exemplaire que nous possédons est imprimé en caractères bengali sur des bandes oblongues de papier jaune, et a été publié à Calcutta par les soins de Bhavânîtcharana. La date de l'apparition n'y est pas mentionnée. Cette collection, d'une haute importance pour l'étude de la législation civile et religieuse de l'Inde, est extrêmement rare parmi nous et fait défaut dans la plupart des bibliothèques publiques de l'Europe.

Un autre livre sanscrit imprimé, non moins rare que le précédent, est le *Smriti-tatwa,* traité de législation civile et religieuse, composé par Raghounandana Bhattâtchârya. Il renferme vingt-six traités, et a été imprimé à Calcutta (sans indication de date) en caractères bengali, sur feuilles oblongues de papier jaune. L'éditeur indien de cet écrit précieux pour les savants adonnés à la législation et à la philosophie religieuse de l'Inde, est également Bhavânîtcharana.

Plusieurs autres imprimés sanscrits, également peu connus, mais de moindre étendue, et un bel exem-

plaire de l'édition indienne du *Mahábhárata*, complètent
cette partie de la bibliothèque de M. Ariel.

La série des textes tamouls publiés dans l'Inde se compose de trois cent soixante-quatre volumes, dont trois
de format in-f°, vingt-huit in-4°, cent treize in-8°, et cent
vingt in-12 ou de plus petite dimension [1]. Cette série, sur
laquelle votre attention mérite de se fixer, vous paraîtra
considérable, surtout si vous songez avec quelles difficultés on parvient en France à se procurer même des
opuscules en cette langue, presque toujours d'un intérêt fort équivoque.

Quelques volumes de cette série ont particulièrement
attiré notre sollicitude, tant par les ressources qu'ils offrent pour l'étude de la langue tamoule que par leur
intérêt au point de vue de l'histoire de la littérature
encore si peu connue de l'Inde méridionale.

Un de ces volumes renferme une traduction française
commentée et annotée du *Daya Krama Sañgraha* de
E. Sricrisna Tercalancara [2], manuel de droit civil, principalement destiné à traiter de la Succession chez les
Indiens, et qui paraît être un des ouvrages les plus clairs

---

[1] Il paraît que la collection des livres imprimés en tamoul
recueillis par M. Ariel n'est pas parvenue en entier à la Société
asiatique, car, dans une lettre en date du 6 mai 1853, le savant
archiviste dit que sa bibliothèque renferme déjà 650 imprimés et
450 manuscrits.

[2] *Daya Crama Sangraha*, augmenté de notes et de passages du
Mitacshara, et suivi de quelques observations sur l'adoption et le
pouvoir testamentaire chez les Hindoux, par G. Orianne. Pondichéry, 1843; in-8°.

qu'ils aient composés sur la matière. C'est, comme la plupart des écrits de droit hindou, un livre basé sur les anciens codes religieux du pays, et dont le fonds appartient à ce que les indigènes appellent *srouti*, loi entendue ou révélée, tandis que les développements nommés *smriti*, loi conservée par la mémoire, comprennent ce que des législateurs considérés comme inspirés ont transmis, de génération en génération, à leurs disciples [1].

De nombreux documents sur les origines, l'histoire et la condition des castes de l'Inde figurent dans la riche série tamoule de M. Ariel [2]; malheureusement la plupart, publiés sans aucune traduction européenne, sont trop peu connus pour qu'il puisse en être fait une mention explicite dans ce travail.

Les ouvrages de littérature proprement dite sont de beaucoup les plus nombreux dans la série qui nous occupe, et, à part les versions tamoules d'ouvrages sanscrits, nous y voyons figurer des traductions tout à fait modernes de divers autres ouvrages orientaux et euro-

---

[1] Les *Smriti*, autrement désignés sous le titre de *Dharma-Sástra*, portent d'ordinaire le nom de leur auteur véritable ou supposé. C'est ce qui a lieu pour le *Manava-Dharma-Sástra*, ou Lois de Manou, dont on doit une traduction française à M. Loiseleur-Deslongchamps.

[2] On se bornera à citer l'ouvrage suivant, comme l'un des plus étendus de la collection :

Treatise on Hindoo Castes, or a Conversation on the origin of Hindoo Castes, explained according to natural philosophy, by Charles Simeon. *Madras,* Mootlumil Villuccum Press, 1852 ; in-4° min.

péens. Les Mille et une Nuits, ce brillant produit de l'imagination musulmane, dont on a donné des éditions complètes ou des extraits dans la plupart des langues du monde [1], figurent également dans la littérature tamoule [2]. C'est un des ouvrages dont pourront se servir avec le plus de fruit les personnes qui voudront s'initier à la connaissance du plus important idiome de l'Inde dravidienne.

Un autre volume, qui porte en tamoul le titre de *Nîdi nér'i vilakkam* [3], « la Lumière du sentier de la vertu », nous donne le texte original et la traduction d'une sorte d'anthologie indienne, à laquelle l'éditeur a joint un vocabulaire pour l'usage des étudiants, de nombreuses notes et, en appendice, la liste des mots d'origine sanscrite renfermés dans l'ouvrage. Le style

---

[1] Une bibliographie des versions en toutes langues des *Mille et une Nuits* ne manquerait pas d'intérêt et serait plus étendue et plus variée qu'on ne le pense généralement.

[2] La collection Ariel possède notamment les deux ouvrages suivants :

A. — Les Mille et une Nuits, traduites en tamoul par Gangádharavattiyar. *S. l. n. d.;* in-16, sans titre (Collection Ariel, B, 51).

B. — The Arabian Night's Entertainments, carefully revised, and occasionally corrected from the Arabic to which is added a Selection of new tales ; by J. Scott. Accompanied by an elegant translation in tamil, by P. Gnanapragasa Moodeliar. *Madras*, 1825 ; in-4°. (Le 1er vol.)

C. — The History of the Three apples, from the Arabian Night's Entertainments. To which is added a correct translation in tamil, by P. Saravana Moodeliar, grand-son to P. Gnanapragasa Moodeliar. *Madras*, Literary Press, 1841 ; in-32 de 61 pp.

[3] *The Nîdi ner'i vilakkam* of Cumara Guru Para Tambirān, containing a hundred and two stanzas on moral subjects, by H. Stokes, Esq. *Madras*, Vepery Mission Press, 1830 ; in-8°.

du *Nîdi ner'i vilakkam* rappelle, par la forme, les petits poëmes composés par les Chinois pour l'instruction de la jeunesse '; mais il a été écrit pour des personnes d'un âge plus avancé.

La plupart des ouvrages tamouls de cette série sont
publiés sans traduction et sans la moindre note en
langue européenne pour en faire connaître le sujet. Il
est donc probable qu'il en est, parmi les plus importants, qui ont échappé à notre attention. Nous pouvons
cependant compter au nombre de ceux-ci le *Ñân'avel-
liyân'kadæ*, conte du sage *Vettiyân* (distributeur d'eau
des villages), attribué à *Tirouvallouva*, l'auteur des
*Kour'al;* le *Tolkâppiyam* (ancien poëme), par un disciple
d'*Agastya*, auquel les Tamouls attribuent la création de
leur idiome; une grammaire avec commentaire, par
*Natchinârkkiniya*, célèbre grammairien indigène; le
*Périyapourânam* (grand pourâna), renfermant l'histoire
légendaire des nombreux saints *çæva* des provinces
dravidiennes ², etc., etc.

Enfin nous devons au moins mentionner quelques-
uns des écrits du père Beschi ³, l'un des Européens qui

---

¹ Voyez sur ces poëmes à la page 163 de ce volume.

² Il existe dans la collection Ariel plusieurs exemplaires de ces
ouvrages, les uns imprimés, les autres gravés sur feuilles de palmier.
M. Vinson, notre savant collègue de la Société d'Ethnographie,
dont on connaît les profondes connaissances en tamoul, nous
fait espérer une analyse détaillée de ces curieux écrits.

³ Constant-Joseph Beschi naquit en Italie, vers 1670, et entra
dans la Compagnie de Jésus, qui l'envoya en mission apostolique
dans l'Iude. Arrivé dans ce pays, il s'adonna à l'étude du sanscrit,

ont cultivé avec le plus de succès la littérature tamoule. Ce savant jésuite avait non-seulement appris à
parler et à écrire correctement le dialecte vulgaire,
mais il s'était rendu maître du haut idiome au point de
faire l'admiration de tous les écrivains du pays. Son
poëme du *Têmbâvani*, « la guirlande ne se flétrissant
pas », qui ne compte pas moins de 14,460 vers, c'est-
à-dire à peu près autant que l'Iliade et moitié plus
que l'Énéide, renferme, en style oriental, la singulière
épopée de saint Joseph, depuis sa naissance jusqu'à son
couronnement après la résurrection du Christ. On sait
que la poésie épique est fort goûtée des Indiens : aussi
Beschi fut-il bientôt appelé à la cour du nabab de Tri-
chnapally pour être son premier ministre. Les honneurs ne l'empêchèrent point de poursuivre sa carrière
littéraire, et il continua au milieu des grands à s'adonner à la culture des lettres tamoules et à ses travaux
apostoliques. Deux ans après la chute du nabab, il
mourut à Mannârpâdou, petite localité du sud de l'Hindoustan, en face de l'île de Ceylan, laissant un nom

---

du télinga et surtout du tamoul. Parmi ses ouvrages, nous
citerons :

A. — Tembâvani. Épopée de Joseph, époux de Marie. Édition tamoule, impri-
meé à Pondichéry par les missionnaires, en 1851 ; in-12 (Collect. Ariel, C. 75).

B. — Grammaire tamoule. (Déjà citée, voy. ci-dessus, p. 180.)

C. — J. M. J.-A. Grammar (in tamil), by the Reverend Father C. J. Beschi,
Jesuit Missionary in the kingdom of Madura. De l'imprimerie de C. Guerre ;
in-fol. min. (Collect. Ariel, A. 1.)

Cet ouvrage est entièrement imprimé en caractères tamouls.

D. — Fabula de ethnicorum magistro, Paramartacuru dicto, a P. Josepho
Constantio Beschio, S. J., tamulica lingua scripta et ab ipso auctore in latinam
versa. *Pudicherii*, 1845 ; in-12.

vénéré dans toute la presqu'île et digne de l'estime des savants européens.

Pour l'enseignement de la langue télinga se trouve un recueil d'historiettes amusantes [1], accompagnées d'une traduction anglaise et d'une explication littérale de tous les mots renfermés dans chaque morceau. On me permettra de donner quelques spécimens de ces historiettes, qui rappellent un peu les contes et bons mots du poëte persan Kâani.

*
* *

Une personne qui souffrait du mal de dents alla un jour trouver un médecin pour lui demander quelque remède. Le médecin lui ayant demandé ce qu'il avait mangé : — Du pain brûlé, répondit-il. — Comme le docteur lui appliquait un remède sur les yeux, le malade lui demanda quel rapport il y avait entre un mal de dents et les yeux. — Vous avez avant tout besoin d'un remède pour les yeux, repartit le médecin, car si vous aviez bien vu, vous n'auriez pas mangé du pain brûlé.

*
* *

Un roi vit en songe toutes ses dents tomber. Il questionna, en conséquence, un astrologue, qui lui dit : — « Tous vos enfants et tous vos parents mourront devant vos yeux. » — Le roi, irrité, fit emprisonner l'astrologue, et en fit venir un autre, à qui il demanda de nouveau l'explication de son songe. — Il signifie, répondit le second astrologue, que Votre Majesté survivra à ses enfants et à tous ses parents. Le roi fut content de cette manière de parler, et lui fit un présent.

*
* *

Un personnage qui avait obtenu une promotion considéra-

[1] *Pleasant stories*, for the use of English and Teloogoo students, by C. Hayagreva Sastree. *Madras*, Vepery Mission Press, 1839 ; in-8°.

ble, voyant un de ses amis qui venait le féliciter, lui dit :
« Qui êtes-vous? et pourquoi êtes-vous venu? » — Celui-ci,
étonné, lui répondit : « Ne me connaissez-vous pas? Je suis
votre vieil ami; je viens vous faire des compliments de condo-
léance, car j'ai appris que vous aviez perdu la vue. »

Un autre recueil de contes[1] traduits du tamoul et
accompagné d'un vocabulaire peut également être employé pour se familiariser avec les textes en langue
telougou.

Citons aussi, pour l'étude de la langue kondh, un volume composé par le capitaine Frye, de l'armée de
Madras, et dans lequel on trouve, outre l'alphabet, des
leçons de lecture progressive publiées en kondh et en
anglais.

Enfin on trouvera dans la même série le poëme moral, religieux et satirique de Vémana[2], accompagné
d'une traduction anglaise de M. Brown, employé civil

---

[1] *Select Tamil Tales with free translations in English and Teloogoo*, to which are added a Vocabulary (from good manuscripts),
in English and Teloogoo, and a choice number of Dr Marshman's
Dialogues in English and Tamil. By W. M. Narrainsawmy. *Madras*,
American Mission Press, 1839 ; in-8°.

Ajoutons, comme renseignements de bibliographie indienne, les
petits opúscules suivants, qui sont sans doute fort rares aujourd'hui :

1. A primer, and progressive reading lessons, in the Kondh Language, with
an English translation, by captain FRYE. *Cuttack*, Orissa. Mission Press, 1851 ;
in-8°.

2. Catechism in Nága. Achyen Min nya'pra'n; by M. BRONSON. *Jaipur*,
American Baptist Mission Press, 1839; in-24 de 15 pp.

[2] *Vémana vadyamoulou.* The verses of Vémana, moral, religious
and satirical. Translated by Charles Philip Brown. *Madras*, 1829 ;
in-8°.

de la ville de Madras. Cet ouvrage telougou, composé de sentences cadencées, ne manque pas d'un certain intérêt, et son style, très-coloré et souvent original, est parfois d'une certaine ampleur. Quelques vers pris au début et dans le cours de ce poëme ne seront peut-être pas inutiles pour donner une idée de la composition de Vémana :

1. Le yôgi[1] nommé Vémana a fait son apparition dans le monde. Prosterne-toi devant lui, ô homme vertueux! Tandis que tu le salueras, il t'accordera la subsistance et la perfection. Écoute, ô Véma, cher au Seigneur de tous,

2. Quand je m'écrie : « Parle, ô Dieu! » pourquoi ne parles-tu-pas? Oh! parle-moi dans ta toute-puissance! Parle, ô Père, assurément je reconnaîtrai ta voix!

5. Tandis qu'*il* dirige sa vue vers toi, ô Dieu! il oublie sa personnalité. Tandis qu'il dirige sa vue vers sa personnalité, c'est toi qu'il oublie. Comment l'homme apprendra-t-il à se connaître et à te connaître?

18. La vérité et le mensonge, le Grand-Esprit seul les connaît : seule l'eau connaît réellement les sinuosités du sol; seule la mère connaît la source de la vie de son fils.

43. La lampe remplie d'huile flambe convenablement; la lumière privée d'huile expire. De même, lorsque le corps s'est anéanti, nos pensées s'éteignent avec lui.

Ce poëme est également d'un grand intérêt pour l'étude de la philosophie indienne, et les points principaux de la doctrine brahmanique y sont énoncés. On y trouve notamment ces passages sur Dieu et la fin de l'homme :

---

[1] Le mot *yôgi*, qu'on explique d'ordinaire par « ermite », vient de *youga* « union », et désigne celui qui est uni à la divinité par le moyen de la méditation, appelée *yôgam*.

41. Celui dont la forme est universelle, qui est éternel, qui a conscience de tout ce qui se passe dans chaque cœur, qui reste immuablement au travers des mondes, et qui est exempt de toute ombre (d'incertitude), celui-là est Dieu.

43. Si un homme parvient à la sagesse, son cœur ne changera plus; s'il connaît la Divinité, la sagesse s'identifiera en lui. Quand on arrive en vue du soleil, comment l'obscurité demeurerait-elle?

44. L'homme parvenu à la perfection ne fait pas de différence entre le jour et la nuit, l'esprit et la nature universelle, sa personne ou la personne en dehors de soi.

Ce dernier verset a trait à l'extinction de l'individualité, suivant la croyance du Védanta. Ajoutons, en terminant, que ce livre mériterait les honneurs de la réimpression, surtout s'il trouvait un éditeur capable de l'annoter avec savoir et d'en résumer l'esprit général et les doctrines.

## II. — LES MANUSCRITS.

La collection des manuscrits provenant de M. Ariel a dû être divisée, dans notre classement, en quatre sections principales.

Les deux premières renferment les manuscrits en langue tamoule, savoir : 1° les manuscrits indigènes gravés au stylet sur feuilles de palmier; 2° les textes écrits à la plume et les copies d'ouvrages tamouls sur papier indien ou européen ;

La troisième section se compose des manuscrits rédigés en langues étrangères au tamoul ;

La quatrième, enfin, comprend les manuscrits auto-

graphes de M. Ariel, ses notes, sa correspondance, les
fragments d'ouvrages asiatiques et européens qu'il a
fait copier pour l'étude de certaines questions déter-
minées, et, en un mot, toutes les pièces et notes qui
faisaient l'objet de ses occupations journalières.

Pour ce qui est de la collection des manuscrits gravés sur olles, collection plus considérable qu'aucune
de celles que nous connaissons dans les grandes bibliothèques publiques et particulières de France, nous avons
dû nous borner à en constater le nombre et l'état, sans
essayer de prendre une idée de leur contenu. Un tel travail de déchiffrement eût nécessité un temps beaucoup
plus considérable qu'il ne nous a été donné d'en consacrer à l'examen du legs tout entier. Cependant, parmi
les manuscrits de ce genre qui nous sont tombés sous
la main, nous avons reconnu plusieurs traductions tamoules d'ouvrages sanscrits, entre autres de plusieurs
*pourâna*, en tête desquels se trouvait le *Bhâgavata
pourâna*, de la *Sakountalâ* de Kalidasa, du *Ramâyâna*
de Valmiki (plutôt une imitation qu'une version proprement dite), etc.; et un grand nombre d'ouvrages
originaux, dont le *Sindâmani*, poëme épique composé
par un mouni djaïna inconnu, est le plus important.

Les manuscrits tamouls sur papier forment dix-sept
volumes in-folio, cinq in-4° et deux in-8°. Il faut y ajouter un volume in-4° de textes avec traductions, et neuf
autres du même format comprenant : 1° notes pour la
composition d'un Dictionnaire tamoul; 2° et 3° Dictionnaire français-tamoul et tamoul-français, par le
P. Beschi; 4° Dictionnaire tamoul-français; 5° Diction-

naire français-tamoul (anonyme); 6° Ébauche d'un Dictionnaire tamoul-portugais; 7° Grammaire latine-tamoule; 8° Grammaire tamoule-française (anonyme); 9° Nomenclature sanscrite et pracrite en caractères grantha. Inutile d'ajouter que ces matériaux permettraient de composer un Trésor de la langue tamoule qui laisserait fort loin derrière lui les lexiques imprimés, d'ailleurs recommandables, dont il a été fait mention dans la première partie de ce Rapport.

Parmi les manuscrits en langues étrangères au tamoul, nous avons à signaler, outre les manuscrits sur olles, en langue sanscrite (caractères grantha ou télinga) et en langue télinga, un Dictionnaire télinga-français de format in-8°, un lot assez considérable de textes télinga, canara et malayalim, malheureusement décousus, la plupart sans titres et sans pagination, et dix-huit manuscrits sanscrits.

Les manuscrits et papiers particuliers de M. Ariel, qui ne forment pas moins de cent cinq liasses de format petit in-folio, renferment, outre un certain nombre d'ouvrages à l'état d'ébauche, quelques importants fragments d'auteurs tamouls avec ou sans traduction française, et une longue suite de mémoires et de notes sur la philosophie, les religions, les sciences, les lettres, les arts et les mœurs des Hindous.

De tous ces ouvrages en voie de formation, le plus étendu est sans contredit une Histoire des colonies françaises dans l'Inde depuis leur fondation jusqu'à nos jours[1].

[1] Outre un très-grand nombre de pièces et de notes qui n'ont

## Cette histoire volumineuse a été rédigée sur les pièces officielles et documents divers des Archives nationales

---

pas été classées, et qui ne pourraient l'être convenablement que par une personne adonnée à ces études et à même d'y consacrer un temps considérable, les documents que l'on peut rattacher à l'Histoire des colonies européennes composent sept volumes, dont voici l'énumération :

SÉRIE A. — VOLUME I. Documents sur l'Inde en général, et sur les établissements français en particulier. — Défense de Pondichéry.

VOLUME II. Archives de l'Inde. — Inde française : 1re et 2e périodes.

VOLUME III. Archives de l'Inde. — Inde française : 3e et 4e périodes. (Ce volume renferme de nombreux documents géographiques et statistiques).

VOLUME IV. Archives de l'Inde. — Inde française, Malabar : dernière période (1817-18).

VOLUME V. A. Correspondance, Voyages, Communications, Locomotion. — B. Histoire statistique et territoriale de l'Inde, Rétrocession, Échange (Circours et Dékhan).

  . Parmi les pièces renfermées dans ce volume on remarque : Traduction d'un firman du grand Mogol pour l'établissement des Français à Mazulipatam, translaté en français. — Traduction d'un firman d'*Alenguir* (Aurenzeb), pacha de Dely, translaté du persien (en) françois, adressé à M. *Martin*, directeur de la Compagnie de France. — Traduction d'un firman du grand Mogol en faveur de M. *Martin*, pour l'établissement des Français à Mazulipatam. — Traduction du paravana de *Rafil kan* (sic) pour l'établissement des Français à Mazulipatam. — Trad. d'un paravana du *Souba Rastomdilla-kan* pour l'établissement des Français à Mazulipatam. — Trad. d'un paravana de *Bacharethaï* (?) pour l'établissement des Français à Mazulipatam. — Trad. d'une lettre de *Janstoupar-kan* au chef français de Mazulipatam, etc. (Ces traductions sont extraites du Fonds de documents orient. des anciennes Archives de l'Inde.) — Acte de restitution du comptoir d'Yanaon et de ses dépendances (17 mars 1785).

C. Inde française : finances. — D. Commerce, Industrie, Marine.

VOLUME VI. Archives de l'Inde. Inde française : Agriculture, Parias, Serviteurs, Coulis, Esclaves.

VOLUME VII. Archives de l'Inde. — Inde française : Famille hindoue, usages, droits, privilèges (on y a joint : Sciences, Littérature, Pièces tamoules manuscrites, Védanta). — Affaires administratives de l'Inde, Catholicisme.

de Pondichéry [1], dont M. Ariel était, comme vous le savez, conservateur depuis quelques années.

Plusieurs liasses renferment des traductions plus ou moins complètes d'ouvrages tamouls faites, soit par M. Ariel, soit par les interprètes qui l'aidaient à compléter sa collection. Ces traductions nous donnent une idée de l'importance littéraire des langues dravidiennes et de l'utilité qu'il y aurait à cultiver sérieusement leur étude; mais la plupart auraient besoin d'être retouchées d'un bout à l'autre avant leur publication. Quelques morceaux remarquables paraissent cependant avoir été revus pour l'impression. En attendant qu'un orientaliste se dévoue à la tâche souvent pénible de rechercher dans ces vastes amas de notes ce qui est susceptible de voir le jour, il ne sera peut-être pas sans intérêt de donner ici un petit nombre de ces morceaux [2], accompagnés des explications les plus indispensables pour leur intelligence.

En ce qui touche la cosmogonie indienne, voici la

---

[1] Une liasse renferme la correspondance engagée avec l'amiral gouverneur de Pondichéry au sujet de la classification des archives de la colonie que M. Ariel crut devoir répartir en deux sections, l'une comprenant les pièces datant de l'origine de nos établissements dans l'Inde jusqu'à l'époque de leur extinction, en 1793; l'autre, les documents postérieurs à la rétrocession de 1816 et jusqu'au temps présent.

[2] Nous avons conservé autant que possible, dans ces reproductions, l'orthographe de l'auteur, bien qu'elle ait souvent vieilli. Dans certains cas, cependant, il nous a paru indispensable de rectifier des mots qui, par leur transcription défectueuse, auraient cessé d'être reconnaissables.

traduction d'un abrégé télinga du *Brahmandapna* qui
ne manque pas d'un certain intérêt :

## ESSAI SUR LA CRÉATION DU MONDE.

Le grand dieu des Chivins [1] était un jour dans le paradis [2]
avec sa femme *Parvaty*, entouré de toute la troupe céleste,
composée des neuf Brahmes [3], des onze Chivins [4], des gardes
des huit points du cercle [5], des douze soleils [6], des *achtava-*
*sou*, de la troupe des Marout (dieux des vents) [7], des *assivini-*
*deva* [8], de tous les exécuteurs de la justice céleste [9], des sept
patriarches [10], des musiciens [11], des poëtes, savants, auteurs et
philosophes [12], et de tous les esprits malins [13].

Dans cette assemblée divine, Chivin, rayonnant de lumière,
éclipsait par sa splendeur celle du soleil, et ressemblait à cet
astre au milieu des neuf planètes et à la lune parmi les étoiles.
Les porteurs du globe terrestre, qui sont huit éléphants, étaient
aussi à cette assemblée. Chivin, assis sur un trône de l'or le
plus fin et enrichi de plusieurs figures, au milieu de sa suite,
recevait les hommages de tous ces êtres divins.

---

[1] En sanscrit : *çiva.*

[2] *Kælâçam.*

[3] *Navabrahma.*

[4] *Ekadaçaroudra.*

[5] *Achtadikpâlaka.*

[6] *Dvaddçâditya.*

[7] *Maroudgana*, la troupe des Marout (dieux des vents).

[8] *Açvinidéva.*

[9] *Bramadarganamba*

[10] *Sapta mahârichi.*

[11] *Kimarakimpouroucha.*

[12] *Garoudas gandarvas sidda vidiadara.*

[13] *Boulaganamba*, exécuteurs des ordres des divinités.

Alors *Parvaty*, sa femme, se leva, et, s'étant prosternée les mains jointes avec tout le respect qu'elle devait à son divin époux, lui demanda de lui expliquer ce que c'était que la *Trinité*; d'où provenait cette cause qui crée et qui détruit; comment avait été créé le *Bramma*, les trois mondes, ainsi que les quatorze mondes; comment s'étaient passés les siècles qui n'étaient plus; comment avait été créé le monde de *Devindrin*[1], et par qui les planètes, les éléments, et enfin ces êtres ou machines raisonnables existaient-ils? — Elle le pria instamment de lui expliquer toutes ces choses.

Alors le grand Chivin, regardant son épouse d'un air de contentement, et voulant la satisfaire, lui dit :

« Écoutez, déesse, l'explication que vous me demandez, et ces mystères que je vais vous expliquer méritent toute votre attention. Le grand Dieu qui gouverne tout ce que vous voyez est dix millions de fois plus éclatant par sa grandeur et sa puissance que le soleil et toutes les autres planètes ensemble. Il tient son existence de lui-même : il n'a jamais commencé, il ne cessera jamais; son essence est toute divine, et il ne la tient que de lui. Cet être a produit trois sentiments : le pouvoir, la sagesse et la destruction et sa cause. De ces trois sentiments a été créé le *Bramma* par le premier, qui est le pouvoir, ainsi que *Sidrivi*[2] pour conserver les mondes. Le dieu *Vichnou* a été créé avec vous par le sentiment de sagesse. Enfin j'ai été créé avec *Saravaty* pour détruire entièrement le monde, lorsque les siècles auront existé la durée de temps prescrite par le grand Dieu. De cette manière, nous sommes devenus la cause et les maîtres de la création du monde, que nous avons jugé à propos de créer.

« Voulant donc créer un monde, nous formâmes une boule ronde, dont le diamètre était de 100,000,000 de lieues, et nous la plaçâmes sur elle-même, au milieu d'un ciel aérien dont la

---

[1] En sanscrit : *Dévêndra*.

[2] *Çridévi*.

vue flatte infiniment. Cette boule, suspendue sur son propre
équilibre, fait l'admiration des habitants de ce séjour. De cette
atmosphère sortit naturellement le vent, d'où le feu prit son
existence. Le feu produisit l'eau, et de celle-ci est provenue la
terre. C'est ainsi que les cinq éléments ont pris leur origine.

« L'air a fourni un sens : celui qui frappe l'oreille. Le vent en
a fourni deux : l'air et le toucher. Le feu en a produit trois : le
son, le toucher et la figure. L'eau en a produit quatre : le son,
le toucher, la figure et le goût. Enfin la terre en a produit cinq :
le son, le toucher, la figure, le goût et la production. C'est ainsi
qu'à nous Trois nous avons possédé avec égalité le pouvoir de
créer trois mondes, savoir : le paradis [1], la terre [2], l'enfer [3]; et
voilà les Trois Mondes qui ont été créés dès le principe. Dans
le paradis, les Dieux font leur séjour éternel; les hommes
habitent la terre, et les géants les régions infernales.

« Ensuite ont été créés les quatorze autres mondes, dont sept
occupent la partie supérieure, savoir : *Boullakom*, *Bouverla-*
*kom*, *Souverlakom*, *Mahalakom*, *Djanalakom*, *Topalakom* et
*Satialakom* [4]; et sept, la partie inférieure, savoir : *Attala*, *Vi-*
*tala*, *Souttala*, *Rassaatala*, *Tataatala*, *Maya-atala*, *Pat-*
*talum* [5]. De la sorte, ces quatorze mondes ont existé.

« Le grand Être a placé aux quatre coins de ces mondes les

---

[1] *Souargam*.

[2] *Mathiou* (?).

[3] *Pathallum* (le monde des ténèbres).

[4] Ces mots, évidemment altérés, répondent au sanscrit *Bhoûr-*
*lôka* « le Monde terrestre », *Bouvarlôka* « le Monde de l'atmosphère », *Svarlôka* « le Monde céleste », *Mahâlôka* « le grand
Monde », *Djanalôka* « le Monde des hommes », *Tapalôka* « le
Monde de la pénitence », *Satyalôka* « le Monde de la vérité ».

[5] Correctement *Atala* « sans fond », *Vitala* « très-profond »,
*Soutala* « bien profond », *Radjâtala* « qui a un fond de poussière », *Nitala* « dont le fond est inconnu », *Mahâtala* « grande
profondeur », *Pâtâla* « le lieu où l'on tombe » (dernier enfer, habité par les serpents ou nagas).

quatre *védams*, savoir : le *Randjou-védam*, l'*Ezour-védam*, le *Sama-védam* et l'*Adarenvana-védam* [1]. De ces quatre védams sont sortis plusieurs autres védams.

« Après avoir créé toutes ces choses, et jouissant de tout le pouvoir, nous oubliâmes l'Être suprême, et nous créâmes neuf autres *bramas* (patriarches), qui sont : *Atri, Baradowaja, Vissouamitra, Ingaricha, Pollastia, Poullaa, Crotom, Djadcha* et *Vachista* [2]. Ensuite nous créâmes huit dieux qui sont ceux qui président aux huits points cardinaux de cet univers, qui sont : *Naroudi, Noudana, Sanátana, Djanatkoumára* et leurs enfants, qui furent huit dieux; huit autres furent créés après, nommés *Achtavasou*, qui sont : *Vichnou, Sôma, Prabhava, Praboûcha*, etc.

« Dix autres esprits célestes furent après créés, savoir : *Svayambhouva, Svarotchicha, Outtama, Támasa, Raïvata, Tchakchoucha, Vaïvasvata, Souriasavarni, Dakchasavarni, Indrasavarni, Rouddrasavarni;* et après deux autres, *Datta* et *Viddata.*

« Ensuite il est sorti de moi *Sánkara, Mourouga, Narada, Baydchadiou,* [*Ayrbrandou, Pinaqui, Pavanécroupa, Cappary, Nabbavou?*], et de plus *Narava,* les *Ecadaçaroudra, Ganapati, Chanmouka, Vaïrava, Virabhadra.* »

Une notice de M. Ariel, sur le suicide religieux et sur les vœux sanguinaires des Indiens, bien qu'elle soit écrite sur des lambeaux de papier le plus souvent diffi-

---

[1] Les quatre *Véda,* savoir : *Rig-véda* « la science des hymnes », *Yadjour-véda* « la science de l'adoration », *Sáma-véda* « la science de l'apaisement », *Atharva-véda* « la science de la conciliation ».

[2] Ou, suivant une autre nomenclature (huit) : *Atri, Bharadhwadja, Angira, Poulastya, Poulaha, Kratou, Dakcha, Vasichta.* (Voy. *Lois de Manou,* I, 35.) La liste du texte est celle des Çivaïstes : *Atri, Bharadvadja, Viçvámitra, Angira, Poulastya, Poulaha, Kratou, Dakcha, Vaçichta.*

ciles à déchiffrer, m'a semblé également de nature à être insérée dans ce rapport. En voici les principaux passages :

Depuis quelque vingt-cinq ans, la civilisation brahmanique, longtemps respectée dans son intégrité, a peu à peu vu disparaître une grande partie des horreurs dont elle était souillée par des préjugés séculaires et les aberrations du fanatisme. L'œuvre difficile et dangereuse d'extirper ces affreux usages, de guérir cette double plaie du suicide et du meurtre religieux, qui caractérise d'une manière si repoussante le paganisme indien, est aujourd'hui presque accomplie; et le voyageur qui viendrait étudier ici ce point de vue de l'ancienne couleur locale ne rencontrerait ni *satis* brûlées avec le cadavre de leurs maris, ni *thags* s'étranglant dextrement par dévotion, ni *rádjpouts* immolant leurs filles. Les pèlerins ne s'étendent plus sous les roues du char de *Djagarnâth;* ils ne se noient plus à Sâgor; ils ne s'enterrent plus au ras du sol sans certitude de n'y rester que le temps nécessaire pour recueillir une honnête aumône. Les faits d'autrefois ne se présentent qu'isolés et à de longs intervalles : on peut même dire qu'ils ont cessé comme condition sociale.

Le gouverneur de la Compagnie et les missionnaires anglicans rivalisent d'efforts pour répandre au sein des provinces de l'Inde, à côté de l'amélioration dans les mœurs, les bienfaits de l'instruction et les lumières du christianisme. Dans les lieux les moins accessibles, qui servent de retraite aux derniers débris des populations autochthones, le génie civilisateur va trouver ces tribus intéressantes et les soustraire à la barbarie. C'est ainsi que nous avons vu et voyons encore chez les Mairs, les Bhills, les Santals, les heureux effets de la sollicitude étrangère et les travaux de la vie agricole remplacer chez eux l'habitude de la rapine et du brigandage.

A côté de ces succès s'en prépare un autre qui aura toute l'importance de la suppression des *satis*, des *thags* et des infanticides. Nous parlons de l'abolition qui ne peut manquer d'avoir lieu, tant par la force des armes que par l'influence morale, des *sacrifices humains* encore pratiqués chez les Khonds. Ce peuple, dégradé par ces rites odieux et par les vices du sauvage, et dont une partie passe même pour être cannibale, est cependant recommandable par des qualités vraiment chevaleresques, l'amour de la liberté, l'orgueil de la race, une résolution invincible, la fidélité aux amis et aux hôtes, le dévouement aux chefs, le respect de la foi jurée. Tous les documents publiés sur le Gumsar parlent avec admiration de ce beau caractère, et s'accordent à dire que les *méria* ou immolations en usage dans les districts de Ganjam et Kattak ne sont inspirés par aucun sentiment féroce, mais par la frayeur qu'ils ont d'une divinité malfaisante que cet acte terrible doit rendre propice.

On sait que le *méria* est offert chaque année, lors des semailles, dans le but d'obtenir des conditions atmosphériques favorables et des moissons abondantes. Il a lieu à la fois sur un grand nombre de points dont on n'a pu encore déterminer le nombre, et la victime est, ainsi que la dépense de la cérémonie, fournie à tour de rôle par les différents cantons d'un district. Outre le *méria* annuel, il est des cantons où les personnes en font d'autres à l'occasion d'une fête, d'une maladie, d'une calamité publique ou privée; un criminel ou un prisonnier n'a jamais l'honneur de l'immolation. Il faut que la victime ait été achetée pour une somme d'argent ou échangée pour un équivalent en objets. Le prix varie de 60 à 200 roupies. L'âge et le sexe sont à peu près indifférents; néanmoins le jeune garçon adulte est, en raison de ce qu'il a plus coûté, considéré comme la préférable offrande.

Pendant des années, les enfants destinés au sacrifice sont élevés dans la famille de leur acquéreur. Ils n'ignorent pas le sort qui leur est réservé et généralement l'acceptent. S'ils se refusent à prendre l'engagement de ne pas s'enfuir, ils sont tenus enchaînés. Quelquefois on les épargne et on les marie; dans ce cas leurs enfants leur sont substitués pour le jour fatal que choisira l'arbitre de leur existence. Un mois avant ce jour commencent les orgies et les danses autour de la victime décorée de fleurs [1]. La veille elle est mise dans l'état d'ivresse et assise au pied du poteau sacrificatoire. Les Konds font autour des rondes en chantant : « O terre ! nous sacrifions à toi, donne-nous de riches moissons, le beau temps, la santé. Enfant ! nous t'avons acheté, nous ne t'avons pas ravi, et nous t'immolons selon la coutume. Aucun péché n'en retombe sur nous ! »

Le moment venu, l'enfant est enivré derechef et frotté d'huile. Chacun le touche du doigt qu'il essuie sur sa propre tête. On le porte privé de sentiment autour des limites du village, et on le ramène au poteau. Là, il est saisi, il est renversé, étouffé ; son corps palpitant est taillé en pièces. Le prêtre en enterre un lambeau près de l'idole, et tout assistant, courant couper à l'envi un morceau de chair, l'emporte encore chaud sur le champ qu'il veut féconder. C'est avec ce sang pur que les malheureux espèrent apaiser la déesse de la Terre qui, jalouse de l'amour porté aux hommes par son époux et son créateur, le Dieu de lumière, a introduit dans le monde le péché et le mal, et exige l'infâme hécatombe d'innocents enfants.

Telles sont les scènes honteuses pour l'humanité que le gouvernement de la Compagnie veut effacer de ses possessions indiennes. Le capitaine Macpherson, chargé en 1842 de l'agence spéciale de la suppression des *méria*, était arrivé déjà, dans le cours de l'année 1846, et par la seule persuasion, à éteindre cette pratique dans tout le pays de Ghumsar, quand il fut rappelé par suite de mésintelligence avec le général commandant les troupes. Après son départ, la désaffection se répandit parmi les tribus; elles levèrent l'étendard de la révolte et les sacrifices recommencèrent. Protégés dans leurs montagnes par des djangles impénétrables et par une malaria mortelle aux Européens, les rebelles firent pendant plusieurs années éprouver à l'ar-

---

[1] Voyez, sur des pratiques analogues chez les anciens Mexicains, M. de Labarthe, dans la *Revue orientale et américaine*, t. VIII, p. 61.

mée anglaise des pertes sensibles. Depuis la fin des hostilités , les capitaines Frye et Mac Viccar ont renouvelé les succès de Macpherson et de Cadenhead ; la mission anabaptiste d'Orissa qui, dès 1845, avait établi une imprimerie à Kattak, a donné une extension immense à ses publications et à ses travaux. Le compte-rendu de cette Compagnie pour l'année dernière [1] montre comment elle espère, après avoir instruit les *méria* rachetés, les employer à répandre parmi leurs compatriotes les premiers éléments des connaissances humaines et les idées fondamentales de la morale religieuse. Ce seront ainsi des missionnaires natifs admirablement propres, par leur langage et leur caractère, à enseigner à leur tour et à faire rayonner dans la contrée les choses qu'ils auront apprises.

Pour l'étude de la législation indienne, on trouve dans la collection manuscrite de M. Ariel un grand nombre de notes non élaborées, et quelques extraits des auteurs indigènes, notamment une traduction faite en collaboration avec M. Eug. Sicé, d'un abrégé tamoul de la *Smriti Tchandrikâ,* ou Exposé des lois, par Kandasvâmi Poulavar, de Madhoura. Le droit hindou, comme l'on sait, se divise en trois parties qui portent les noms suivants : *Atchara-kânda, Vyavahâra-kânda* et *Prayaçtchitta-kânda* (lois morales, civiles et pénales). Le petit traité de Kandasvâmi Poulavar est intitulé *Vyavahâra-sâra Sangraha,* et a trait à la seconde partie de ce droit [2]. Comme tous les ouvrages de cette nature, il repose sur le Livre de Manou, et, dit l'avertissement préliminaire, sur les doctrines de plusieurs autres mouni, notamment de

---

[1] 1851.

[2] Publié à Pondichéry en 1857.

Atri, Vichnou, Harita, Katyâyana, Bodhâyana, Nârada, Vyâsa, Vaçichta, Yadjnâvalkya, etc.

M. Ariel avait recueilli et traduit un grand nombre de documents sur l'histoire et les origines des castes; malheureusement ces documents sont pour la plupart tellement mêlés de légendes et de contes, et en outre reproduits dans un français si imparfait, qu'il faudrait y consacrer un temps considérable pour en tirer un parti sérieux. On trouve sans cesse des histoires du genre de celle-ci :

« Il y avait jadis, dans la ville royale de *Caveripatanam*, une certaine caste *vellaja* qui avait acquis de si grandes richesses qu'elle ne voulait plus se prosterner pour saluer le radja de l'endroit. Le fils de ce prince, pour l'obliger à la politesse due au maître, ordonna à tous les habitants de venir le visiter, et les reçut dans une pièce où l'on ne pouvait entrer que par une porte fort basse, de telle sorte que, bon gré mal gré, il fallait bien courber la tête en entrant. Le fils du radja rejeta cependant l'idée qu'il avait eue, car, après la visite de ses sujets, ceux-ci durent quitter la salle d'audience, et, pour s'en retourner par la porte dont il a été question, ils furent dans la nécessité de se montrer au prince dans une pose peu respectueuse. Cette pose ayant choqué le prince, les habitants, effrayés, mirent le feu à leur maison, et s'enfuirent avec leurs dieux et tout ce qu'ils purent emporter à la main dans le pays de *Cottar*, au sud de *Maléalom* (Malæyala), où ils vivent encore aujourd'hui sans vouloir contracter aucune alliance avec les autres castes [1]. »

Une liasse assez étendue traite en détail des mœurs

---

[1] Extrait d'un *ms.* tamoul traduit par l'interprète du domaine à Pondichéry.

et coutumes de la caste des *Náttukkottæyar*. « Quand
une fille, dit l'auteur tamoul, mariée ou non mariée,
devient nubile, elle doit se renfermer pendant les trente
jours qui suivent sa nubilité dans une *bayante* établie à
côté de sa demeure : là, les jeunes filles de la ville
viennent souvent se divertir, l'orner de fleurs et la
parfumer; puis elles lui apportent des collations
qu'elles partagent avec elle. Vers le neuvième jour,
on fait baigner la fille devenue nubile, et pendant
cette cérémonie ses compagnes témoignent de leur
joie en claquant des mains. Vers le trentième jour, on
remplit un plat en cuivre de mets et de menus grains
de diverses espèces, et l'on tourne tout autour de la
tête de la jeune fille pour ôter les mauvaises «illusions»
dont elle était environnée, et on les donne ensuite aux
blanchisseurs (*sic*). Si le mari ou le père est riche, on
fait tous les jours cette cérémonie «.d'illusions», et on
les donne aux blanchisseurs. »

En passant aux matériaux que renferme la collection
Ariel pour l'étude des littératures dravidiennes, je n'ai
pas l'intention de m'occuper de l'étude qu'il avait faite
des *Kour'al* de Tirouvallouva, bien que les œuvres de ce
grand poëte comptent au nombre des meilleurs monuments de la littérature tamoule. D'abord quelques-uns
des travaux de M. Ariel sur ce sujet ont paru sous
les auspices de la Société asiatique de Paris [1]; ensuite
un indianiste des plus autorisés, M. Vinson, en fait

---

[1] Voy. le *Journal asiatique* de 1847,'1848 et 1852.

l'objet de mémoires dont une partie a déjà vu le jour[1].
En revanche, je signalerai quelques importantes traductions qu'il a été possible d'extraire de plusieurs
liasses de notes pour la plupart en désordre, et qui
composent la partie purement littéraire des manuscrits
du zélé archiviste de Pondichéry :

1° Traduction mot à mot du conte tamoul *Paramartagou-*
*rou*, du P. Beschi, faite par M. Ariel en 1845, avec l'aide de
Pon'n'ouppillæ, son premier maître.

2° Traduction mot à mot du *Kadâmañdjari*, recueil de
contes publié à Madras vers 1835 (rédigée en 1845).

3° Traduction partielle (avec analyse des parties non traduites)
du poëme tamoul *Tiroumougakkalambagam*, en l'honneur
de Vichnou (rédigé en 1849 et 1850).

4° Traduction, qui paraît complète, du poëme tamoul de
Nakkîra, censé président de l'académie de Maduré, intitulé :
*Tiroumourougât't'ouppadæ* (rédigée en 1850).

5° Traduction, insuffisante en beaucoup de parties, du fameux poëme original tamoul *Praboúliñgalîlâ* (datée de 1850).

6° Traduction, généralement très-exacte, des 290 premières
strophes du principal poëme tamoul, le *Sindâmani*[2], avec des
notes (datée de 1851).

7° Traduction complète du poëme érotique Kallâdam (rédigée en 1848, 1850 et 1851).

La poésie tamoule n'est pas moins différente à tous
égards de la poésie sanscrite que ne le sont les langues
de l'Inde dravidienne et les langues de l'Inde arienne.
Dans ses productions remarquables, elle jouit d'une am-

---

[1] Voy. la *Revue orientale* (de la Société d'Ethnographie), t. IX.

[2] On a vu plus haut que la collection Ariel renfermait un manuscrit sur olles de ce précieux ouvrage.

pleur et d'une magnificence peu communes, et porte au
front un stigmate ineffaçable d'archaïsme. Essentiellement faite pour être chantée [1], elle se prête également
aux intonations majestueuses de l'épopée et aux refrains
joyeux du madrigal. Il est impossible de nier qu'une
foule de poëmes tamouls ne soient d'un bout à l'autre
fortement saturés d'idées indiennes; mais on ne peut
contester aussi à ceux dont le temps a grandi la renommée une originalité en tous points digne d'intéresser
les orientalistes.

Il n'entre pas dans le cadre de ce Rapport de présenter un aperçu des principaux ouvrages des poëtes
tamouls. Je me bornerai à une courte analyse d'un
poëme en quatre cents strophes que M. Ariel s'était
proposé de publier, et dont il avait rédigé une traduction tant du texte original que des commentaires. Cet
ouvrage, intitulé *Tiroukkôvæ*, et auquel le traducteur
a attaché le titre français de « Le saint Livre d'Amour »,
est attribué à un fameux poëte et saint çæva *Mânikkavâ-
tchaka*, qui a vécu très-probablement vers le milieu du
sixième siècle avant notre ère. C'est une sorte d'épopée
érotique très-singulière et très-colorée, mais dont on
ne peut prendre qu'une idée assez imparfaite par le
travail ébauché du savant indianiste de Pondichéry. On
sait que M. Ariel avait l'habitude de traduire les textes
orientaux avec une servilité extrême, qui rendait parfois
son style inintelligible. On pourrait lui adresser ce re-

---

[1] Voy. M. Vinson, dans la *Revue orientale*, t. IX, p. 98, et la
brochure du même savant intitulée : *Le Ramayana de Kamban*.

proche plus que jamais à propos de l'ouvrage en question, si on avait le droit de porter un tel jugement sur
un manuscrit que l'auteur eût peut-être modifié d'un
bout à l'autre si la mort ne l'avait enlevé prématuré-
ment à ses études favorites. Sans me dissimuler les
inconvénients qu'il peut y avoir à publier des extraits
d'un manuscrit encore si imparfait, je pense qu'on lira
avec intérêt quelques courts fragments du poëme en
question, fragments que j'essayerai de rendre aussi
clairs que possible sans m'éloigner du mot à mot de
M. Ariel, dont l'orthographe en général a été conservée.

Le *Tiroukkóvæ* débute, comme la plupart des poëmes du même genre, par une invocation après laquelle
l'auteur entre en matière dans un style recherché, qui
fait l'admiration des Indiens, mais qui serait inintelligible pour nous sans le secours d'un commentaire :

O rameau du kalpa, qui daignes briller à mes yeux et les
fasciner, là où brillent les sept portiques de Tillaé [1], dont la
gloire remplit l'espace, donne à mon esprit les 400 strophes
nommées le sacré *Kovaé*, ces strophes pleines de grandeur,
douces comme le miel et pleines d'élégance! — En entendant
le beau récit du Sit't'ambala-kovaé, les brahmanes diront :
c'est le *Véda*; — les pénitents : l'origine des *Agama*; — les
amants : le meilleur LIVRE D'AMOUR; — les astrologues : la
Destinée (littéralement : la haute Providence) ; — les doux poëtes :
la Grammaire.

---

[1] C'est-à-dire les 7 entrées de la fameuse pagode de *Sidambaram*.
— On sait que les portes des pagodes sont surmontées de pyramides
quadrangulaires, tronquées et couvertes de sculptures. C'est ce que
M. Ariel entend par « portiques ». *Tillaé*, ou mieux *Tillæ*, est un
des noms du *Sidambaram*.

\*\* Celui qui a un vêl rayonnant [1] voit une liane [2] qui croît avec un front brillant comme la lune. Comme le victorieux étendard de l'Amour, il voit briller le rouge lotus [3], les nénuphars d'azur [4], le kumil fleuri [5], qui croît à Tillaé [6], séjour du Seigneur, le kongou [7] « et le gracieux kandal [8] », en une guirlande flexible comme une liane, et dont s'élève un parfum divin : *elle* marche comme un cygne.

Le roi des hautes montagnes se demande alors qui peut être cette divinité incomparable et difficile à concevoir : — Est-ce un lotus ou l'empyrée, l'Océan ou le séjour des serpents? Combien il est difficile de savoir qui est cet être et où il habite! Est-ce un messager de Yama ou l'allié d'Ananga, ou la déesse du vieux et incomparable Tillaé, ou bien encore un jeune paon?

Étonné, plein de désirs, le roi soupçonne que c'est une femme dont les abeilles aiment la raie de cheveux et qui a des bracelets brillants. — Le roi reconnaît la pensée secrète de la belle aux yeux pareils à ceux de la gazelle de la main sacrée du Seigneur.

. . . . . . . . . . . . . . . . . . . . .

Alors le roi songe à posséder, avec des plaisirs divins, la femme à la taille de liane, à la bouche rouge comme le kovvaé : « Si le Destin, dieu qui reconnaît les bonnes œuvres, disait qu'elle

---

[1] Le roi. — *Vêl*, lance, javelot.
[2] Une femme.
[3] Le visage de la femme.
[4] Ses yeux.
[5] *Gmelina asiatica*, c'est-à-dire : son nez.
[6] L'un des noms de Sidambaram.
[7] *Bombax gossipium*, c'est-à-dire : ses seins.
[8] *Kandal gloriosa* : ses pieds.

est l'ambroisie par sa voix. et moi la saveur qui est propre à
l'ambroisie elle-même, et s'il m'accordait la faveur que nous
soyons unis comme le goût à la liqueur, qui saurait qu'aujour-
d'hui je serais l'essence de sa propre nature, par cette possession sans obstacle dans le vallon où s'étendent les cailloux de
la montagne Podiyil (*Kaélâça*), habitée par le dieu pur de
Pouliyoûr ? »

Le poëte nous dépeint ensuite la passion croissante
du roi et les efforts qu'il fait pour obtenir une précieuse
faveur. La femme à la taille de liane résiste par mille
moyens, objecte sa tendre jeunesse, le jour de sa nubilité qui n'a pas encore lui ! Puis, entraînée, elle cède
enfin aux instances du roi.....

O larges seins timides, pourquoi grossir encore, au point
d'en faire souffrir la taille de celle qui se cache sous une fraîche
liane, en couvrant de ses dix doigts, semblables à la tendre fleur
de kandal, les nénuphars d'où s'échappent des perles ?.....

Le roi vante les mérites de sa bien-aimée; mais il ne
consent pas à l'épouser, et c'est en vain que la compagne de la jeune femme cherche à lui dépeindre ses
souffrances, sa beauté dépérissant, la crainte qu'elle
éprouve de revoir sa mère, les dangers de la séparation.

La jeune femme a disparu, et le roi s'afflige de son
éloignement, puis finit par se désespérer. La compagne, touchée de ses chagrins, se décide à lui indiquer le lieu de sa retraite et à faciliter une nouvelle
entrevue aux deux amants. La mère est bien endormie
la compagne s'en est assurée, car en jouant à l'es-
carpolette elle n'a pas pu troubler son sommeil. Elle

conduit la jeune femme au lieu du rendez-vous et s'é-
loigne. Le roi lui dit :

Tu es venue, ouvrant toi-même la porte des pétales de ta
maison de nélumbo, que vient d'ordinaire ouvrir le soleil, dans
le Tillaé du dieu dont le regard a vaincu l'amour ; tu es venue,
soulevant la ceinture de tes larges hanches, après avoir enlevé
les anneaux de tes jambes. A cette heure de minuit, pourquoi
demeurerions-nous dans le désir ?

Elle est un nénuphar aux lèvres épanouies, d'où s'échappe
un miel épais, au milieu des champs de la forêt de Tillaé où
réside le dieu semblable au miel doré, ce dieu qui me gouverne
et qui est venu quand je disais : Je suis englouti dans l'enfer !
Moi, je suis la lune nouvelle qui, dans le ciel sublime, fait épa-
nouir, en se levant, le nénuphar par ses rayons colorés.

Puis il renvoie la jeune fille auprès de sa mère se reposer sur sa couche virginale. Mais bientôt il veut la
rejoindre et est arrêté par les compagnes de sa bien-
aimée. L'une d'elles le supplie de consentir au mariage,
le bruit de ses relations secrètes s'étant déjà répandu au
loin. Triste de n'avoir pas obtenu de réponse, l'amante
interroge l'Océan sur les pensées du roi, puis elle fait
des ronds divinatoires sur le sable; elle se plaint au
Soleil, elle se confie à l'Étang, et s'adresse enfin à la
femelle du cygne; mais celle-ci refuse d'aller raconter
sa peine et ses insomnies au roi, et, tendre et joyeuse
des baisers du mâle, s'endort remplie de félicité.

Le roi se déciderait bien à épouser la jeune fille, mais
il s'afflige de n'être pas assez opulent pour en réunir le
prix élevé. Il veut donc l'enlever; mais pour cela il faut
franchir de longues distances avec celle dont les pieds
de gazelle sont faibles comme les fleurs, dans les bois

brûlants, pleins de cailloux, rougis par le feu, habités
par d'horribles chacals, et les dangers d'un tel voyage
le laissent indécis. La compagne le rassure :

Ce bois, aux chemins brûlants comme un brasier ardent,
deviendra pour elle, lorsqu'elle marchera avec toi, un charmant
ombrage. Maître, il est vrai que ce bois est rempli de cailloux
où le faon et la biche, pressés par la soif, poursuivent le cruel
mirage ; mais pour mon amie aux bracelets d'or pur, si elle
marche aujourd'hui avec toi, les chemins du bois deviendront
les étangs aux fraîches fleurs de Tillaé, là où demeure le dieu
souverain et incomparable.

Le roi convaincu se décide au départ. La divinité lui
accordera le succès. Les ténèbres remplissent l'univers,
comme elles remplissent l'âme de ceux qui ne célèbrent
point le Tillaé du dieu au large cou duquel s'est attachée
la couleur noire. Clairs comme ceux qui le célèbrent,
sont au contraire les étangs remplis. On dort dans ce
lieu antique. La compagne rassurera la mère, à son ré-
veil, justifiera le départ. Ils sont partis.

Ici le poëte décrit, avec des détails souvent char-
mants, les difficultés qu'éprouvent les deux amants
durant leur voyage, et ensuite la ville magnifique où
ils arrivent.

Pendant ce temps la nourrice de la jeune fille s'afflige
de son absence et apprend de sa compagne la passion
ardente qui l'a enlevée à sa mère. Cette dernière s'afflige à son tour, et tremble en songeant aux dangers
que court son enfant bien-aimée pendant un si dangereux voyage. Puis la mère et la nourrice projettent

d'aller chercher leur fille, et, dans ce but, consultent les présages et prient les dieux.

Dans le bois brûlant, la nourrice reconnaît la trace des pas de son enfant chérie et celles de son ravisseur, aux pieds d'éléphant. Elle interroge successivement les chasseurs, les pèlerins, les brahmanes. Deux amants, qui ont vu les fuyards, l'engagent à ne pas continuer sa poursuite, et à ne pas s'opposer à la conséquence nécessaire de la nature humaine.

Pendant ce temps, nos amants arrivent au terme de leur voyage, et la compagne de la jeune fille vient demander au roi d'accomplir son mariage. Mais celui-ci refuse en raison de la supériorité de nature de son amante. La compagne persiste, invoque successivement tous les sentiments du roi, emploie tour à tour la menace, la prière, la supplication, la ruse : elle obtient une promesse. Le roi part pour s'occuper du mariage.

Toutefois le roi ne paraît pas, et l'amante, après avoir dévoré ses souffrances, perd l'espoir de le voir revenir pour le mariage. Vainement sa compagne lui rappelle les serments du roi, vainement elle épuise tout son art à la consoler, le calme ne peut plus obtenir l'entrée de son cœur ; elle dépérit à vue d'œil. La mère, la nourrice, la compagne, invoquent les divinités, interrogent les sorciers, les oracles ; elles veulent offrir, dans un sacrifice magique, un chevreau blanc, afin de changer la passion de l'amante; mais celle-ci ne veut point y consentir et tient à rester fidèle au roi montagnard.

Un grand événement met en émoi tout le peuple de la ville : Au bord du noir océan de Tillaé, séjour du dieu couronné à profusion de fleurs pompées par les bruyantes abeilles, les oiseaux crient, les flots belliqueux mugissent, la foule louangeuse des panégyristes se fait entendre, l'insecte bourdonne, les blanches conques de Valambouri résonnent. Il vient, le grand char, aujourd'hui !

Disposez des vases d'or remplis (d'eau); étendez des toranas, où brillent à l'envi les diamants, les pierreries et l'or; que le roulement des tambours ne cesse de se faire entendre, pour le mariage de la femme aux seins pressés par un vêtement étroit....

Les bruyantes timbales annoncent le moment du mariage. Le mariage est accompli. Mais bientôt le roi, abreuvé d'amour, sent se développer en son cœur la soif ardente de la gloire. Il quitte sa bien-aimée, il part en guerre battre les ennemis !

La séparation est le cordial de l'amour. Aussi le roi, séparé de son épouse, est pénétré de tristesse : « A la tombée de la nuit, l'oiseau garantit de ses brillantes ailes sa femelle et ses petits. Qui protégera, dit-il, là-bas la femme au beau front? » — La jeune femme, de son côté, s'afflige, en songeant aux intempéries de la saison : « Il pleut,..... a-t-il tout ce qu'il veut? »

Cependant on voit poindre le char de l'absent qui a fini par vaincre les rois réunis. Son devoir une fois accompli, il songe à son épouse, il pense au visage semblable à la lune de celle qui a des joyaux sans défaut. Mais sur sa route il a rencontré des filles de joie, brillantes de parure, mettant la flèche de fleurs de leurs yeux à l'arc de leurs noirs sourcils, et le bruit s'en est répandu jusqu'aux oreilles de l'épouse. Sur sa couche solitaire, elle a ressenti les douleurs amères de la jalousie. A l'arrivée du roi, l'épouse ne peut retenir ses paroles.

Celle qui est semblable à un bouquet et dont la chasteté s'élève au plus haut degré, dit avec colère à son amant : Pourquoi, apportant le trouble près de toi, t'affligerais-je aujourd'hui, sans songer que c'est moi qui suis coupable de n'avoir pas fait pénitence (pour t'arracher au mal, à des femmes rivales)?

O roi de Tillaé,.... j'ignore les voluptés que pratiquent si curieusement tes courtisanes aux bijoux éclatants...., Ne t'approche pas de moi, laisse mon pur vêtement[1] !

L'épouse songe alors à se rendre à la maison des courtisanes pour leur demander de lui abandonner le roi de Tillaé en faveur de la circonstance où elle se trouve[2]. Elle obtient alors le retour de son époux dans son gynécée, où elle témoigne la joie de sa venue :

Au roi de la terre qui porte un arc en ses mains de fleurs, s'est présentée la Nuit avec le croissant nageant dans l'empyrée; les abeilles soufflent dans leurs blanches conques, au sein des fleurs de mallika qui entourent le sanctuaire de Tillaé, où réside celui qui tient le feu dans sa main de fleurs, celui qui pousse dans la dévotion les âmes rares qui n'ont pas de désirs pour les flèches de fleurs (que tient) en main le divin archer (*mânmatha*[3]).

Ils sont revenus en la possession du roi, ces seins inaltérés, pareils à la grâce du dieu éternel du sanctuaire. Dans le combat des flots de rage amoureuse, sa couronne a gagné l'ornement des petits pieds de fleurs de l'épouse. Dans l'océan de la joie[4], il s'est emparé de ses vêtements et a bu le miel qui s'échappe en petites perles brillantes (de ses dents) pleines d'éclat.

---

[1] Littér., *Noli me tangere, dimitte purum vestitum meum.*

[2] *More Indico, menstruarum tempore, coire non licet.*

[3] Surnom de l'Amour. Voy. p. 218.

[4] Littéralement : *in mari coitûs.* M. Ariel donne un second sens à ce passage, qu'il nous paraît préférable de rendre en latin.

L'ardeur extrême du roi, ses caresses variées, excitent la colère de l'épouse, qui songe aux infidélités du roi :

Les lèvres rouges palpitent, les yeux noirs s'égarent ; elle délire dans ses embrassements comme par la grâce de notre dieu du sanctuaire aux torsades abondantes et serrées. Avec emportement et soupirant avec force, elle pleure, se désole, se consume, celle qui pense qu'un amour de la sorte se répand au loin (pour d'autres qu'elle).

Celle qui a de longs yeux de fleurs se laisse aller à son emportement, en voyant dans les manières du roi un indice affligeant (de sa débauche). Elle est seule, maintenant, la gazelle dont le pied ne peut toucher la fleur. Seul est le roi, car il l'a abandonnée en disant que le lit ne pouvait supporter plus d'une personne.

Le roi s'est de nouveau rendu dans la demeure des courtisanes qui joyeusement se louent de sa visite, et il ne songe plus à rentrer sous le toit conjugal, semblable à la chauve-souris qui, pendant le jour, habite les grands arbres, et, quand la nuit est venue, voltige çà et là dans l'espace.

En vain les compagnes cherchent à consoler l'épouse au doux sourire par le tableau des vices du roi, devenu indigne de la posséder : l'épouse ne cesse de rappeler les mérites du roi et ses premières impressions d'amour.

Il est dans mon cœur. Si je veille, il ne s'éloigne pas, même quand il me repousse. Si je rêve sur ma couche moelleuse, est-ce qu'il abandonne jamais mon sein (où je le vois en songe)?

De son côté le roi n'a pu oublier dans les enivrements des courtisanes celle qui ressemble à un beau bouquet de nénuphars. Mais, lorsqu'il revient à sa couche, l'épouse souffre de sa présence : « Me désirer ainsi, n'est-ce pas indigne de toi? » Cependant, à la vue des remords et de la tristesse du roi, elle se décide à lui pardonner, et sa peine disparaît en jetant les yeux sur son enfant, dont les yeux ont de remarquables lignes rouges. Encore une fois le roi s'approche de sa bien-aimée, et le poëme finit par quelques paroles de l'épouse qui reconnaît que son rôle est de se soumettre à l'autorité de son époux, surtout quand c'est un roi, appui des sages, ami des bardes, talisman brillant de magnificence, fontaine publique, arbitre de tous, etc.

On me pardonnera maintenant une petite incursion dans le domaine de la littérature sanscrite, à propos de gracieux çlokas sur la *Padminî* (la femme comparable au lotus), dont M. Ariel a rédigé la traduction :

### PADMINI

### *Katirahásya.*

Celle qui est jolie comme le bouton du lotus, dont le corps a l'odeur du lotus fleuri, un parfum divin, dont les yeux sont timides comme ceux de la gazelle et rouges aux paupières, dont les deux seins inappréciables ressemblent à des fruits du *vilva;*

Celle dont le nez est pareil au bouton du sésame, qui vénère et adore sans cesse les brahmanes, et son père et les dieux, qui a l'éclat des pétales du lotus azuré ou la splendeur du *tchampaka,* dont l'ombelle d'amour est telle que le calice épanoui du lotus;

Celle qui marche doucement avec grâce, comme le royal cygne; qui, délicate, a la taille ceinte de trois plis, la voix du cygne, une toilette élégante, qui aime les aliments doux, purs, légers; qui a une pudeur extrême, à qui plaisent les blanches fleurs et les blancs vêtements;

Celle-là est une *Padminî.*

\* \*

La femme qui a les yeux purs comme le lotus blanc, les dents charmantes comme le jasmin, la taille mince ceinte de plis, la chevelure onduleuse, longue, épaisse, le nez extrêmement fin, les mains et les pieds rougeâtres, le sein ample et de belles hanches, est une *Padminî;*

Elle a un visage qui sent le lotus, la *Padminî,* de belles joues; elle marche lentement; elle a ce qui est caché petit (profond) de six doigts; elle se plaît à l'aumône, au bien; elle agit purement, elle aspire aux paroles des sages;

Elle aime les vêtements blancs; elle est dévouée, ornée de bijoux à perles; elle aime les blanches fleurs; elle est aimable et recherche les aliments doux;

Elle fuit l'assemblée des malhonnêtes gens; elle est honorée par tous les bons. Le *Pontchâla,* doué de qualités analogues, doit avoir en partage la *Padminî.*

De petites pièces de poésie tamoule se rapprochent de celles qu'on vient de lire, témoin celle-ci, qui est extraite de l'*Asadikkôvaé :*

Combien est grand le charme que m'a donné la belle aux longs yeux de cyprès, sur le beau mont Asadi, où règne le dieu aux cinq flèches [1] !

---

[1] On entend sous ce nom le dieu de l'amour, le *Kâmadéva* (dieu des désirs) des Indiens, le Ἔρως des Grecs. Ce dieu, suivant quelques auteurs, était fils de Vichnou, une des trois incarnations de Brahmâ, et de Lakchmi, déesse de la beauté. Suivant un autre récit, il fut produit d'abord dans le cœur de Brahmâ, et apparut sous la forme d'une belle femme que le dieu créateur regarda avec une voluptueuse émotion. On le représente ordinairement comme

Le pic de la montagne, le lac, les collines situées près du lac, la forêt, l'arbrisseau, en voyant tout cela, il me semble que c'est elle !

D'autres fois la poésie tamoule descend au genre en-

---

un beau jeune homme, quelquefois à cheval sur un perroquet, accompagné de nymphes dont l'une porte sa bannière, qui consiste en un poisson sur un champ rouge. Les poëtes racontent que ce dieu ayant lancé une flèche à Çiva pour développer en lui une ardente passion pour son épouse Parvati, Çiva, furieux de cette attaque, le réduisit en cendres, ou, suivant d'autres auteurs, en une pure essence mentale ; au moyen d'un rayon de feu qu'il darda de son œil central ; mais bientôt Çiva, se radoucissant, annonça que l'Amour renaîtrait sous la forme de Radjouma, fils de Krichna, et dans le sein de Màyà, déesse de l'Illusion. L'arc de l'Amour est fait avec des fleurs, la corde en est formée d'abeilles, et ses cinq flèches portent chacune au sommet un bouton de fleur consacré ou présidant à l'un des cinq sens. C'est le maître ou seigneur des *Apsaras* « nymphes ». — Comme dieu du Désir, il porte le nom de *Kâma* « désir », ou *Kâmadéva* « Dieu du désir », *Kâmana* « celui qui désire ». On le nomme aussi : *Râma* « celui qui est heureux », *Ramana*, *Ramati* ou *Ramila* « celui qui fait désirer », *Çringhara-yoni* « qui a pour matrice la passion », *Ragaradjou* « qui est le lieu de la passion », *Ragavrnta* « qui est la tige de la passion », *Ragatchourna* « qui pulvérise par la passion » (?), *Ratanàritcha* « qui attire la femelle à la copulation », *Manmatha* « qui agite le cœur », *Madana* « qui rend fou », *Darpaka* « qui enflamme », *Kandarpa* « qui enflamme Brahmâ », *Manasidja* « né dans le cœur », *Tchittadjanma* ou *Manoudjamma* « né de la pensée », *Tchittabhou* « qui est par la pensée », *Manobhou* « qui est par l'esprit », *Manasiçaya* ou *Hridtchaya* « qui dort dans le cœur », *Manouyoni* « qui a pour matrice la pensée », *Ananyadjà* ou *Atmabhou* « qui n'est pas né d'un autre », *Atmayoni* « qui n'est pas sorti d'une autre matrice », *Smara* « qui fait souvenir », *Ananga* « sans corps », *Makarakétou*, *Djéchakétana*, *Minakétana* ou *Makaradhwadja* « qui a pour bannière un poisson », *Pouchpadanou*, *Pouchpatchapa*, *Kousoumakarmouka* ou *Pouch-*

fantin et se complaît dans les jeux de langage ou d'har
monie imitative, témoin ces passages :

#### IDAËKKADAR.

Sur un arbre voisin du bord d'une rivière, une corneil
était perchée. *Ka, ka, ka*, disait-elle. — En bas se trouvait u
berger sans flèches pour l'atteindre..... *Tt, tt, tt*, faisait-il.

*
* *

Une femme, belle parmi les femmes, montée sur un éle
phant, s'agitait ( *adakkikkudakkikkarattattadakhi* ), rum
nant, mâchonnant, les tempes ruisselantes : *m, m, m; m
m, m; m, m*, murmurait l'éléphant.

*
* *

Les *kur'al* sont taillés menus comme un grain de moutard
creusé et gorgé des sept océans.

Dans trois fortes liasses nous avons trouvé l'ébauch
d'une Grammaire comparée des langues dravidienn

---

*paçaraçana* « qui a des flèches ornées de fleurs », *Panchavan*
*Panchaçara* ou *Panchéchou* « qui a cinq flèches », *Pouchpakét*
« qui a pour symbole une fleur », *Soundara* « le Beau », *Mara* « l
Destructeur », *Içwara* « le Maître », *Çamántaka* « le Destructeur d
calme (religieux) », *Iradja* « qui est né de l'eau », *Ratîramana* e
*Ratipati* « l'époux de la Volupté ». — En tibétain, suivant M. Fo
caux, on emploie également, pour désigner l'Amour, toute une sér
d'expressions variées, dont les principales sont : *Dodpa* « le Désir
*Dodpaïlah* « le dieu du Désir », *Gamaï-dagpo* « l'époux de la Joie
*Rgas-bied* « celui qui rend vieux », etc. — Ajoutons enfin les a
pellations suivantes tirées du tamoul : *Ourouvili* « sans forme
*Vénilán* « le dieu de la canicule », *Tingalvenkudæyón'* « celui qui
un blanc parasol de lune », *Tén'dat'l'érin'an'* « celui qui a po
char le vent du sud », *Karouppouvilli* « qui a un arc de canne
sucre », *Vél* « jeune homme de 18 à 20 ans », etc.

et un essai de classification des écritures usitées dans la presqu'île en-deçà du Gange.

On sait qu'il faut entendre sous le nom de *langues dravidiennes* plusieurs groupes linguistiques de l'Inde anarienne, et principalement les idiomes encore en usage dans la partie méridionale de l'Hindoustan. Le premier groupe de ces langues, appelé également *vindhyennes,* du nom de la région montagneuse où elles paraissent avoir pris naissance, comprend le *male* ou *radjmahali,* où les racines monosyllabiques primitives se sont déjà compliquées d'affixes propres à déterminer les catégories grammaticales; le *kôte,* formé d'éléments gangétiques superposés sur un fonds dravidien; le *gonde,* remarquable par l'archaïsme de ses formes; l'*uraon,* le *toda,* le *ko,* etc.[1]. — Le second groupe, de beaucoup le plus important par la culture de plusieurs idiomes qui le composent, et à la tête duquel se place le *tamoul* ou *tamil,* renferme aussi le *télougou* ou *télinga,* le *malayala* ou *malayajma,* le *toulava* et le *canara* ou *carnataca.* Tous ces idiomes paraissent dériver du tamoul[2], dont l'antiquité est incontestable[3]. Quelques savants ont cru reconnaître certaines analogies entre le groupe linguistique dravidien et d'autres groupes liguistiques encore imparfaitement connus. Ces analogies ont paru surtout frappantes lorsqu'on s'est oc-

---

[1] Cf. Maury, *la Terre et l'Homme,* p. 430. Voy. cependant Vinson, dans la *Revue orientale* de la Société d'Ethn., t. IX, p. 95.

[2] Ellis, dans l'Introduction à la *Telugu Grammar* de Campbell.

[3] Voy. la remarquable étude de M. Vinson, *loc. citat.*

cupé de la grammaire comparée du tamoul et des langues transgangétiques. Il est fort à regretter que le travail de M. Ariel n'ait pu être achevé. Malgré la publication du précieux ouvrage de Caldwell [1], l'œuvre du savant archiviste de Pondichéry aurait sans doute projeté de nouvelles lumières sur cette importante question.

Je dois mentionner aussi trois liasses consacrées à l'épigraphie dravidienne, dans laquelle on trouve l'interprétation de nombreuses inscriptions tamoules. Quelques autres liasses sont consacrées à l'étude des sciences indiennes. On y voit un *Dictionnaire de botanique* avec synonymies linnéennes des mots tamouls et télingas, et un *Catalogue* des médicaments employés par les médecins indigènes de la côte de Malabar et autres parties de l'Hindoustan. — Des dossiers de moindre importance ont trait à la *Numismatique indienne,* et sont enrichis de dessins de monnaies anciennes et modernes.

Enfin je citerai, pour mémoire, une quantité considérable de notes bibliographiques que M. Ariel avait recueillies patiemment depuis son arrivée dans l'Inde jusqu'à sa mort. On y trouve non-seulement la mention d'une foule de livres rares ou peu connus sur la région qui l'occupait spécialement, mais encore de nombreuses indications relatives aux manuscrits tamouls et autres dont il avait pu prendre connaissance.

---

[1] *A Comparative Grammar of the Dravidian or South-Indian Family of languages.* London, 1856, in-8°.

Il avait également recherché sur les plus célèbres bibliothèques de l'Inde des renseignements du genre de ceux-ci :

Il y a 4 librairies renommées pour les langues asiatiques, dont une est chez le radja de Tanjaour ; les deux autres sont à Coumbacounan et à Sîringam, chez les grands prêtres *sangarâsariars*, recteurs des corps de l'Université, composée de plusieurs savants et doctes (sic) ; et la quatrième est chez un autre grand prêtre pour la secte des Madouva, à Oudepi ; Vesserayamatou, à Sirangam ; Soumatchandramatam, à Pona ; Outtamadématams à Holeya ; Narasingapouram, à Mysore. On y trouve des savants et doctes qui sont très-versés dans les langues du pays, sanscrit, grantham, canara, telougou, dévanagaram, nagari, marate, maléalam, malabar. — En outre, les colléges du fort Saint-George et du fort William ont des collections de livres en plusieurs langues. (Note de Nida Mamilla Radiapa Rayallaya, interprète du gouvernement, à Pondichéry.)

Je ne serais pas éloigné de demander la publication des notes bibliographiques de M. Ariel avant celle des autres documents renfermés dans sa collection ; car je suis persuadé qu'elles contribueraient puissamment au progrès des études tamoules, et provoqueraient des travaux pour lesquels les orientalistes ne sauraient guère trouver de sources. La partie relative aux manuscrits en langues dravidiennes fournirait aussi un excellent canevas pour une histoire de la littérature tamoule et télougou.

## III. — LES OBJETS D'ART.

La 3ᵉ série de la Collection de M. Ariel comprend :
1° quarante-sept statuettes de divinités indiennes, dont

douze en bois peint et doré, et trente-deux en bronze;
2° vingt-deux statuettes en bronze représentant divers
personnages, des animaux, etc.; 3° vingt et une statuettes en bois peint figurant des types des castes de
l'Inde; 4° deux statuettes bouddhiques en albâtre;
5° un bouddha en bois recouvert d'une feuille d'argent
et surmonté d'un arbuste; 6° deux éléphants en ébène;
7° dix cachets en cuivre; 8° un *ivoire* sculpté; 9° un
bracelet indien en argent et deux périscélides en pierre
dure; 10° un flacon en coco sculpté; 11° deux chapelets
bouddhiques en bois de sandal; 12° des grelots à jon-
gler, etc.

Ce Rapport, malgré son étendue, est loin d'énumé-
rer les richesses de tout genre que renferme la précieuse collection qui vient aujourd'hui se ranger sur
les rayons de votre bibliothèque. Il vous appartient,
Messieurs, de prendre les mesures nécessaires pour que
ces matériaux immenses concourent à la grande œuvre
historique que vous poursuivez. Un tel legs impose à ceux
qui le reçoivent des devoirs envers la science que vous
serez heureux d'accomplir. M. Ariel, par son testament, avait d'abord légué tous ses trésors à son maître
vénéré Eugène Burnouf; mais, lorsqu'il eut appris
que ce savant n'existait plus, il choisit votre Société
pour en être dépositaire, et c'est avec la confiance
que, sous vos auspices, ils serviraient aux progrès de
ses études favorites, qu'il vous a libéralement dotés du
vaste ensemble de documents pour la réunion desquels
il a sacrifié sa jeunesse, sa santé et sa vie.

# UN

# LIVRE D'ABD-EL-KADER.

—

Abd-el-Kader a été de nos jours l'un des plus illustres représentants de l'esprit sémitique. En lui s'est résumée cette lutte longue et terrible des tribus africaines qu'il s'était efforcé de réunir sous l'étendard de l'Islam, dans l'espérance de reconstituer un jour une nationalité arabe. Ranimer le sentiment religieux des nombreuses peuplades musulmanes du territoire barbaresque, les convier à la guerre sainte et jeter ensuite les fondements d'un nouvel empire, tel était le dessein de l'émir et le but constant de ses efforts et de ses pensées. — Doué d'un esprit essentiellement religieux, non moins persévérant dans ses projets qu'impatient à les réaliser, Abd-el-Kader se sentait invinciblement entraîné vers un avenir que son ardente imagination parait des plus vives couleurs : il avait foi dans ses armes. Descendant du prophète, il se croyait prédestiné.

A part le courage dont l'émir a donné d'éclatantes

preuves dans les différents combats qu'il a provoqués
ou soutenus de 1832 à 1847, époque de sa reddition,
il y avait en lui une intelligence stratégique et une
promptitude d'esprit peu communes [1], une perspicacité infiniment délicate et une constance ferme jusque
dans les revers. Les derniers efforts d'Abd-el-Kader,
réduit à chercher asile au sein du territoire jaloux des
Marocains, donnent la mesure de ce dont il était capable, même aux prises avec l'adversité. Traqué comme
une bête fauve et manquant de tout, n'ayant plus d'autre empire que le désert, plus d'abri que sous sa tente,
plus de sûreté que sur son cheval, l'émir invaincu
maintenait encore en armes 80,000 vainqueurs redou-
tant ses surprises.

Cependant là fortune ne devait point lui être propice;
et, après quelques succès assombris par de nombreux
revers, il n'était réservé à ce dernier Commandeur des
croyants que la triste alternative de se livrer aux Français, ses plus anciens ennemis, ou de se constituer prisonnier du Maroc. Chacun sait quel fut son choix et la
promesse qu'il reçut d'obtenir sa délivrance, comme
prix de sa résignation à la fatalité qui l'écrasait. Cette

---

[1] Je ne puis me ranger de l'opinion de M. Renan, qui veut
qu'Abd-el-Kader soit un savant, et « nullement un soldat. » (Voy.
l'article sur l'Histoire du peuple d'Israël qu'il a publié dans la
*Revue des Deux-Mondes*. Les campagnes de l'émir en Algérie et
sa résistance aussi habile qu'énergique en maintes circonstances
me semblent prouver le contraire avec la plus entière évidence.
D'ailleurs, nos généraux d'Afrique qui l'ont combattu sont unanimes, je crois, pour reconnaître sa valeur militaire.

promesse tardant à être accomplie, il, fut transféré au
château d'Amboise, où on le maintint prisonnier jusqu'en 1852, époque de sa libération. ·

Pour l'émir, les heures de captivité furent des heures
de méditation : il les employa à réfléchir sur l'ensemble
des connaissances humaines, et à s'initier à nos sciences et à nos arts, en tant du moins que la seule connaissance de sa langue maternelle suffisait pour une
pareille entreprise. Retiré à Brousse depuis près de six
ans, libre et bénissant notre générosité tardive, il put,
sous le beau ciel d'Orient, rendre en style clair, réfléchi, souvent original, des pensées pour lesquelles le
cœur du captif n'eût pas trouvé d'expressions. Il composa un livre qu'il intitula : *Rappel à l'intelligent,
avis à l'indifférent.* C'est à ce livre encore inédit, et
dont nous avons sous les yeux une traduction due à
notre savant orientaliste M. Gustave Dugat[1], que nous
avons consacré les lignes de cet article. ·

L'ouvrage est divisé en deux parties. Dans l'une,
l'auteur s'occupe de l'excellence de la prophétie, de la
science et de la raison; dans l'autre, il passe en revue
l'histoire des principales nations qui ont successivement signalé leur existence sur la terre.

Nous nous attacherons surtout à la première de ces
deux parties, à celle où l'esprit de l'émir nous apparaît
aussi grand, je me trompe, plus grand, plus profond
même que nous n'avions pu le concevoir; à cette par-

---

[1] *Considérations philosophiques, religieuses et historiques,* par
l'émir Abd-el-Kader, traduites par Gustave Dugat. Paris, 1858, in-8°.

tie qui nous présente enfin le dernier héros du désert
tout à la fois philosophe et serviteur fidèle d'Allah, le
Dieu unique. Dans cette première partie, au lieu d'ê-
tre, comme dans la suivante, perpétuellement en butte
à l'insuffisance des sciences et de l'érudition orientales,
l'émir se trouve livré à son propre génie, à ses seules
inspirations. Aussi y laisse-t-il apparaître parfois cette
éminente supériorité d'intuition, seule capable de dé-
voiler successivement les grandes vérités réservées aux
hommes qui auront écouté cette parole sans cesse re-
tentissante en nous, parole que Jésus a inscrite sur les
feuillets de son Évangile, comme le mot d'ordre des
générations futures : « Cherchez et vous trouverez. »

En général, le livre d'Abd-el-Kader est à nos yeux un
miroir fidèle dans lequel se reflète tout entière l'âme
du héros africain devenu homme de méditation.

La naïveté avec laquelle il exprime ses pensées, la
simplicité qu'il met à les développer, la sincérité dont
il fait preuve en cherchant à les examiner sous toutes
les faces, et, peut-être plus encore, l'indépendance de
quelques-unes de ses appréciations, contribuent à scel-
ler son livre d'un cachet singulier de vérité et de franchise qui plaît tout d'abord, qui attache bientôt après,
qui doit enthousiasmer sous la tente,

Abd-el-Kader s'est fait une idée assez élevée du rôle
et de l'avenir de la science : il a pressenti la valeur et
la puissance du rationalisme. On voit qu'il ne manquerait ni de force ni d'élan, s'il eût possédé une méthode
pour se diriger dans ses recherches; mais cette méthode lui manque. De ce défaut de guide intérieur, et

de cette absence de toute critique, résulte cette varia-
bilité intellectuelle qui se manifeste dans tout le cours
de son livre. Tantôt imbu des préjugés inhérents à
sa race, préjugés qu'entretiennent et perpétuent les
vieilles légendes et les pratiques de l'islam, l'émir se
perd en de vains raisonnements et s'égare dans un
labyrinthe de syllogismes dont il a grand'peine à sortir; tantôt, au contraire, recouvrant le sentiment de sa
supériorité intellectuelle, il repousse avec fierté toute
idée préconçue, et s'érige en juge du vrai et du faux :
« Sachez, dit-il, que l'homme intelligent doit considé-
« rer la parole et non la personne qui l'a dite. Car, si
« cette parole est une vérité, il doit l'accueillir, celui
« qui l'a dite fût-il réputé grave ou frivole. L'or s'ex-
« trait du sable, le narcisse de l'oignon, la thériaque des
« serpents et la rose des épines ». Et plus loin il ajoute :
« Tel est le vain sentiment de la plupart des hommes;
« ils acceptent une parole attribuée à quelqu'un pour
« lequel ils sont prévenus, et ils la repoussent si elle est
« de quelqu'un en qui ils n'ont pas pas foi. Ils jugent
« toujours de la vérité par les hommes, et jamais des
« hommes par la vérité. C'est là le pire de l'ignorance
« et du mal. »
Ces maximes sont le point de départ de l'émir. C'est
par elles que commence son livre; il semble que ce
doive être par elles qu'il se résume. En l'entendant
dire, dans cette même préface, que « s'asservir à un
« autre, adopter sa croyance et ses paroles, c'est là le
« propre des ignorants », on ne peut s'empêcher tout
d'abord de préjuger, dans le descendant du grand pro-

phète de l'islam, dans Abd-el-Kader, fils de Mah'i-ed-
Din, rien de moins qu'un rationaliste, un libre penseur!
Cette opinion préconçue du caractère de l'émir, à la lecture des premières pages de son livre ne tarde point à
se dissiper, et l'on s'aperçoit bientôt qu'un combat s'engage dans cette intelligence si heureusement douée de
pressentiments profonds, d'aperçus ingénieux et variés.

Abd-el-Kader a vécu au désert; il y a formé son esprit et son cœur. Il a contemplé une nature sévère et
imposante. Le jour, il a porté sa vue sur un horizon
sans bornes; la nuit, il a plongé ses regards sur la voûte
étoilée, cherchant à en sonder les insondables profon-
deurs. Son âme s'est émue à ce grand spectacle de la
nature, où l'homme se trouve abandonné à ses seuls
pensers en présence de la création. — Abd-el-Kader,
aujourd'hui philosophe, était hier poëte. Il était poëte,
non comme le furent ces chantres de la Grèce ou de
Rome, ces madhoukas de l'Inde brahmanique qui vivi-
fiaient et matérialisaient toutes leurs sensations; ces poëtes épiques qui créaient à l'envi des myriades de petits
dieux pour peupler leur Olympe et faire scintiller leurs
vers d'un éclat emprunté; mais poëte à la manière de
Job, de David ou de Salomon, le cœur palpitant sur la
grande scène de la nature, de ce ferme sentiment du
monothéisme qui caractérise les vrais Sémites, et qui a
imprimé sur toute leur race, comme un sceau éternel
et ineffaçable, l'idée seule admissible d'un Dieu unique,
sans enfants, sans égal, sans associé, mais, en revanche,
du Dieu qui a dit : Que la lumière soit! et la lumière
fut, — du Dieu qui est Celui qui Est.

Sans cesse rappelé par ces sentiments religieux et poétiques qui bercèrent son enfance, Abd-el-Kader arrête à chaque pas l'élan rapide de sa pensée, et il semble qu'il veuille, par un retour subit, demander pardon au Prophète d'avoir voulu pénétrer dans un sanctuaire inconnu à Mahomet lui-même. L'émir a senti la lourde charge que l'homme accepte, lorsqu'il ne reconnaît plus que sa raison pour guide. L'instinct religieux, si profondément enraciné dans son cœur, l'invite sans cesse à retremper son âme fatiguée par la spéculation dans la lecture des livres inspirés, Bible, Évangile, Psaumes ou Coran, comme il le dit lui-même. Peu à peu, sur cette voie oblique, la routine, fille dégradée des doctrines vieillies, s'empare de son esprit, et en l'entendant dire : « Ne placez pas la perfection « dans la raison; car, au-delà de cette perfection, « il y en a une autre (la prophétie ou révélation) qui « est le couronnement, » on croirait, avec son savant interprète, M. Gustave Dugat, qu'Abd-el-Kader a eu l'intention de répéter la première proposition doctrinale de la Sacrée Congrégation de l'Index : « Bien que « la foi soit au-dessus de la raison, nul dissentiment, « nulle séparation cependant ne peuvent jamais se trou- « ver entre elles, puisqu'elles dérivent toutes deux d'une « même source immuable, de Dieu, le meilleur et le « plus grand, et qu'elles se portent ainsi un mutuel se- « cours [1]. »

---

[1] Etsi fides sit supra rationem, nulla tamen vera dissensio, nullum dissidium inter ipsas inveniri unquam potest, cum ambæ

Une fois engagé dans cette route canonique, l'émir, comme on peut le présumer, est de plus en plus embarrassé d'en sortir. Ne sachant plus que faire, il s'avise de traiter la question des prophètes et des prophéties. Étrange conclusion des prémices rationalistes de son ouvrage! conclusion qui caractérise cependant à un haut degré l'immutabilité intellectuelle du Sémite, et surtout du Sémite des déserts.

Désormais, tout ce que rapporte la tradition, — et je ne discuterai point quelle tradition! — Abd-el-Kader l'accepte et le croit comme le plus parfait orthodoxe. Toutefois, comme il sent que sa croyance n'est pas à l'abri de la critique, il se pose en défenseur des prophètes, il les affirme et déploie pour eux toutes les ressources de sa dialectique. Par exemple, il s'efforce de prouver la réalité des prophètes en prenant pour point de départ la possibilité de leur existence, et en remarquant qu'il est, dans le monde, des choses tout aussi surnaturelles qu'il nous est cependant impossible de révoquer en doute :

« Si, dit Abd-el-Kader, l'on disait à l'homme : Est-il
« possible qu'il y ait sur la terre une chose de la gros-
« seur d'un grain de blé qu'on jette dans un pays et qui
« dévore un pays entier, puis se consume lui-même, en
« sorte qu'il ne reste rien ni du pays, ni de ce qu'il
« contient, ni de la chose elle-même ? Il dira : C'est im-

---

ab uno eodemque immutabili veritatis fonte Deo optimo maximo oriantur, atque ita sibi mutuam opem ferant. (*Congrégat. de l'Index,* 1855.)

« possible, c'est une plaisanterie; et cependant il s'agit
« d'un fait qui n'est nié que par celui qui ne connaît pas
« le feu. La plupart des merveilles que font connaître
« les prophètes rentrent dans cette catégorie. » Je n'ai
point à critiquer un pareil raisonnement, non plus que
les étranges idées sur les rêves développées par l'auteur
dans le cours du même chapitre. L'émir a droit à beaucoup d'indulgence, et il faut, en général, se garder de
déprécier sa philosophie, parfois saine et avancée, par
cela seul qu'il déraisonne en matière de prophétie et de
tradition. Il y en a tant d'autres qui déraisonnent sur
cette matière !

Le point essentiel pour discuter sur l'existence ou la
non-existence des prophètes, — j'entends la définition
même de ce titre, — semble le plus souvent préoccuper
fort peu ceux qui veulent parler de ces organes humains
de la divinité. Abd-el-Kader paraît n'y avoir pas même
songé. Il est vrai qu'un orthodoxe aurait souvent tort
de songer, de réfléchir à tout. A quoi se fût exposé l'é-
mir, s'il avait voulu soumettre le prophétisme à l'alam-
bic de sa raison? A rien moins peut-être qu'à concevoir
l'existence de prophètes après Mahomet, le dernier
des prophètes, voire même à se convaincre qu'il peut
y avoir, dans chaque siècle, présent et à venir, non
pas seulement un seul, mais un nombre indéterminé de
prophètes !

L'indifférence, et même trop souvent le mépris des
peuples pour les apôtres et les institutions des cultes
vieillis, provient généralement de ce que les représentants officiels de ces cultes repoussent toute interven-

venir, tous les progrès essentiellement matériels de notre époque.

L'avenir est donc dans la communion des différentes races d'hommes, et dans le perfectionnement de la condition de tous par tous. Cette pensée, partagée par les Orientaux eux-mêmes, a été récemment exprimée par un musulman instruit et éclairé dans les termes suivants : « Que le réseau d'or des sympathies internationales relie une bonne fois les peuples de l'Orient aux peuples de l'Occident ! La force des circonstances semble avoir déjà rapproché ce moment où les savants de l'Europe chrétienne, par reconnaissance pour la lumière qui leur est venue de l'Orient, devront s'acquitter d'une dette sacrée, en contribuant au perfectionnement de l'éducation des Orientaux. Les uns et les autres, nous avons bien mérité de l'humanité. Si, d'un côté, Dieu a permis à l'Europe d'atteindre les dernières limites de l'intelligence humaine; d'un autre côté, en Asie, la raison humaine ne s'est jamais révoltée contre Dieu. De toutes nos grandeurs antiques, c'est la seule qui nous soit restée intacte. La persévérance et l'énergie que les Orientaux mettent à cultiver cette vertu peuvent donner la mesure de ce dont l'Orient sera capable, lorsque les savants et les intelligences de l'Europe chrétienne nous auront ouvert leurs trésors scientifiques[1]. »

Nous n'en doutons pas, le niveau entre la famille eu-

---

[1] Lettre de Ferroukh-khan, ambassadeur de Perse à Paris, à la Société orientale, le 28 mars 1857. (*Revue de l'Orient*, t. V, p. 330.)

Fac-similé d'une lettre adressée par
l'émir ABD-EL-KADER
à la Société d'Ethnographie de Paris.

ropéenne et la famille sémitique s'établira un jour.
Mais, dans les circonstances actuelles, on ne peut prévoir un pareil résultat qu'à la condition d'un mélange
complet de ces deux familles; car il est aujourd'hui
suffisamment démontré que chaque race, en particulier, ne peut guère sortir de l'orbite toute spéciale de
sa civilisation sans la coopération d'une autre race également assujettie aux mêmes conditions. Sans le commerce intime, sans une alliance étroite et durable entre
les Européens et les Arabes, ces derniers resteront perpétuellement nomades et incivilisables. La lecture du
livre d'Abd-el-Kader en est la preuve. L'expérience des
affaires, la résidence de nos villes, le contact de nos habitants, toutes ces circonstances et d'autres encore, qui
eussent dû changer sa manière de voir, ont à peine modifié son esprit. Il y a vingt ans, il eût raisonné comme
il raisonne aujourd'hui; le style seul de son livre ne se
fût point alors ressenti, comme à présent, de la brume
de nos climats.

# MENG-TSZE,

## PHILOSOPHE CHINOIS DU IVᵉ SIÈCLE

AVANT NOTRE ÈRE.

Meng-tsze, plus connu en Europe sous le nom latinisé de *Mencius*, et le premier des philosophes après Confucius au dire des Chinois, naquit dans la première moitié du quatrième siècle avant notre ère, dans la ville de Tsœou, située dans le département actuel de Yen-tchœou (province du Chan-toung). Son petit nom était *Ko* et son surnom *Tsze-yu*. On l'appelle souvent *Meng-ko*. Son père, Ki Koung-yi, étant mort alors qu'il était en bas âge, sa mère, Tchang-chi, demeura seule chargée de son éducation. Les historiens chinois s'étendent longuement sur les qualités supérieures de cette femme et sur les bons principes qu'elle répandit dans l'esprit de son jeune fils : depuis longtemps elle est citée comme un exemple de vertus maternelles. Ces mêmes historiens racontent avec une admiration toute chinoise que Tchang-chi quitta successivement deux habi-

tations, parce que l'une, étant voisine d'un boucher,
lui donnait des goûts sanguinaires, tandis que dans
l'autre, se trouvant en vue d'un cimetière, il s'habituait
à singer les cérémonies funèbres. Elle alla donc se fixer
près d'un gymnase où le jeune Meng-ko ne put rencontrer que d'excellents exemples. Dès lors « il allait et venait avec une petite gravité qui le faisait remarquer ; il
s'arrêtait à propos, saluait avec grâce et cédait le pas à
tout le monde ; » aussi sa mère se dit-elle : « C'est bien
ici que je puis travailler avec succès à l'éducation de
mon fils. » Meng-ko, en effet, acquit en peu de temps
de solides connaissances en histoire, et s'évertua à ap-
profondir les *King* (livres sacrés ou canoniques). La
pratique des anciens rites fut également une de ses plus
constantes études. Plus tard il se mit au nombre des
disciples du philosophe Tsze-sse, petit-fils et lui-même
disciple de Confucius.

Une fois que Mencius eut suffisamment pénétré
la doctrine des anciens, et qu'il se fut formé un système de philosophie morale, il se mit à voyager, et alla
offrir ses services à plusieurs des princes qui régnaient
à cette époque dans de petits États formés au sein de
la Chine. On le reçut généralement assez mal. Les sermons du moraliste de Tsœou et ses louanges éternelles
des saints empereurs de l'antiquité Yao et Chun semblaient assez hors de temps à ces petits souverains, à
qui la guerre donnait une tout autre préoccupation.
Aussi Mencius, découragé du peu de succès de ses entreprises, se décida-t-il à retourner dans son pays natal
et à s'y adonner de nouveau à l'étude. C'est alors qu'il

s'occupa, à l'exemple de Confucius, d'une nouvelle re-
cension du *Chi-king* (Livre des vers), le plus beau et le
plus curieux recueil de la Chine antique. Il composa, en
outre, l'ouvrage en sept livres qui nous a été transmis
en substance sous son nom. Cet ouvrage, intitulé Livre
de Mencius (*Meng-tsze chou*), forme la dernière et la
plus considérable partie des Quatre livres (*Sse-chou*),
que les lettrés chinois considèrent, après les Livres canoniques (*Ou-king*), comme les monuments les plus
importants de leur philosophie morale. Il a été mis au
jour par les soins de Koung Sun-tchœou et de Wan-
tchang. La doctrine qu'il renferme repose principalement sur l'argumentation qui suit : l'homme par sa
nature est radicalement bon (*jin-seng pen chen*); donc
il est capable de toute sorte de vertu. S'il est capable de
toute sorte de vertu, il ne doit rien négliger de ce qui
développe en lui la vertu. Or le meilleur moyen pour
arriver à la vertu est d'apprendre à connaître les autres et à se connaître soi-même, de façon à remplir ses
devoirs vis-à-vis de la société et à respecter les lois
morales de l'individu. La sagesse se réduit donc à pratiquer l'humanité et la justice, et voilà tout (*jin-yi
œll-i*).

Koung-tou-tsze, voulant connaître les idées de Mencius sur la nature de l'homme, lui dit un jour : Suivant
le philosophe Kao-tsze, « la nature de l'homme n'est
« ni bonne ni mauvaise; la vertu et le vice proviennent
« de l'éducation. » D'autres disent : « La nature peut
« être améliorée; elle peut aussi devenir mauvaise. »
D'autres disent enfin : « Il y a des hommes qui naissent

« naturellement bons; il y en a aussi qui naissent mé-
« chants. » Vous, vous dites que la « nature de l'homme
« est bonne» : ceux qui pensent autrement sont-ils donc
dans l'erreur?

Mencius répondit : « L'homme qui suit les impulsions
« de son cœur peut être bon. C'est pourquoi je dis que
« sa nature est bonne. S'il fait le mal, la faculté de
« l'homme de faire le bien n'en est pas pour cela infir-
« mée. Tous les hommes ont le sentiment de la miséri-
« corde; tous ont le sentiment de la honte et de la haine
« du vice; tous ont le sentiment de la déférence et du
« respect; tous ont le sentiment de l'approbation et du
« blâme [1]. »

Les commentateurs de l'édition des *Sse-chou*, rédigée pour l'instruction de l'empereur Kang-hi lorsqu'il
était enfant [2], expliquent ainsi l'idée de Meng-tsze, sur
le mobile intérieur de nos actions :

« C'est le cœur, disent-ils, qui gouverne en maître
« tout le corps de l'homme; ce cœur (en chinois : *sin*),
« c'est l'esprit intelligent de l'homme, c'est la raison
« que ce cœur connaît; mais c'est le ciel qui nous donne
« ce cœur et cette nature. Il en résulte donc que con-
« server cette lumière céleste sans jamais l'éteindre,
« c'est servir le ciel et ne lui être jamais rebelle. »

Ce qu'on est convenu d'appeler la philosophie de
Mencius se réduit généralement à des conversations

---

[1] Liv. II, ch. v, 13-16.

[2] Ces commentaires sont connus en Chine sous le nom de *Jih
kiang* (Explications journalières).

dans lesquelles le célèbre moraliste trouve l'occasion
de disputer sur les devoirs réciproques du prince et du
sujet, du père et du fils, de l'époux et de l'épouse, du
frère et de la sœur, et, en un mot, sur tous les rapports
sociaux qui se rattachent à ce que les Chinois appellent
*hiao*, et que nous avons l'habitude de traduire parfois
assez imparfaitement par «piété filiale». La politique et
la morale sont ainsi les thèmes à peu près exclusifs sur
lesquels s'exerce la sagacité de Mencius. En dehors de
cela, métaphysique, théodicée, psychologie, logique,
sont des choses qui lui sont à peu près, pour ne pas
dire absolument, inconnues. Supérieur à Confucius
dans la manière de présenter ses idées et surtout de les
développer, il le suit pas à pas dans cette doctrine toute
terre à terre qui ne sut jamais s'élever au-delà du monde
matériel et pressentir pour l'homme des destinées d'ou-
tre-tombe. Les croyances primitives de la Chine, dont
certaines poésies du *Chi-king* (Livre des anciens chants
populaires) nous ont conservé de si précieux vestiges,
méconnues par le célèbre moraliste de Lou, ne devaient
pas être mieux comprises par son continuateur. En lisant les dialogues de Mencius, on est même tenté de
croire que la religion monothéiste des premiers temps
de la monarchie chinoise s'était déjà complétement
effacée sous le malheureux replâtrage de Confucius et
de son école. Abel-Rémusat a d'ailleurs caractérisé la
philosophie de Meng-tsze avec plus d'impartialité qu'on
n'était en droit de l'attendre d'un savant enthousiasmé
de sa science. «Le genre de mérite qui a valu à Meng-
tsze une si grande célébrité, dit-il, ne serait pas d'un

grand prix aux yeux des Européens; mais il en a d'autres qui pourraient, si son livre était convenablement traduit, lui faire trouver grâce à leurs yeux. Son style, moins élevé et moins concis que celui du prince des lettres, est aussi noble, plus fleuri et plus élégant. La forme du dialogue qu'il a conservée à ses entretiens philosophiques avec les grands personnages de son temps comporte plus de vérité qu'on ne peut s'attendre à en trouver dans les apophthegmes et les maximes de Confucius. » Le caractère de la philosophie de ces deux grands hommes diffère aussi sensiblement. Confucius est toujours grave et même austère ; il exalte les gens de bien dont il fait un portrait idéal, et ne parle des hommes vicieux qu'avec une froide indignation. Meng-tsze, avec le même amour pour la vertu, semble avoir pour le vice plus de mépris que d'horreur ; il l'attaque par la force de la raison, et ne dédaigne pas l'arme du ridicule. — C'est même par une sorte d'ironie et par des pointes assez adroitement ménagées qu'il parvient à mettre à nu la faiblesse de raisonnement de ses adversaires. La jeunesse chinoise affectionne tout particulièrement ce talent, et on lui doit en majeure partie la fortune dont n'a cessé de jouir jusqu'à présent, parmi les lettrés du Céleste-Empire, le dernier des Quatre livres classiques (*Sse-chou*).

La politique de Mencius repose sur des principes dont il n'est guère possible de contester la moralité. Mais ces principes, acceptables si l'on veut en théorie, sont souvent inadmissibles dans la pratique. A un roi qui se voit menacé par des ennemis nombreux et bien

armés, qui demande un conseil pour écarter le danger,
répondre qu'il faut pratiquer la vertu et rien de plus,
c'est en effet faire de la morale, mais ce n'est pas parler pour se faire entendre. Aussi Mencius, comme nous
l'avons dit, ne fut pas écouté des princes auxquels il
alla offrir les services de sa dialectique et n'eut qu'une
très-médiocre influence sur son temps. Ses discours
décèlent cependant un instinct remarquable des intérêts démocratiques, et il est évident que, dans son esprit, la balance penche plus facilement du côté des
peuples que du côté des rois. « Le peuple, dit Meng-
« tsze, est ce qu'il y a de plus important ; les Génies de
« la terre et des fruits du sol ne viennent qu'en seconde
« ligne ; le prince est de la moindre importance [1]. »
Malgré cela, il admet pour les princes un certain droit
de régner en vertu d'un mandat reçu du ciel et indépendant de la libre volonté des masses.

Comme Confucius, le moraliste de Tsœou ne connaît
rien de supérieur en politique à la manière de gouverner des saints empereurs Yao et Chun. « Si vous voulez,
« comme prince, dit Mencius, accomplir dans leur plé-
« nitude les devoirs du prince ; si vous voulez, comme
« ministre, accomplir dans leur plénitude les devoirs du
« ministre, imitez tout à la fois Yao et Chun, et rien de
« plus. Ne pas servir son prince comme Chun servit Yao,

---

[1] Liv. II, ch. viii, § 17. Cf. un curieux morceau du *Kou-wen-
ping-tchou*, où un ambassadeur, envoyé en mission à la cour, s'informe avant tout si l'année a été fertile et si le peuple a été florissant, la santé du prince étant, à ses yeux, une question fort secondaire. (Livre iii, p. 56.)

« c'est manquer de respect pour son prince ; ne pas gou-
« verner comme Yao gouverna son peuple, c'est oppri-
« mer le peuple [1]. S'écarter de la voie frayée par les saints
« empereurs de la haute antiquité, c'est vouloir être un
« tyran. » Or Mencius se prononce en termes menaçants
contre le prince qui gouverne en s'appuyant sur la force
et l'injustice. « Le prince qui se laisse aller à une tyran-
« nie extrême, dit-il, est mis à mort par ceux qu'il op-
« prime et son royaume est détruit ! Les fondateurs des
« trois premières dynasties (des Hia, des Chang et des
« Tchœou) gagnèrent l'empire par l'*humanité;* leurs suc-
« cesseurs ( les empereurs Kié, Tchœou, Li-wang et
« Yœou-wang) perdirent l'empire par inhumanité. Ainsi
« tombent et surgissent les empires ; ainsi ils se main-
« tiennent et ainsi ils périssent [2]. »

L'économie politique trouva peut-être chez Meng-tsze
un esprit plus pénétrant que chez aucun de ses prédéces-
seurs. « Les affaires du peuple (c'est-à-dire le dévelop-
« pement de l'agriculture), dit-il, ne doivent pas être
« négligées. » La condition nécessaire pour que les peuples vivent en paix est qu'ils possèdent des terres suffisan-
tes pour pourvoir à leur nourriture. Sans cela, « violation
« du droit, perversité de l'esprit, dépravation des mœurs,
« il n'est rien dont ils ne soient capables. Si on attend
« qu'ils soient tombés dans le crime pour le corriger
« par des châtiments, c'est prendre le peuple dans des
« filets. » Une telle manière d'agir serait indigne d'un

---

[1] Liv. ii, ch. i, § 13.
[2] Loc. cit., § 15, 16.

prince [1]. Un prince sage doit donc être réfléchi et éco-
nome, remplir ses devoirs envers ses inférieurs, et
n'exiger de tribut qu'autant que la justice le permet.
Dans un État, quelque petit qu'il soit, il faut qu'il s'y
trouve dans une juste proportion des sages pour gouverner et des paysans pour se livrer aux travaux des
champs. « Je voudrais, disait Mencius, que, dans les
« terres éloignées de la capitale, sur neuf portions qua-
« drangulaires, il y en ait une de cultivée en commun
« pour subvenir aux besoins de la classe gouvernante,
« et que dans les campagnes situées près de la rési-
« dence royale, où la pléthore de la population rend ce
« système inapplicable, une dîme fût prélevée comme
« impôt. » En outre, les fonctionnaires publics de-
vraient tous posséder un champ dont les produits seraient exclusivement destinés aux sacrifices *tsi* en
l'honneur des ancêtres. Une telle division des terres,
avec des garanties de culture, semble à Mencius essentiellement propre à attacher le peuple au sol, et à développer en lui des sentiments de paix et de secours
mutuels. Étant donné une certaine étendue de terrain,
on le divise en neuf parties. Au milieu de ces parties,
il en est une qui reçoit le nom de champ public. Huit
familles, ayant chacune en propre un neuvième du terrain, entretiennent, à part le sol qui leur est particulièrement affecté, le champ public. Une fois ce travail
accompli, les individus de chaque famille peuvent s'a-
donner librement à leurs occupations personnelles.

---

[1] P. I, ch. v, § 9.

Telle doit être la condition des paysans. « Les uns tra-
« vaillent d'esprit, les autres de corps. Ceux qui travail-
« lent d'esprit gouvernent les hommes ; ceux qui tra-
« vaillent de corps sont gouvernés par les hommes.
« Ceux qui sont gouvernés par les hommes nourrissent
« les hommes ; ceux qui gouvernent les hommes sont
« nourris par les hommes. Dans le monde, telle est la
« loi de la justice universelle [1]. » L'empereur dirige ces
deux classes de sujets : il doit par conséquent cultiver
tout à la fois son esprit et ses forces physiques.

La morale de Mencius a le défaut de l'école entière
à laquelle il appartient ; elle renferme bien peu de principes et beaucoup de lieux communs. Suivant cette
morale, le devoir de l'homme, essentiellement bon par
nature, est d'avoir un cœur compatissant, de la honte
pour ses propres défauts, de la répulsion pour ceux des
autres, le sentiment du vrai et du faux, du juste et de
l'injuste : « Celui qui n'a pas le sentiment de la com-
« passion n'est pas un homme ; celui qui n'a pas le sen-
« timent de la honte et de la répulsion pour le mal n'est
« pas un homme. Celui qui n'a pas le sentiment du
« droit et de l'iniquité n'est pas un homme [2]. » La doctrine de Mencius est surtout pratique ; la théorie spéculative ne vient qu'en seconde ligne, ou plutôt ne vient
pas du tout. Le respect des coutumes, la pratique rigoureuse des anciens rites, la conformité servile aux
exigences d'une politesse outrée, préoccupent souvent

[1] Loc. cit., § 28.
[2] Ch. III, § XLVI.

le moraliste, et lui fournissent d'amples occasions
de discourir. Le culte des ancêtres, religieusement
observé en Chine, où il est peut-être le reste le plus
respectable de la religion primitive, est enseigné par
Mencius avec un soin particulier. Les devoirs funèbres que l'on doit rendre à ses proches paraissent
surtout au célèbre moraliste chinois d'une haute
importance pour les mœurs. « C'est par une obser-
« vance rigoureuse des rites relatifs aux obsèques
« de ses parents, dit-il, que l'homme devient accom-
« pli [1]. » Il ajoute ailleurs : « Nourrir les vivants (rendre
« les services que l'on doit à ses parents) ne saurait
« passer pour une haute action. Nourrir les morts (leur
« rendre les devoirs funèbres) peut seul passer pour une
« grande action [2]. » Meng-tsze pense que le plus grand
des devoirs est celui qui consiste à servir son père et sa
mère. Un homme sage ne doit pas instruire lui-même
ses enfants, parce que, si l'enfant n'agit pas convenablement, le maître doit se fâcher et punir, et qu'il est regrettable que le père soit obligé de châtier son fils. La
désunion de cœur qui résulterait d'une pareille manière
d'agir serait la cause des plus grands malheurs [3].

Une certaine fierté rehausse parfois les couleurs pâles
de la philosophie de Mencius. Un jour que son disciple
Tchin-taï l'engageait à faire des avances aux princes de
son temps, parce qu'ainsi *en se courbant d'une coudée*

---

[1] P. I, ch. v, § 4.
[2] P. II, ch. II, § 18.
[3] Liv. II, ch. I, § 52-53.

*on se relève de huit*, il lui répondit que le sage ne devait point tenir compte de la question de lucre, mais seulement de la droiture et de l'équité. Ailleurs, Meng-tsze dit qu'il désire posséder à la fois la droiture et la vie, mais que s'il ne peut posséder l'une et l'autre à la fois, il met de côté la vie et choisit la droiture. « Je tiens à la « vie, dit-il, mais je souhaite en outre quelque chose « de supérieur à la vie, la droiture; voilà pourquoi je la « préfère à la vie. J'ai aversion de la mort, mais je crains « encore quelque chose de plus dangereux que la mort, « voilà pourquoi au besoin je ne fuirais pas la mort[1]. » Aussi le philosophe ne peut-il contenir son indignation en songeant aux hommes qui se relâchent : « On sait « bien chercher une poule ou un chien qu'on a perdu; « et on ne saurait pas rechercher de même les facultés du « cœur qu'on a laissé perdre[2]! »

La philosophie de Mencius semble s'élever plus haut dans le septième chapitre du *Hia-Meng* que nulle part ailleurs. On serait tenté d'y trouver quelques traces de métaphysique. Plusieurs apophthegmes qu'on y rencontre se rapprochent singulièrement de formules dogmatiques bien connues en Occident. « Cherchez et vous trouverez, dit Meng-tsze; renon- « cez à chercher et vous perdrez tout[3]. » Pour parvenir à connaître le Ciel, il faut tout d'abord commencer à s'étudier et à se connaître soi-même. Déve-

---

[1] Liv. II, ch. v, § 36.
[2] Liv. II, § 43.
[3] Liv. II, ch. v, § 6.

lopper le principe pensant qu'on a en soi, c'est suivre
le *mandat* qu'on a reçu du Ciel (*tien-ming*). Rien n'arrive sans l'ordre du Ciel : il faut donc accepter ses décrets avec soumission. Celui qui a pratiqué la loi du
bien et qui meurt a accompli le *mandat* du Ciel. Il existe
une voie certaine pour la recherche : elle est purement
intérieure. Toutes les choses ont leur raison d'être en
nous. « Ceux qui agissent et ne comprennent pas, ceux
« qui étudient et ne saisissent pas, ceux qui marchent
« toute leur vie et ne connaissent pas la voie, qu'ils sont
« nombreux ! »

Dans un pays, comme la Chine, où tout ce qui est ancien acquiert par cela seul de larges droits à la vénéra-
tion publique, Mencius, continuateur de la doctrine de
Koung-fou-tsze, lequel se prétendait lui-même restaurateur de l'antiquité, remplissait les conditions voulues
pour acquérir une haute réputation. L'esprit rétréci des
lettrés chinois s'enthousiasma en effet des doctrines
que la tradition attribuait à Mencius; et, après la persécution de Tsing-chi-hoang-ti, il reçut le nom hono-
rifique de *Ya-ching*, c'est-à-dire « le Deuxième saint » ou
le saint après Confucius. On lui décerna successivement
d'autres titres pompeux; on lui éleva une chapelle et
on consacra à sa mémoire un culte particulier. Le fanatisme dont il fut l'objet fut tel que lorsque Taï-tsou,
fondateur de la dynastie des Ming [1], rendit un décret
par lequel ce philosophe serait dégradé et sa tablette
ôtée du temple de Confucius (à cause d'un passage de

---

[1] De 1368 à 1384.

son livre qui lui avait déplu), un lettré, bravant l'arrêt qui ordonnait aux officiers du palais de ne recevoir aucune représentation à ce sujet avant d'avoir percé leur auteur d'une flèche, se décida à présenter une requête à l'empereur en faveur du philosophe et à subir la peine qui était attachée à sa dangereuse tentative. Pour nous, qui n'avons pas les mêmes motifs d'admirer Mencius, le livre de ce philosophe n'offre généralement de l'intérêt qu'au point de vue de l'époque reculée à laquelle on le fait remonter. A cela près, sa morale renferme trop de fadaises et trop peu de principes pour qu'il soit utile de l'étudier en dehors du point de vue historique. Cette manière de voir d'ailleurs a été celle de critiques allemands qui n'avaient aucun motif pour louer ou décrier la philosophie chinoise [1].

Placée, comme nous l'avons dit, parmi les Quatre Livres classiques par excellence (*Sse-chou*), la philosophie morale de Mencius fait partie de l'enseignement supérieur de tous ceux qui aspirent à un grade littéraire en Chine. Aussi le nombre des éditions s'en est-il propagé avec une étonnante rapidité [2]. Traduit dans les princi-

---

[1] Le célèbre critique allemand Nicolas Gundling s'est ainsi exprimé au sujet de la philosophie de Mencius, dont on lui avait communiqué une traduction : « Non est optandum ut jesuitæ Mentsium alterum Sinensium philosophum producant; neque enim meliora dare poterunt, nec magis sana, nec magis utilia. » (*Histor. philos, moralis apud Orientales,* cap. v.)

[2] Parmi ces éditions nous citerons seulement quelques-unes des plus importantes d'entre celles qui sont parvenues à notre connaissance :

A. — *Yu-tchi Jih-kiang Sssc-chou-kiaï-i.* Édition des Quatre-Livres, pu-

pales langues de l'extrême Orient, il a été imprimé
plusieurs fois en mandchou, avec ou sans la paraphrase

bliée, avec un grand commentaire, par ordre de l'empereur Kang-hi, par quarante *Han-lin*, ou membres de l'Académie impériale de Pé-king, 1677 ; gr. in-8°.

B. — *Sse-chou-cho-tchu-kiang-i*. Édition des Quatre-Livres, avec les explications de Tchou-hi, une paraphrase perpétuelle, et, en haut des pages, des
notes historiques et philosophiques. 1688 ; gr. in-8°.

C. — *Sse-chou-tchu-sou-kiaï-king*. Édition des Quatre-Livres, annotée par
le docteur Tchao-ki (qui vivait sous la dynastie des Han), avec le commentaire
composé (sous la dynastie des Soung) par Sun-chi et Lo Chen-king. Les commentaires de cette édition, suivant M. Stanislas Julien, donnent des interprétations parfois fort différentes de celles que l'on trouve dans les autres commentaires les plus répandus en Chine.

D. — *Sin-ke-tchang-siang-koueh-ting-hiun Sse-chou-pi-tchi-tsin-hio-ling-
tse-kiaï-meng*. Édition avec un triple commentaire, comprenant : 1° des notes
philosophiques, 2° l'explication des expressions les plus difficiles, 3° une paraphrase du texte. Composé par le docteur Sse-tchang, surnommé Sou-tsun, et
publié par son disciple Lieou Ping-min, dit Fou-fou.

Le grand Catalogue de la Bibliothèque impériale de Pé-king
(*King-ting-sse-kou-tsuen-chou-tsong-mouh*) nous fournit en outre la
liste suivante d'éditions spéciales du livre de Mencius :

E. — *Meng-tsze Tching-i* (Sens correct du livre de Mençius) ; 4 livres ou
*kiouen*.

F. — *Meng-stze Li-i* (Sens établi du livre de Mencius) ; 2 livres.

G. — *Meng-tsze Kiang* (Commentaire du livre de Mencius) ; 1 livre.

H. — *Meng-tsze Tchouen* (Explication traditionnelle du livre de Mencius) ;
29 livres.

I. — *Meng-tsze Tsing-i* (Sens pur du livre de Mencius) ; 34 livres.

J. — *Meng-tsze Choueh* (Interprétation du livre de Mencius) ; 7 livres.

K. — *Meng-tsze Tsi-sou* (Éclaircissements réunis sur le livre de Mencius) ;
14 livres.

L. — *Meng-tsze Tsa-ki* (Mémoires variés sur le livre de Mencius) ; 4 livres.

M. — *Meng-tsze Sse-choueh* (Interprétations pédagogiques sur le livre de
Mencius) ; 2 livres.

N. — *Tou Meng-tsze tah-ki* (Récits pour la lecture du livre de Mencius) ;
2 livres.

O. — *Sou Ping Meng-tsze* (Examen critique de Mencius par Sou-Siun) ; 2 livres.

P. — *Meng-tsze Fa-ti* (Exposé du sens général de Mencius) ; 1 livre.

Q. — *Meng-tsze Kao-i* (Examen des choses extraordinaires renfermées dans
le livre de Mencius) ; 2 livres.

impériale [1]. Nous n'en connaissons pas d'édition mongole; mais il existe une version manuscrite en cette langue au Département asiatique de Saint-Pétersbourg [2]. Enfin nous en possédons personnellement une édition japonaise, jusqu'à présent unique en Europe. On m'a

R. — *Meng-i-ting-tsze* ( Appréciations critiques du livre de Meng-tsze ); 7 livres.

S. — *Meng-tsze Choueh-kiang* (Commentaire du livre de Meng-tsze); 14 livres.

A part ces éditions spéciales du traité de Mencius, on trouve encore ce livre joint, comme il a été dit, à toutes les éditions du recueil des *Sse-chou*, l'un des monuments le plus souvent réimprimés de la littérature chinoise.

[1] Voici les principales éditions tartares que l'on possède en Europe des Quatre-Livres, et où l'on peut trouver la traduction mandchoue de l'œuvre de Mencius :

A. — *Inenggidari giyangnakha Sse-chou-i dchourgan-bé soukhé bitkhé.* Traduction mandchoue du texte et de la paraphrase impériale des Quatre-Livres; 24 vol. in-f°. (Bibliothèque impériale, Nouv. fonds, n° 571.)

B. — *Mandchou nikan khergen-i Sse-chou.* Les Quatre-Livres en chinois et en mandchou; in-8°. (Bibl. imp., Nouv. fonds, n° 916.)

C. — *Yu-tchi fan-i Sse-chou.* Les Quatre-Livres en chinois et en mandchou ; édition impériale; 2 vol. in-4°. (Bibl. imp., Nouv. fonds, n° 915.)

D. — *Man-han Sse-chou tsi-chou.* Les Quatre-Livres, avec le commentaire du docteur Tchou-hi, en chinois et en mandchou ; 12 vol. in-4°. (Bibl. imp., Nouv. fonds, n° 1002.)

A ces éditions des Quatre-Livres, il faut ajouter l'ouvrage suivant :

E. — *Sse-chou yao-lan.* Aperçu des choses les plus importantes renfermées dans les Quatre-Livres, en mandchou; in-8°. (Bibl. imp., Nouv. fonds, n° 923.)

[2] On possède à Paris une admirable copie de ce manuscrit : elle porte le titre suivant :

[En mongol : *Dourban bitsik*]. Les Quatre-Livres classiques de la Chine, traduits en mongol, copiés sur deux mss. inédits par l'ex-lama L. Gomboïew. Saint-Pétersbourg, 1838 ; 3 vol. in-4° min.

assuré qu'il existe également des traductions de Mencius en coréen et en siamois : mais le titre d'aucune d'elles n'est encore parvenu en Europe.

Le livre de Mencius a été en outre traduit dans plusieurs langues européennes [1]; mais nous n'en possédons une connaissance parfaite que depuis la publication par la Société asiatique de la savante version latine de M. Stanislas Julien, de l'Institut. Cette version est basée sur les meilleures commentaires indigènes et sur les explications des littérateurs mandchoux chargés de déterminer dans la langue de la dynastie tartare, actuellement régnante, le sens, en quelque sorte sacramentel, des livres sacrés et philosophiques de l'antiquité chinoise.

---

[1] Voici, suivant l'ordre de leur apparition, les traductions européennes du livre de Mencius, dont nous avons connaissance :

1. Sinensis imperii Libri classici sex, nimirum Adultorum schola, Immutabile medium, Liber sententiarum, Mencius, etc. è sinico idiomate in latinum traducti à P. Fr. NOEL, S. J. *Pragœ*, 1711; in-4° min.

2. Si-chou-geï, to ieste Tchetire knigï ; traduit sur les textes mandchoux en russe, par LÉONTIEWSKI. *Saint-Pétersbourg*, 1780 ; in-8°.

3. Meng-tseu vel Mencium, inter sinenses philosophos, ingenio, doctrinâ, nominisque claritate Confucio proximum, edidit, latinâ interpretatione, ad interpretationem tartaricam utramque recensita, instruxit, et perpetuo commentario e sinicis deprompto, illustravit STANISLAUS JULIEN. (Societatis asiaticæ et comitis de Lasteyrie impensis.) *Lutetiæ Parisiorum*, 1824-26 ; 2 vol. in-8°.

4. The Chinese Classical Works, commonly called the Four Books, translated and illustrated with notes, by the late Rev. DAVID COLLIE. *Malacca*, Mission Press, 1828 ; in-8°.

5. Les Quatre Livres de philosophie morale et politique de la Chine, traduits par G. PAUTHIER. *Paris*, 1851 ; in-12. (Collection Charpentier.)

6. The Chinese Classics : with a translation, critical and exegetical notes, prolegomena, and copious indexes. By JAMES LEGGE. *Hong-kong*, 1861 ; 7 vol. gr. in-8°.

# HIOUEN-TSANG

MOINE BOUDDHISTE.

---

## SA VIE, SES PÈLERINAGES.

Hiouen-tsang ou Youen-tsang, célèbre voyageur
bouddhiste, naquit en l'an 603 de notre ère. Son nom
séculier était *Tchin-chi*, c'est-à-dire «l'homme de la
famille de *Tchin*». Ses ancêtres étaient originaires de
Ing-tchouen, dans le Ho-nan [1]. Il n'avait que huit ans,
lorsqu'un jour son père lui donna lecture du Livre de
la piété filiale (*Hiao-king*) de Confucius; quand il en fut
arrivé au passage où le disciple Tseng-tsze quitte sa natte
et se lève devant le grand philosophe son maître, le
jeune Hiouen-tsang arrangea le devant de son vêtement

---

[1] Un panégyriste nommé *Tchang-choueh,* auquel on doit la préface qui accompagne la relation des voyages de Hiouen-tsang, fait
remonter la famille de ce fameux pèlerin au règne de Hoang-ti, et
le rattache successivement à celle de l'empereur Chun (2255 ans
avant notre ère) et à une foule d'autres grands personnages de la
dynastie des Tchœou et de celle des Han.

et se leva également. Son père, lui en ayant demandé la cause, reçut pour réponse : « Quand Tseng-tsze eut entendu les instructions du maître (de Confucius), il quitta sa natte; aujourd'hui que je reçois vos leçons bienveillantes, comment pourrais-je rester tranquillement assis?» Cette réponse ne manqua pas de charmer le père, qui entrevit dès lors l'avenir réservé à son fils. Aussi se hâta-t-il de dire à ses parents appelés à cet effet : «Il fera la gloire de votre maison.» Le jeune Hiouen-tsang persévéra en effet dans l'étude des livres canoniques des anciens Chinois. Un de ses frères, s'étant consacré à la doctrine bouddhique, entra en religion et invita Hiouen-tsang à le visiter; puis, comme il reconnut en lui un talent supérieur, il l'initia à l'intelligence des livres sacrés.

Sur ces entrefaites, un décret impérial fut rendu pour l'ordination, à Lo-yang, de vingt-sept religieux. Bien que le nombre des candidats fût de plusieurs centaines, Hiouen-tsang regrettait de ne pouvoir se mettre sur les rangs : il n'avait pas l'âge exigé par les règles. Cependant une inspiration le pousse à se diriger vers la salle des concours. Il y arrive : mais il craint d'avancer trop avant. Il a fait tout ce que sa timidité lui a inspiré, et maintenant encore il n'ose s'avouer à lui-même le but de sa démarche. Tandis qu'il stationne ainsi à l'écart, cherchant à se blottir en quelque coin, il est aperçu par un examinateur, qui s'approche de lui, et, après s'être informé de son nom, l'interroge ainsi : «Désirez-vous être ordonné?» Le jeune Hiouen-tsang, encouragé par ces paroles bienveillantes, répondit qu'il le souhaitait ardemment, mais qu'il était encore trop peu instruit, et qu'enfin il n'avait pas atteint l'âge voulu pour cette ordination. « Mon seul désir, ajouta-t-il, est de répandre au loin la loi éclatante que nous a léguée le Bouddha. » Cette réponse fut accueillie avec joie, et Hiouen-tsang fut admis dans le couvent où était déjà son frère, et cela sans qu'il eût à subir aucun examen.

A peine âgé de treize ans, il avait déjà acquis une grande intelligence de la doctrine du Bouddha. Il excellait dans l'explication du *nirvâna* (la fin suprême, suivant les bouddhistes) et exposait tous les dogmes de la religion à laquelle il s'était consacré. Sa réputation commença à se répandre au loin, et bientôt on lui donna le titre de Maître de la loi.

A la suite des désastres qui signalèrent la chute de la dynastie impériale des Souï, Hiouen-tsang et son frère se mirent en route, pour chercher un lieu où ils pourraient continuer leurs études et propager les connaissances qu'ils avaient acquises dans la loi du Bouddha. Ils se fixèrent, à cet effet, dans le couvent *Koung-hoeï-Sse* de la ville de Tching-tou.

En 622, le Maître de la loi, ayant atteint l'âge de vingt ans, reçut le complément des règles monastiques. Hiouen-tsang parcourut alors les pays où se trouvaient des couvents et des religieux versés dans l'intelligence des livres sacrés. Une grande dissidence lui parut régner entre les différentes écoles, et, comme il ne voyait pas de moyen d'arriver à une solution satisfaisante pour en accorder les croyances, il résolut d'en-

treprendre un voyage dans les contrées de l'ouest, afin
d'y interroger les sages, d'y recueillir les livres sacrés
et de s'inspirer sur la terre elle-même où le Bouddha
était né et avait passé le cours de son existence. Telle
fut l'origine des voyages qui ont rendu célèbre le nom
de Hiouen-tsang dans la plus grande partie de l'Asie,
et qui, de nos jours, lui ont fait traverser les mers pour
arriver jusqu'en Occident, où un illustre interprète
s'est chargé de nous le faire connaître par le récit de
ses intéressantes pérégrinations.

Hiouen-tsang part de Liang-tcheou (extrémité nord-
ouest de la Chine), dans le courant de l'année 628, et
gagne tout d'abord le fameux empire des Ouigours, à
la capitale duquel il arrive, après avoir souffert toutes
les fatigues d'un voyage long et pénible au travers des
déserts, des marais, des montagnes, des vallées, des
forêts, et s'être fait le jouet du mirage dont il fut souvent la victime. De cette capitale, il se dirige de nouveau vers l'ouest et visite successivement les principales viles de la région accidentée qui répond à la
Dzoungarie. De là il se rend au mont Ling-chan (nommé
actuellement Mousour Dabaghan), dont il traverse les
sentiers escarpés, au milieu d'une atmosphère tantôt
glaciale et nébuleuse, tantôt obscurcie par des tourbillons de neige. Il parcourt ensuite la région du Iaxar-
tès et de la Transoxane, où les Turcs étendaient alors
leur puissante domination, et pratiquaient, suivant le
*Si-yu-ki,* le culte du feu. Hiouen-tsang pénètre successivement à Talas, à Samarkand, à Balkh, à Bamian, l'un
des centres de la doctrine bouddhique, dans le Kaboul,

à Peïchaver, à Attok. Il passe de là par le pays d'Ou-
dyâna, célèbre par les plus anciennes légendes brah-
maniques qui l'ont consacré, et par les nombreux monuments qu'y élevèrent les sectateurs de la doctrine
du Bouddha. Le Maître de la loi chemine ensuite au travers des contrées montagneuses situées au nord du Ka-
chemire, et, après avoir séjourné assez longtemps dans
le Pendjâb, il parvient au royaume de Panoutcha (dont
Pantch, la capitale, existe encore) et à celui de Radja-
poura (actuellement Radjavar). Les plaines baignées
par les eaux du Gange offrent de nouvelles curiosités
à notre voyageur, avide surtout de ce qui touche, de
près ou de loin, à la foi religieuse à laquelle il s'est
consacré. Parmi les États qui existaient dans ce bassin,
à l'époque du passage de notre voyageur, se trouvait
celui du Kapilavastou, où naquit Çakya-Mouni, l'apôtre
et en quelque sorte le fondateur du bouddhisme, et celui
de Kouçinagara, où ce grand instituteur termina son
existence.

Parti de Bénarès, Hiouen-tsang explore avec un soin
des plus minutieux le vaste territoire de Magadha, puis,
avec plus de rapidité, les royaumes situés au-delà du
Gange, dans la partie nord-est du Bengale. L'activité
du Maître de la loi ne s'arrête pas là; il se décide à visiter la partie sud de l'Hindoustan et y poursuit ses laborieuses investigations. Il ne peut voir Ceylan de ses
propres yeux, mais il recueille sur cette île tous les
renseignements qu'il peut se procurer aux diverses stations de son long voyage. Il remonte ensuite vers le
nord, au travers du Goudjarat, du Sindh, du Moultan, et

atteint de nouveau le royaume de Magadha; enfin il reprend la route de sa patrie, visitant la plupart des pays
qu'il avait déjà traversés à son arrivée dans l'Inde. Il
longe le cours de l'Oxus, gravit de nouveau les montagnes du Tsoung-ling et pénètre sur le plateau de Tartarie,
d'où il regagne le nord-ouest de la Chine par les royaumes de Kachghar, de Yarkand et de Khotan.

Le bruit de la prochaine arrivée de Hiouen-tsang se
répandit rapidement et parvint jusqu'à la cour. Dans
la première lune de l'année 645, au printemps, une
députation fut envoyée à sa rencontre, et des réjouis-
sances furent préparées pour fêter son heureux retour.
On déposa dans le monastère Hong-fo-Sse les objets
ainsi que les livres rapportés par le Maître de la loi.
Cette précieuse collection, comprenant des reliques de
la chair du Tathâgata, plusieurs statues du Bouddha
en or, en argent et en bois de sandal, et six cent
cinquante-sept ouvrages, fut amenée par vingt-deux
chevaux. Après avoir questionné longuement Hiouen-
tsang sur ce qu'il avait vu et appris de plus curieux,
l'empereur, qui l'avait fait venir en sa présence, lui exprima sa satisfaction et voulut le nommer ministre. Le
Maître de la loi s'en excusa, disant qu'il ignorait la
doctrine de Confucius, qui était alors la base de l'édi-
fice social, et que s'il abandonnait la doctrine du
Bouddha, à laquelle il s'était consacré dès sa première
jeunesse, il ressemblerait à un navire à voiles qui quit-
terait les eaux de la mer pour voguer sur la terre ferme.
Il pria en même temps l'empereur de lui permettre de
terminer ses jours dans un couvent, où il pourrait tra-

duire les nombreux ouvrages qu'il avait rapportés de
l'Inde. Sa demande lui fut accordée, et on lui adjoignit
un certain nombre de personnes destinées à l'aider
dans la révision et la copie de ses traductions.

Nous ne citerons pas ici la liste des nombreuses versions chinoises d'ouvrages indiens que Hiouen-tsang
rédigea dans le calme et l'austérité de la vie cloîtrée,
afin de ne pas étendre davantage le cadre de cette biographie. La même raison nous forcera de taire les services éminents que le zélé pèlerin rendit à la doctrine
du Bouddha, en obtenant pour elle la faveur impériale
et de nombreuses ordinations de religieux et de missionnaires. Hiouen-tsang avait conservé des traces de
toutes les fatigues endurées pendant le cours de ses
longues journées, et il se ressentait souvent du froid
glacial qu'il avait éprouvé en gravissant les montagnes de l'Asie centrale. En 656, une maladie vint
l'assaillir et plonger dans une morne tristesse les innombrables personnes qu'il s'était attachées par ses vertus et son savoir. Plusieurs fois, grâce aux médecins
que l'empereur envoyait constamment près de lui, il
parvint à se rétablir; mais, comme il ne cessait de se
livrer au travail fatiguant des traductions qu'il avait entreprises, il sentit ses forces s'épuiser et la mort approcher à grands pas. Dès lors il ne songea plus qu'à s'y
préparer, et à donner ses dernières instructions à ses
disciples.

Un jour, l'un d'eux accourut annoncer au Maître
de la loi qu'il avait vu en songe un Stoûpa d'une
hauteur prodigieuse s'écrouler tout à coup. « Ceci ne

vous concerne point, lui dit Hiouen-tsang avec calme,
c'est le présage de ma fin prochaine. »

'Dans ses derniers moments, le Maître de la loi ordonna à ses disciples de distribuer ses vêtements et ses
richesses aux pauvres; il fit ensuite de nouvelles re-
commandations, puis, se reposant sur sa couche, il
adressa une courte prière à Maïtréya Tathâgata. Le cinquième jour de la deuxième lune, il avait expiré (664
de notre ère).

A la nouvelle de sa mort, l'empereur répandit des
larmes abondantes et fit entendre des cris déchirants :
il venait de perdre, disait-il, le trésor de l'empire. Durant plusieurs jours, toute réception solennelle fut suspendue au palais. Un décret impérial ordonna, en outre, que les funérailles de Hiouen-tsang fussent faites
aux frais de l'État, et qu'on élevât une tour en l'honneur de l'illustre défunt. Le jour de ses obsèques, une
foule innombrable accompagna le corps jusqu'à sa dernière demeure : le morne silence des religieux n'était
troublé que par les lamentations du peuple, qui ne
pouvait retenir la douleur que lui causait la perte de ce
grand pèlerin.

Les voyages dont nous venons d'énoncer rapidement
les principales stations ont été consignés dans l'ouvrage
chinois intitulé : *Ta-Tang Si-yu-ki chi-œull-kiouen*
c'est-à-dire « Histoire des contrées occidentales, publiée sous la grande dynastie du Tang, en douze livres, » in-8°. Cette précieuse collection de documents
sur les cent trente-huit royaumes décrits par Hiouen-
tsang, et qu'il avait pour la plupart visités en per-

sonne, a été traduite en français par notre savant sinologue, M. Stanislas Julien, de l'Institut [1]. Le récit des
voyages du célèbre pèlerin bouddhiste a été rédigé avec
des détails biographiques par Hoeï-li et terminé par
Yen-tsoung, contemporains de Hiouen-tsang, et publié en chinois sous le titre de *Ta-Tang tse 'en-sse san-
thsang-fa sse-tchouen*; *Hoeï-li-pen-chi-tsoung-tsien*, c'est-
à-dire « Histoire du Maitre de la Loi des Trois Recueils [2],
du couvent de la Grande-Bienfaisance, publiée sous la
dynastie des Tang » (édition impér. en 10 vol. gr.
in-8°). M. Stanislas Julien a également traduit cet ouvrage en français dans sa Collection des voyages des pèlerins bouddhistes.

Je n'ajouterai point, à ce qui précède, une appréciation générale du caractère de Hiouen-tsang : son
histoire, dont on a lu l'exposé rapide, parle suffisamment par elle-même, et il n'est point permis, à un écrivain européen surtout, dans l'état actuel de nos connaissances sinologiques, d'ajouter à l'opinion de ses
compatriotes ses propres impressions sur un personnage qui a été une des plus grandes figures de son siècle et l'un des hommes les plus vénérés dont s'honore
la Chine. Qu'il nous suffise de rappeler que l'histoire
de sa vie, dont nous a doté un savant interprète français, nous le représente sans cesse comme un religieux

---

[1] *Mémoire sur les contrées occidentales,* traduit du sanscrit en
chinois, en l'an 648, par Hiouen-tsang, et du chinois en français
par Stanislas Julien. Paris, Imprimerie impériale, 1857 ; in-8°.
[2] Sanscrit : *Tripitakâtchâryya.*

aux mœurs pures et austères, à l'air grave et majestueux, dont la parole, successivement brillante et simple, éloquente et harmonieuse, entraînait la foule enthousiasmée dans les voies de la nouvelle doctrine du
Bouddha, doctrine qui eût été sans doute impuissante
à renverser les croyances préexistantes et à réunir une
foule aussi considérable d'adeptes, si, pour destinée
suprême, comme le veulent certains critiques, elle
n'eût assuré à l'homme que la triste condition de l'a-
néantissement!

---

[1] *Histoire de la vie de Hiouen-tsang et de ses voyages dans
l'Inde,* depuis l'an 629 jusqu'en 645, par Hoeï-li et Yen-tsong, suivie de documents et d'éclaircissements géographiques tirés de la
relation originale de Hiouen-tsang, par Stanislas Julien. Paris,
Imprimerie impériale, 1853; in-8°.

# KANG-HI

EMPEREUR MANDCHOU.

Kang-hi [1], empereur de Chine, le second de la dynastie tartare des Taï-Tsing (très-pure), actuellement régnante, naquit en 1654. Son petit nom était *Hiouen-Ye* (Étincelle bleue). Il succéda, en 1662, à Chun-tchi, son père, qui l'avait désigné pour occuper le trône, peu de temps avant sa mort. Comme ce prince n'avait pas encore atteint l'âge de huit ans, quatre mandarins furent choisis pour former le conseil de régence; mais cette tutelle ne dura pas longtemps pour le jeune empereur, car à peine eut-il atteint sa treizième année, qu'il profita de la mort de l'un des quatre régents pour prendre en mains les rênes du vaste empire des Tartares-Mandchoux et se faire déclarer majeur; et, afin de n'être point troublé dans ses desseins, il fit arrêter un des

---

[1] En mandchou *Elkhe-Taffin* (l'Inaltérable Paix).

trois autres régents, accusé de plusieurs crimes, le fit juger sur douze chefs d'accusation, puis condamner, lui et son troisième fils, à être mis en pièces, et ses sept autres enfants à être décapités; tous les biens qu'ils possédaient furent en outre confisqués au profit de l'État. Ce trait de sauvage résolution suffit pour assurer au jeune monarque la liberté de gouverner la Chine sans avoir à souffrir de la tutelle, souvent gênante, des mandarins puissants et ambitieux auxquels avait été confiée la régence de l'empire, depuis la mort de Chun-tchi.

Un des premiers actes de l'empereur Kang-hi fut de régler le système astronomique qui devait être suivi à l'observatoire impérial de Chine. Il s'agissait d'opter entre l'astronomie chinoise et l'astronomie européenne, que les pères jésuites avaient commencé à introduire au Céleste-Empire. Malgré le rapport des neuf tribunaux de Pé-king, qui demandaient le retour aux anciennes méthodes, l'empereur reconnut la supériorité des Occidentaux en fait d'astronomie, et le père Ferdinand Verbiest (connu en Chine sous le nom de *Nan-hoaï-jin*) fut nommé président du tribunal des mathématiques. Peu de temps après, ce savant jésuite enseignait les principes des principales sciences européennes à Kang-hi lui-même, qui y consacrait, avec une ardeur peu commune, tous les loisirs que lui laissait la direction des affaires.

En l'année 1673, une révolte formidable éclata dans l'empire. *Ou-san-kouéi*, prince tributaire du Yun-nan, bien qu'il eût déjà atteint un âge avancé, avait été ac-

cusé par les grands de Pé-king de maintenir continuellement ses troupes sous les armes et de les exercer aux
pratiques militaires, afin de se mettre à même de faire
un jour irruption sur le territoire chinois et de renverser la püissance impériale. Kang-hi, d'abord peu disposé à écouter ces insinuations, se décida néanmoins à
envoyer au prince du Yun-nan l'ordre de se rendre à la
cour, afin d'y présenter l'hommage de ses États; cette
formalité, dont il ne s'était point acquitté depuis longtemps, devait offrir une excellente occasion pour sonder
les dispositions de Ou-san-kouéi. Mais le prince du Yun-
nan, averti par son fils, qui demeurait comme otage à
Pé-king, des motifs pour lesquels on l'appelait à la
cour, répondit aux envoyés de Kang-hi qu'il connaissait trop bien le mobile qui avait dicté l'ordre qu'on
lui apportait, et que, puisque l'empereur avait oublié
combien les Tartares lui étaient redevables de leur entrée en Chine, il se rendrait à la capitale avec une escorte de 80,000 soldats. Pendant que Ou-san-kouéi
parcourait les provinces à la tête de son armée, réunis-
sant chaque jour de nouvelles troupes sous sa bannière,
le fils de ce prince préparait dans la capitale un vaste
complot, dont le but principal était de s'emparer de la
personne de l'empereur et de faire main basse sur tous
les grands mandarins de la cour, afin d'assurer à son
père l'entrée libre du palais impérial. Toutefois ce
complot, au lieu d'aboutir au résultat qu'en espéraient
les conjurés, fut découvert à temps, et les principaux
instigateurs furent mis à mort immédiatement après
que cette même peine eut été infligée au fils de Ou-san-

Kouéi. Une punition aussi terrible, loin d'effrayer le prince du Yun-nan, excita en lui un nouveau désir de vengeance, et il s'efforça plus que jamais d'attacher à ses intérêts les princes de Taï-wan (Formose), du Kouang-toung et du Fouh-kien, qui souffraient avec peine la domination chaque jour envahissante des Tartares. En même temps, une révolte venait d'éclater dans le nord de la Chine, où un prince mongol était en train de réunir des forces considérables, dans l'espérance de relever la puissance déchue de la dynastie des Youèn [1]. La situation des Tartares devenait ainsi très-périlleuse, et il n'y a guère à douter qu'ils eussent été chassés de la capitale sans la discorde qui ne tarda pas à éclater parmi les alliés d'Ou-san-kouéi et sans la politique habile et prompte de l'empereur Kang-hi.

Ce prince comprit tout d'abord ce qu'il avait à faire pour se soustraire aux dangers qui le menaçaient de toutes parts. Sans perdre un instant, il envoya un corps d'armée contre le prince mongol : celui-ci, surpris inopinément, et ayant à peine le temps de se reconnaître, dut se résoudre à livrer bataille avec le peu de troupes qu'il avait sous la main. Le résultat de cette affaire ne pouvait être douteux : il fut fait prisonnier, ainsi que son frère et ses enfants. Cette victoire anéantit tout germe de désordre du côté des Mongols, et laissa à Kang-hi la liberté de disposer de toutes ses troupes

---

[1] La dynastie mongole dite des *Youèn* avait occupé le trône de la Chine depuis 1260 jusqu'en 1368; mais sa domination exclusive ne datait que de l'année 1275.

pour résister aux rebelles, qui poursuivaient leurs incursions dans le sud.

Sur ces entrefaites (1676), *Kaldan*, chef des OEleutes,
vint susciter de nouveaux troubles au nord-ouest de
l'empire. Kang-hi crut nécessaire de marcher en personne contre lui, et il ne parvint qu'à grand'peine
à mettre fin à cette guerre. Les troupes tartares, en-
couragées par les événements, attaquèrent les troupes
du Yun-nan, les battirent dans trois actions, et allèrent
assiéger leur capitale, dans laquelle ils ne tardèrent pas
à pénétrer. Le fils du prince du Yun-nan (1680) se pendit, pour ne pas tomber vif entre les mains des Tartares; tous les autres membres de sa famille furent mis
à mort, et le tombeau de Ou-san-kouéi (mort en 1679)
lui-même fut violé et ses cendres jetées au vent. Dès
lors l'empereur put reporter toute son attention vers
l'ouest de la Chine, où plusieurs chefs tartares menaçaient de s'insurger.

En 1680, Kang-hi, convaincu que le prince du
Kouang-toung cherchait à secouer le joug des Tartares,
envoya des émissaires chargés de lui remettre un coffre
de bois vernissé renfermant une corde de soie jaune
avec laquelle le rebelle devait se donner la mort. A
cette nouvelle, le prince du Kouang-toung se fit revêtir
de ses plus riches vêtements, ouvrit le coffre, en retira
la corde de soie et se pendit. Immédiatement après, les
envoyés firent mettre à mort trois des frères du prince
et plus de cent de ses principaux officiers. Dès lors le
Kouang-toung fut annexé comme simple province à l'empire tartare.

L'année suivante (1681) le prince du Fouh-kien, accusé de dureté envers les mandarins, qui lui reprochaient sa rébellion, fut amené à Pé-king et livré aux animaux carnassiers, après avoir été coupé en morceaux. Cette exécution fut suivie de l'annexion du Fouh-kien à la couronne tartare, et deux ans plus tard (1683) l'île de Formose vint également s'y réunir.

Vers le commencement de l'année 1688, il arriva à Pé-king un ambassadeur de Russie pour régler la délimitation territoriale des deux empires. Kang-hi nomma des commissaires extraordinaires auxquels il adjoignit, comme interprètes, les pères Ant. Pereira et J. Gerbillon, jésuites, afin d'arranger pour le mieux cette affaire. Mais les conférences furent renvoyées à l'année suivante, parce qu'il eût été imprudent de se rendre sur le territoire des Kalkas, qui étaient alors en guerre avec les OEleutes. Le 3 septembre 1689, la paix fut définitivement signée par les plénipotentiaires russe et chinois, dans la ville de Nipchou.

Vers la fin de 1691, les pères jésuites, attachés par ordre de Kang-hi au tribunal d'astronomie et de mathématiques de Pé-king, adressèrent à ce prince un placet dans lequel ils se plaignaient des persécutions que le vice-roi de Tché-kiang avait fait endurer aux chrétiens et des obstacles qu'il n'avait cessé d'apporter à l'exercice de leur culte. Le placet fut renvoyé au tribunal des rites; un rapport peu favorable à la demande des missionnaires de Pé-king en émana bientôt après. Mais comme ce rapport ne s'accordait point avec les sentiments de tolérance et de protection de l'empereur envers les jésuites, auxquels il devait l'introduction des sciences européennes en Chine, il donna ordre au tribunal des rites de s'assembler de nouveau et de se joindre au conseil des ministres pour délibérer sur le placet renvoyé à leur examen. Le résultat de la délibération fut cette fois entièrement conforme aux sollicitations des pères jésuites, et le décret qui suivit le nouveau rapport intima aux mandarins l'ordre de laisser aux chrétiens le libre exercice de leur culte, dans toutes les parties de l'empire chinois.

Un incident assez grave vint augmenter considérablement la confiance de Kang-hi envers les pères de la Compagnie de Jésus : ce prince, atteint d'une fièvre maligne qui mettait sa vie en danger, eut recours à l'art des médecins du palais; mais, loin de le guérir, les remèdes qu'il reçut d'eux ne firent qu'aggraver l'intensité du mal, à un tel point que les docteurs chinois crurent qu'il n'y avait rien de mieux à faire que de suspendre tout traitement, espérant être ainsi plus à même de découvrir le caractère réel de la maladie. Au lieu de suivre leurs conseils, l'empereur prit un remède de provenance européenne : il se sentit promptement soulagé; mais une fièvre intermittente vint l'assaillir peu après. On publia alors dans la capitale un avis par lequel tous ceux qui pouvaient avoir un spécifique contre cette maladie étaient appelés au palais impérial, où des expériences seraient faites pour en constater l'efficacité. Les pères Gerbillon, de Fontaney et Bouvet se présentèrent à la cour avec une certaine quantité de quinquina : après avoir essayé ce médicament sur plu-

sieurs malades et en avoir reconnu les propriétés, il fut
administré à Kang-hi, qui s'en trouva bien et se rétablit au bout de peu de jours. Les médecins chinois furent condamnés à mort par le tribunal des crimes; mais
leur peine fut commuée en celle de l'exil; quant aux
pères jésuites, ils reçurent pour prix de leur belle cure
une maison située dans l'enceinte du palais, ainsi qu'un
terrain où une église fut bâtie plus tard aux frais de
l'empereur.

Les affaires de Tartarie continuaient toujours à in-
quiéter le gouvernement de Pé-king. Kang-hi, décidé
à mettre fin à ces troubles incessants, leva une armée
considérable, et partit en personne pour la commander. Après une longue suite de péripéties, l'armée des
Œleutes fut mise en déroute, et Kaldan, qui commandait les rebelles, ne trouva d'autre ressource que dans
la fuite. Toutefois ce prince recouvra bientôt les
moyens de reconstituer son armée; et, avec le secours
que lui prêtait en secret le roi du Tibet, il continua à
fatiguer par ses escarmouches les troupes impériales
envoyées à sa poursuite, jusqu'à ce qu'enfin (1697) la
mort vint débarrasser Kang-hi de cet ennemi redouta-
ble, contre lequel il avait déployé en vain toutes les
forces stratégiques qui étaient alors disponibles. A partir
de cette époque, la Tartarie fut à peu près entièrement
pacifiée, et bientôt le Tibet lui-même fut annexé à
l'empire des Taï-Tsing.

Grâce à la science des pères jésuites, le christianisme
était ouvertement toléré en Chine, lorsqu'il devint,
en 1717, l'objet de nouvelles persécutions, contre les-

quelles les plaintes, plusieurs fois réitérées, des membres européens du tribunal des mathématiques ne purent rien obtenir (1722).

L'empire jouissait alors d'une paix profonde : Kang-hi résolut de se rendre en Tartarie, afin d'y passer une partie de la belle saison. Comme il se disposait à retourner à la capitale, il voulut terminer son voyage par une partie de chasse dans les environs de Pé-king. Il y gagna une pleurésie, par suite de l'action d'un violent vent du nord. Voyant qu'aucun remède ne pouvait le guérir, et sentant sa mort prochaine, il écrivit son testament, dans lequel il désigna pour son successeur le quatrième de ses fils, qui régna sous le titre de *Young-tching*. Le 20 décembre 1722, vers huit heures du soir, il rendit le dernier soupir.

Kang-hi fut un des plus grands princes qui gouvernèrent la Chine. Il étendit considérablement l'empire de la dynastie mandchoue du côté de l'ouest, et fit respecter par toute l'Asie la puissance de ses armes. Il fut également protecteur des lettres, et eut le mérite rare, en Chine surtout, de comprendre la valeur des sciences européennes, qu'il chercha à répandre parmi ses sujets. Ce fut par un ordre de Kang-hi, en date de 1708, que les pères Bouvet, Jartoux et Régis entreprirent de relever, d'après les méthodes européennes, la carte de diverses parties de la Chine, travail qui fut ultérieurement poursuivi, dans d'autres provinces de l'empire, par plusieurs jésuites adjoints à ceux que nous venons de citer. L'industrie reçut également une impulsion jusqu'alors inconnue. Kang-hi fonda une nouvelle bibliothèque, appelée *Youèn-Kièn* (le Miroir des Sources), et renfermant tout ce qu'il avait été possible de se procurer d'ouvrages remarquables sur l'histoire, les sciences et la littérature chinoises ; il nomma en outre un comité chargé de traduire en mandchou les livres les plus intéressants de cette précieuse et riche collection.

Le cadre de cette notice ne nous permet pas de donner la liste de toutes les innovations importantes que la Chine doit à ce monarque éclairé ; mais nous ne pouvons nous dispenser de citer quelques-uns des ouvrages rédigés par lui ou publiés avec son concours et sous sa direction. De ce nombre sont les suivants :

1. *Ching-yu Kouang-yun* (Développement du saint Édit), comprenant seize maximes composées par l'empereur Kang-hi, vers la fin de la vie de ce prince (entre 1730 et 1735). L'ouvrage forme généralement en chinois quatre volumes in-8° et est accompagné de plusieurs préfaces, dont une de l'empereur Young-Tching.

2. La traduction mandchoue en a été publiée à Péking, par ordre impérial, sous le titre de : *Endouringge tatsigiyen neïleme badaramboukka bitkhe* [1].

3. *Chengdzou gosin khowangdi-i boi tatsigiyen-i ten-i gi-*

---

[1] Il existe une traduction russe, faite en 1788, par Alexis Agafonov, sur la version mandchoue de ce livre, et une traduction anglaise : *The sacred Edict, containing sixteen maxims of the emperor Kang-he, amplified by his son,* etc. *Translated from the Chinese,* by W. Milne. London, 1817 ; in-8°.

*soun* (ou Sublimes instructions familières de l'empereur *Ching-tsou* à ses enfants, publiées la huitième année de son règne (1730), par l'empereur Young-tching), c'est-à-dire le *saint aïeul*, nom historique de l'empereur connu en Europe par l'épithète de Kang-hi. Cet important monument de la littérature tartare-mandchoue a été traduit par les missionnaires de Pé-king [1].

4. *Kang-hi Tsze-tien* (Explication des Caractères, publiée par ordre de l'empereur Kang-hi), en 1716; c'est un des dictionnaires chinois les plus répandus à la Chine, et qui renferme l'explication d'environ 42,000 caractères, parmi lesquels plus de 8,000 sont inusités ou de simples variantes de signes. La préface, écrite de la main de Kang-hi lui-même, et reproduite en fac-simile dans toutes les éditions de ce livre, est un des plus beaux exemples d'écriture chinoise moderne que l'on connaisse; quant au corps du Dictionnaire, il est inférieur à beaucoup d'autres lexiques publiés en Chine.

5. Un recueil de poésies, dont une des plus célèbres a été publiée en chinois et en mandchou, sous le titre de: *Pi-chou-Chan tchouang-chi* (Vers de la forme du mont Pi-chan (ou *le Refuge contre les chaleurs*, nom d'une maison de plaisance impériale); sa rédaction date de 1712.

Kang-hi doit être également compté parmi les grands législateurs chinois, car c'est sous son règne, en 1693, que parut pour la première fois le *Taï-tsing*

---

[1] Dans le tome IX des *Mémoires concernant les Chinois*.

*hoeï-tien*, grand recueil des lois et actes administratifs de la dynastie mandchoue des Taï-Tsing[1].

---

[1] Les principales sources consultées pour cette notice sont les suivantes : *Toung-hoa-lou* (Chronique de la fleur d'Orient) (exemplaire manusc. de la Bibl. imp. de Paris); livres VI à XII. — *Ping-ting-san-nih-chin-wou-fang-lioh* (Abrégé historique de la pacification des principautés du Kouang-toung, du Fouh-kien et de Formose); 1682, in-8°.— *Ping-ting-tchun-koh-œll-fang-lioh* (Abrégé historique de la réduction de l'armée œleute); 1771, in-8°. — *King-lou tching-tien* (Voyage de l'empereur Kang-hi chez les OEleutes); 1684. — *Koueh-tse-kien-tching* (Histoire du Collége impérial); en LX li ki. — *Ping-ting-souh-mou-fang-lioh* (Histoire de la pacification des hordes tartares); 1708, in-8°. — Bouvet, *The Life of Cang-Hy, the present emperor of China*; Londres, 1699, in-8°. — Mailla, *Hist. générale de la Chine. — Lettres édifiantes.* — Verbiest, *Lettres écrites de Chine*, Paris, 1682, in-4°. — Schall, *Histor. Relat. de Ortu et Progressu Fidei in Regno Sinensi;* in-8°. — Le même, *Lettre sur un voyage dans la Tartarie orientale;* Paris, 1684, in-4°. — Abel Rémusat, *Nouveaux Mélanges asiatiques. — Mémoires concernant les Chinois*, tomes I-IV, VII-IX. — *The Chinese Repository*, vol. XVI et passim. —*Innocentia victrix, sive sentent. comit. imper. sinic., pro innocentia christian. relig. lata juridice per annum* 1669, *ex sinico latine exposita;* Quam Tcheu, 1671, in-fol. — *Litteræ patentes imperatoris Sinarum Kang-hi*, sin. et lat.; Norimberg, 1802, in-4°. — Morisson, *Philological View of China.*

# KIEN-LOUNG

## EMPEREUR MANDCHOU.

—

Kien-loung [1], empereur de Chine, le quatrième de
la dynastie mandchoue actuellement régnante, dite des
*Taï-tsing* (Très-pure), naquit en 1709. Il était l'aîné des
trois fils de l'empereur *Young-tching*, auquel il succéda en 1735. Instruit dans la littérature plutôt que
dans les affaires publiques, ce prince éprouva d'abord
quelque embarras à tenir en mains les rênes du gouvernement; et il profita des quatre premières années de
son règne, époque de deuil durant laquelle il avait
nommé quatre régents, pour s'initier aux ressorts mul-
tipliés et délicats de la politique chinoise. Kien-loung
débuta par des actes de clémence qui le popularisèrent

---

[1] Kien-Loung signifie en chinois *Bienfait céleste*. L'équivalent
mandchou de cette expression est *Azkaï-Vekhiyekhe*.

d'une part et lui valurent de l'autre le respect des princes et des grands. Plusieurs membres de la famille impériale, et notamment des fils et des petits-fils de l'empereur Kang-hi que des motifs politiques ou des
intrigues avaient fait éloigner de la cour, furent rappe-
lés de l'exil et rétablis dans des charges dignes de leur
rang.

Un des principaux événements de cette époque fut la
reprise des hostilités contre les Œleutes, dont les guerres avaient occupé une grande partie du règne de
Kang-hi. Malgré l'opinion des mandarins de la cour,
qui jugeaient dangereuse et inutile toute nouvelle expédition contre les tribus tartares de l'ouest, Kien-
loung résolut de les attaquer; et, dans ce but, il envoya
un corps d'armée contre les Œleutes, qui furent défaits
et contraints de livrer un de leurs chefs, nommé *Dawadzi*. Celui-ci fut conduit à Pé-king; mais, au lieu de
le faire mettre à mort, l'empereur lui donna un palais
et une cour dans la capitale, afin de pouvoir, au besoin, l'opposer comme concurrent à *Amoursanan*, auquel avait été conférée la dignité de *khan* ou chef des
Œleutes. En effet, à peine Dawadzi fut-il mort, que ce
chef résolut de s'affranchir du joug pesant de la suzeraineté chinoise. Il appela aux armes les populations
œleutes et mongoles, auxquelles il dépeignit Kien-loung
comme un prince ambitieux et jaloux de ravir leur liberté afin de les soumettre à son sceptre. Cet appel
fut écouté, et bientôt une armée considérable, ayant
Amoursanan à sa tête, parcourait les territoires situés
sur les bords de l'Ili, renversait tous les obstacles qui

se trouvaient sur son passage, et, après avoir signalé sa marche par le pillage et le massacre, allait camper devant *Palikoun,* ville importante des Œleutes, où résidait alors une forte garnison chinoise.

A cette nouvelle, Kien-loung expédia un nouveau corps d'armée pour réduire les rebelles; les troupes œleutes, à l'arrivée de ce renfort inattendu, se débandèrent et laissèrent le champ libre aux troupes impériales. Toutefois, grâce à une maladresse des généraux chinois, Amoursanan parvint à s'échapper et à se rendre sur le territoire des Russes, qui depuis longtemps lui accordaient secrètement des secours et favorisaient ses entreprises. A peine Kien-loung eut-il appris la nouvelle de l'évasion du chef œleute, qu'il donna ordre à ses généraux de se rendre à la cour : il les jugea en personne, et les fit mourir publiquement. Quelque temps après (1757), on apprit qu'Amoursanan s'était enfui en Sibérie et y était mort de la petite vérole. Cette nouvelle ne satisfit point Kien-loung; et, bien que les Russes eussent montré aux envoyés chinois les dépouilles mortelles de leur ennemi, ce prince voulut que le cadavre lui fût livré, afin de procéder aux cérémonies ignominieuses qui se pratiquaient sur les ossements des ennemis qui n'avaient pu être saisis vivants. Les autorités russes ayant refusé d'accéder à la volonté du Fils du Ciel, on dut renoncer à venger les crimes qu'Amoursanan avait commis durant sa vie contre l'autorité impériale, et l'affaire en resta là.

Toutefois Kien-loung n'en poursuivit pas moins ses conquêtes dans les contrées tartares de l'ouest qui passèrent successivement sous sa domination ; et, de cette façon, il devint suzerain de la presque totalité des pays de l'Asie centrale. En 1768, il eut une guerre à soutenir contre le royaume d'Ava. En 1770, des tribus de Tourgout quittèrent les bords du Volga, et se rendirent sur les bords de l'Ili, où elles demandèrent à se placer sous le protectorat de la Chine. Kien-loung les reçut avec joie, et les combla de faveurs ; ce qui attira bientôt après plusieurs autres tribus tartares et le reste de la nation tourgout qui vinrent se soumettre à la domination mandchoue.

Un autre événement important illustra, en 1775, le règne de Kien-loung ; ce fut la réduction des *Miao-tsze*, hordes à demi sauvages, qui habitaient les montagnes du Sse-tchouen, dans les gorges desquelles ils avaient pu échapper aux poursuites des troupes chinoises et conserver leur indépendance. A cette époque ces hordes de Miao-tsze occupaient deux contrées désignées par les noms de Grand-Ruisseau-d'Or (*Taï-kin-tchouen*) et de Petit-Ruisseau-d'Or (*Siao-kin-tchouen*). Jugeant que les troupes impériales ne les atteindraient point dans les défilés de leurs montagnes, ils entreprirent de nouveau de reconquérir leur indépendance ; et lorsque des ambassadeurs de Kien-loung vinrent réclamer leur soumission, il les maltraitèrent et mirent en pièces les ordres impériaux dont ils étaient porteurs. Kien-loung, irrité de ce procédé, résolut de réduire ces tribus insoumises ; et, dans ce but, il envoya contre elles le général mandchou *Akoui* à la tête d'un corps d'armée. En moins d'un mois les Miao-tsze, poursuivis jusque dans les gorges de leurs montagnes, furent battus et laissèrent les Chinois maîtres du Petit-Ruisseau-d'Or (*Siao-kin-tchouen*). Quelques jours après, le général *Akoui* marcha contre le Grand-Ruisseau-d'Or (*Taï-kin-tchouen*), qui lui opposait d'autant plus de résistance que les Miao-tsze vaincus s'y étaient réfugiés. Après une lutte longue et périlleuse, dans laquelle plusieurs grands officiers perdirent la vie, Akoui se rendit maître du Grand-Ruisseau-d'Or, d'où il envoya un exprès à la cour afin de prévenir l'empereur de l'heureuse issue de la campagne. Kien-loung, en récompense de ces services, lui conféra la plume de paon à deux yeux, le bouton de rubis, le manteau à quatre dragons d'or et le titre de *koung* (comte de l'empire). Des faveurs du même genre furent accordées aux autres généraux qui s'étaient distingués dans cette affaire; enfin, on décerna les honneurs du triomphe à Akoui, que l'empereur voulut aller recevoir en personne. Quelques jours après, on procédait solennellement à l'exécution des princes et soldats miao-tsze qui avaient été faits prisonniers. Plusieurs d'entre eux furent coupés en morceaux et leurs têtes suspendues dans des cages de fer avec les noms et les titres qu'ils portaient lors de leur capture.

Kien-loung voulut signaler les dernières années de sa vie par des actes de sagesse et par la plus scrupuleuse pratique des rites. Afin de mieux vaquer aux affaires de son empire, il lui arrivait souvent de se lever au milieu de la nuit, en plein hiver, pour tenir conseil avec ses ministres. « Les missionnaires et les ambassa-

deurs européens, dit Abel Rémusat [1], qui ont eu quelquefois de ces audiences matinales, ne concevaient pas
comment un prince âgé et infirme pouvait en soutenir
la fatigue; mais les exercices tartares et les chasses l'y
avaient endurci. »

Kien-loung avait souvent exprimé le désir de régner
aussi longtemps que son aïeul Kang-hi, et il avait
promis de se démettre du trône le jour où il serait parvenu à ce terme. Ce vœu ayant été exaucé, le premier
jour de l'année *ping-ching,* il annonça publiquement son
abdication en faveur de son fils, qui régna à partir de
cette époque, sous le titre de *Kia-king.* Le 7 février
1799, Kien-loung mourut, âgé de quatre-vingt-sept ans,
et peu après il reçut le titre posthume de *Kao-tsoung
Chun Hoang-ti.*

Après l'empereur Kang-hi, son aïeul, Kien-loung
est de tous les souverains de la Chine le plus connu en
Europe. Il fut le protecteur des lettres, qu'il cultiva
lui-même avec succès. Le plus célèbre des ouvrages de
ce prince est intitulé en mandchou : *Khan-i arakha
Moukden-i foutchouroun bitkhe,* et en chinois, *Yu-tchi
Ching-king-fou.* Il a été traduit en français par le
P. Amiot, et publié par de Guignes [2]. C'est à propos de
ce poëme que Voltaire composa une épître à l'em-

---

[1] *Nouveaux Mélanges asiatiques,* t. II.

[2] Voici le titre de cette traduction :
Éloge de la ville de Moukden et des ses environs, traduit en
français par le P. Amiot, et publié par de Guignes. *Paris,* 1770, in-8°.

pereur Khien-loung, épître qui commence par ces
vers :

> Reçois mes compliments, charmant roi de la Chine;
> Ton trône est donc placé sur la double colline!
> On sait, dans l'Occident, que, malgré mes travers,
> J'ai toujours fort aimé les rois qui font des vers.
> O toi que sur le trône un feu céleste enflamme...
> Dis-moi si ce grand art dont nous sommes épris
> Est aussi difficile à Péking qu'à Paris.

Voltaire parle encore de Kien-loung dans plusieurs
de ses œuvres, notamment dans une lettre sur ce prince
qu'il adressa à un de ses contemporains les plus mal
renseignés sur la Chine, M. de Pauw.

Outre l'éloge de Moukden, on cite encore de Kien-
loung une pièce de vers *Sur le Thé;* — une autre *Sur la
Soumission des Miao-tsze;* un écrit *Sur la conquête du
pays des Œleutes* [1]; un *Abrégé de l'histoire des Ming,* intitulé *Yu-tchi Kang-kien,* etc.

Le recueil complet des poésies de Kien-loung a été
publié à Pé-king, en 24 volumes in-32.

Enfin il faut mentionner le *Khan-i arakha nonggime
toktoboukha mandchou gisoun-i boulekou bitkhe,* ou Miroir
de la langue mandchoue, revu et augmenté par l'empereur, en 6 vol. gr. in-8° (1ʳᵉ éd., Pé-king, 1708; 2ᵉ édit.
mandchoue-chinoise, 1772). C'est un grand et magnifique dictionnaire mandchou, divisé par ordre de matières et enrichi de suppléments contenant un grand nombre de mots inventés par Kien-loung pour faciliter la

---

[1] Il existe une traduction de ces trois écrits par le père Amiot.

traduction des livres chinois dans sa langue maternelle, et qu'il s'efforça toute sa vie de maintenir au niveau de la langue essentiellement littéraire de la Chine [1].

---

[1] On a fait usage pour la composition de cette notice des ouvrages suivants : *Ping-ting leang-kin-tchouen fang-lioh* (Histoire de la conquête des deux Ruisseaux-d'Or, du pays des Miao-tsze); 1775. — *Ping-ting kin-tchouen fan-lioh* (Abrégé historique de la conquête du Ruisseau-d'Or) (de la soumission des Miao-tsze). — *Ping-Miao-ki-lioh* (Abrégé historique de la pacification des Miao-tsze); 1797. — *Mémoires concernant les Chinois*, par les missionnaires de Péking, t. I, III, VI, VIII, IX, X, in-4°. — *Nouveaux Mélanges asiatiques*, par Abel Rémusat, t. II. — Voltaire, *Épître à l'empereur de la Chine; Lettres à M. de Pauw sur l'empereur Kien-loung*, etc. — *Verzeichniss der chinesischen und mandschuischen Bücher* (von Berlin), par J. Klaproth.

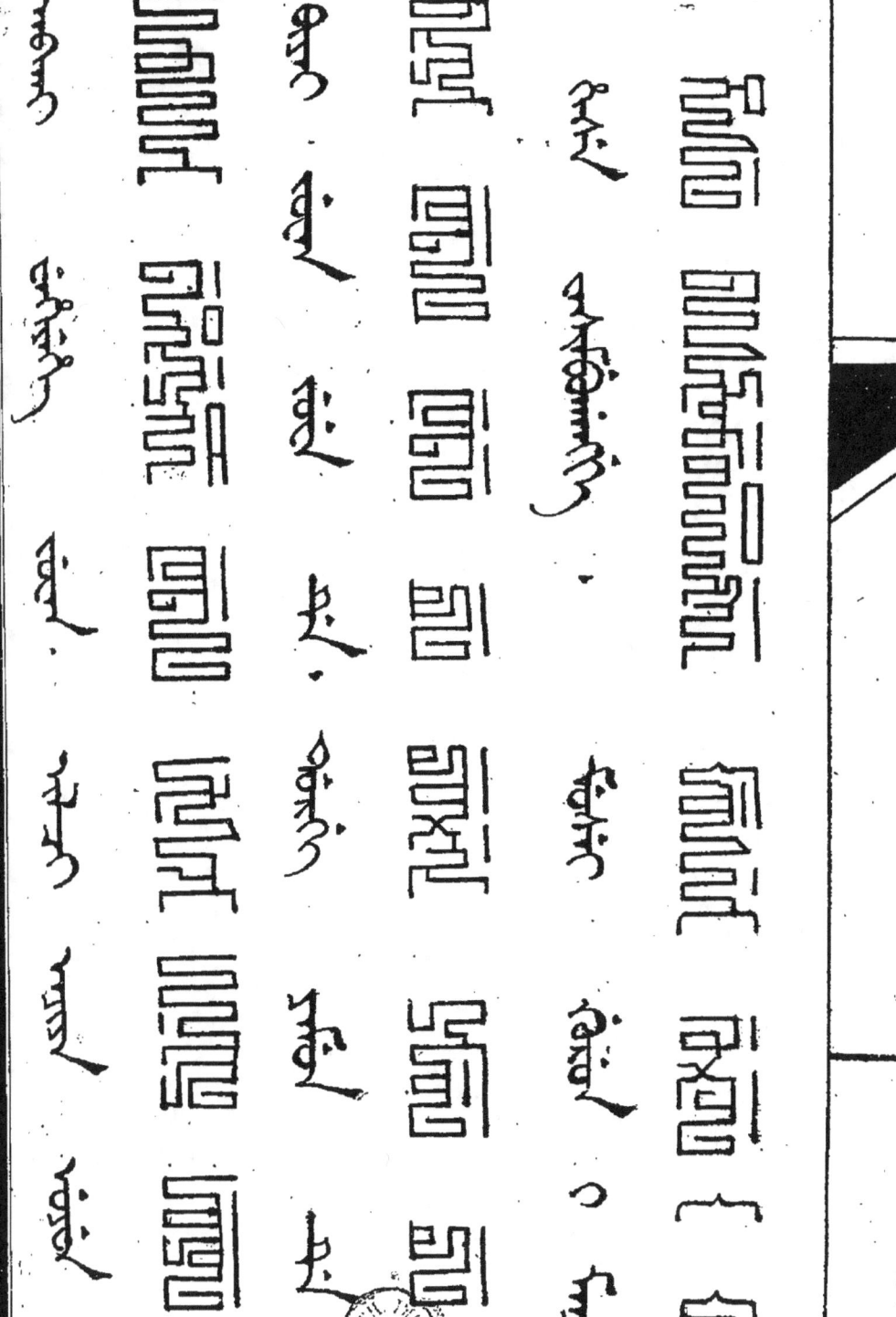

# LES DOCUMENTS JAPONAIS

DES

## BIBLIOTHÈQUES DE LONDRES ET D'OXFORD.

[RAPPORT A SON EXCELLENCE LE MINISTRE D'ÉTAT SUR UNE MISSION SCIENTI-
FIQUE EN ANGLETERRE, DANS L'INTÉRÉT DES ÉTUDES JAPONAISES, ET POUR
LA PUBLICATION D'UN DICTIONNAIRE JAPONAIS-FRANÇAIS-ANGLAIS [1].]

---

## I.

Monsieur le Ministre,

Par arrêté du 6 septembre 1858, M. le Ministre de
l'Instruction publique a bien voulu me charger d'une
mission scientifique ayant pour but de rechercher en
Angleterre les documents japonais susceptibles de nous
fournir des renseignements nouveaux sur l'Archipel du
Japon, et principalement ceux qui étaient de nature à
contribuer à la rédaction d'un *Dictionnaire japonais-
français-anglais*, d'après les sources originales.

Je me suis empressé de me rendre à son honorable
invitation, et, à deux reprises différentes, j'ai compulsé,
avec tout le soin nécessaire, les documents importants
qui étaient de nature à m'éclairer, et que renfermaient,
à Londres, les dépôts du British Museum, de l'Asiatic
Society, de l'East-India-Company's House, du King's College, et à Oxford, la célèbre Bibliothèque Bodleienne.

---

[1] Imprimé avec autorisation de S. Exc. le Ministre d'État.

Depuis mon retour en France, je me suis occupé à
mettre en ordre les nombreux matériaux que j'ai recueillis. Aujourd'hui que ce travail touche à sa fin, je vais
essayer de vous faire connaître brièvement quelles sont
les sources auxquelles j'ai pu recourir, et quels sont en
résumé les résultats de la mission qui m'a été confiée.

Les Dictionnaires japonais, publiés au Japon, sont
ordinairement bilingues, c'est-à-dire japonais-chinois.
Ceux que j'ai eus entre les mains, au Musée britannique, sont de ce genre. Disposés suivant l'ordre du syllabaire japonais ou *i-ro-fa*, ils sont destinés avant tout
à rappeler aux insulaires les signes de l'écriture idéo-
graphique de la Chine qui répondent aux mots de leur
langue. Le chinois écrit jouant un rôle considérable
dans la littérature du Japon, on comprend combien il
est utile aux écrivains indigènes de trouver dans leurs
lexiques les équivalents des mots et des locutions des
deux langues; et cela, d'autant plus qu'un lettré habile
doit savoir employer à propos une foule d'expressions
qui, dans les livres du Céleste-Empire, ont acquis une
notoriété historique.

Dans toutes les contrées, en effet, il est une certaine érudition littéraire qui fournit à l'écrivain les
moyens de faire valoir, en termes heureux, son talent
et ses connaissances. Au Japon, comme en Chine, cette
érudition est peut-être plus indispensable que partout
ailleurs, et nulle part elle n'est autant appréciée. L'histoire du Japon, remontant à 2,400 ans au moins derrière nous, et celle de la Chine à plus de 2,600 ans
avant notre ère, il est évident que, dans ces contrées,

l'érudition locale est extrêmement étendue et que peu de mémoires suffisent pour en contenir les données importantes. C'est là ce qui a motivé la rédaction de vastes lexiques dans lesquels on a condensé le matériel immense de l'érudition sinico-japonaise.

De la sorte, les dictionnaires japonais-chinois renferment non-seulement les locutions habituelles du langage, mais encore des notices historiques sur les hommes et sur les choses. On y trouve, très-brièvement il est vrai, les biographies des personnages qui ont joué un rôle mémorable en Chine et au Japon, tant dans la vie séculière que dans la vie religieuse. Les édifices du culte, les pagodes, les couvents célèbres, y sont l'objet de mentions particulières, et il n'y a pas jusqu'aux principaux monuments littéraires à qui on n'ait accordé une notice dans ces lexiques.

Je ne doute pas qu'il n'existe au Japon, comme en Chine, des ouvrages spécialement consacrés à la biographie des indigènes; mais jusqu'à présent je n'en ai pas découvert. De tels ouvrages eussent eu d'autant plus d'intérêt que, pour nous guider dans l'étude de la littérature japonaise, il ne serait pas inutile de connaître d'abord les noms et l'histoire de la vie des auteurs les plus célèbres dans chaque genre. Un ouvrage cependant, que j'ai rencontré au Musée britannique, et qui porte le titre de *Fyak-nin its-zyou* ¹, littéralement :

---

¹ Le titre de ce livre, bien qu'en caractères chinois, a été interprété d'une manière singulière dans un catalogue manuscrit par Overmeer Fischer et H. Medhurst. Au lieu de « Pièces de vers

«[Ouvrage renfermant] une pièce de vers des cent poëtes », nous fournit une précieuse nomenclature des
favoris du Parnasse japonais. J'ai relevé la liste complète de ces noms écrits en caractères extrêmement
cursifs, afin de les intercaler au besoin dans mon dictionnaire. Quant aux pièces de poésies que renferme le
volume en question, elles se composent ordinairement
d'une ou de deux sentences qui ressemblent assez à un
quatrain ou à une autre petite pièce du même ordre.
Le genre descriptif y domine; mais ce genre, loin
d'exclure les pensées ingénieuses et profondes, met en
relief celles qui peuvent saisir l'imagination à la vue
de la grande nature. La plupart de ces pièces respirent
une sorte d'insouciance et de mélancolie qui, autant
que j'en puis juger jusqu'à présent, doit être un des
caractères particuliers de la poésie japonaise. Une autre
observation mérite d'être consignée. Le volume intitulé
*Fyak-nin its-zyou* est imprimé en signes idéographiques
extrêmement cursifs, mêlés de syllabes *fira-kana*, suivant le mode que j'ai expliqué ailleurs, et désigné sous
le nom de « *sinico-japonais.*» A part l'intérêt résultant
du choix des pensées et des expressions, le lecteur indigène cherche encore dans les recueils de poésies une
qualité dont on ferait peu de cas chez nous, mais qui,

---

des cent poëtes du Japon », ce titre a été traduit par : « Une tête
pour cent hommes (*one head for a hundred men*), a book for
instruction (!) » Il n'a pas été mieux compris par ceux qui ont
inscrit, avec l'aide d'un indigène, la traduction suivante sur
l'exemplaire du Musée britannique : « Book of ancient dresses
(Livre de vieux habits !); examined by Mr Bewan and A. Toug (!). »

Pl. VI.

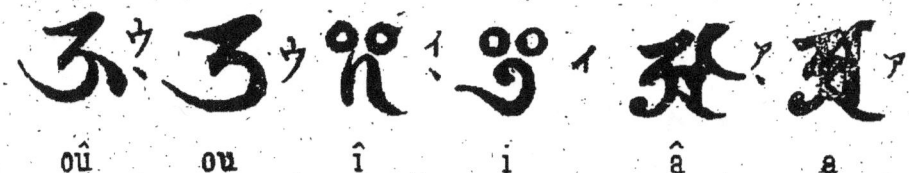

oû    ou    î    i    â    a

## SPÉCIMEN DE VOYELLES.

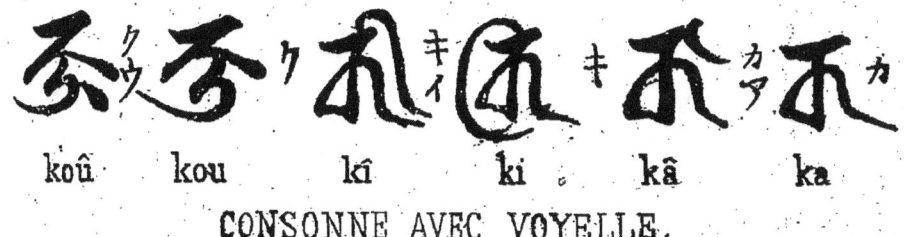

koû    kou    kî    ki    kâ    ka

## CONSONNE AVEC VOYELLE.

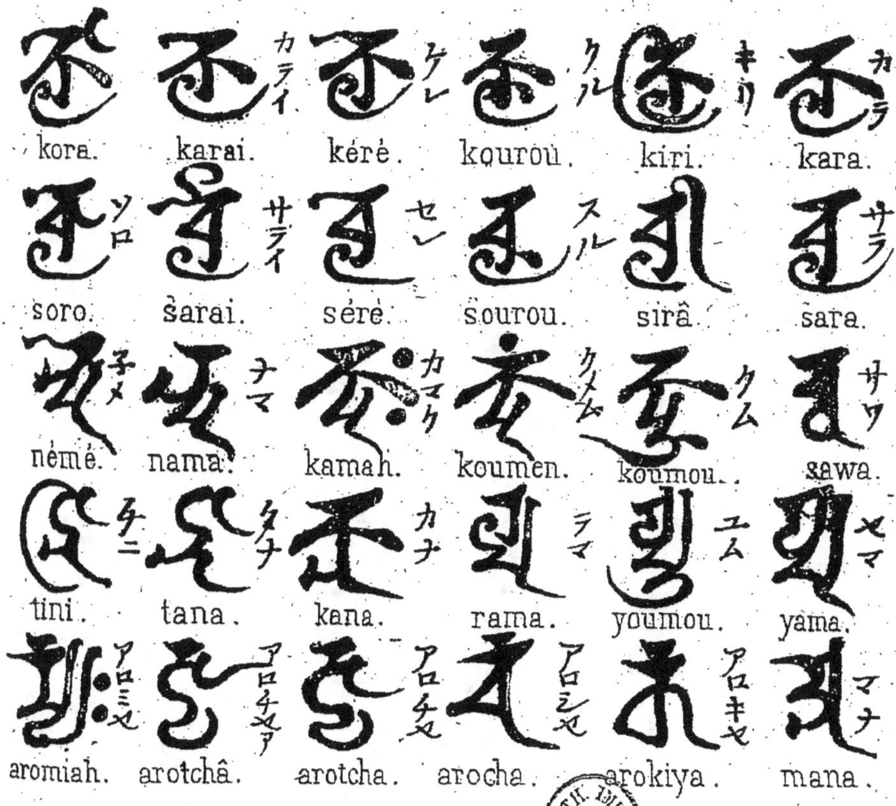

| | | | | | |
|---|---|---|---|---|---|
| kora. | karai. | kéré. | kouroù. | kiri. | kara. |
| soro. | sarai. | séré. | sourou. | sirâ. | sara. |
| némé. | nama. | kamah. | koumen. | koumou. | sawa. |
| tini. | tana. | kana. | rama. | youmou. | yama. |
| aromiah. | arotchâ. | arotcha. | arocha. | arokiya. | mana. |

Syllabes groupées.

# SPÉCIMEN DE L'ÉCRITURE INDIENNE

*usitée au Japon.*

au Japon, est prisée à un haut degré : je veux parler de la calligraphie. Le recueil des cent poëtes présente, en effet, les plus beaux modèles d'écriture que je connaisse. J'en ai calqué plusieurs pages, qui pourront au besoin donner une idée de l'original.

Mais revenons aux dictionnaires japonais.

A part la valeur historique qu'ont les grands glossaires dont nous venons de parler, ils présentent un intérêt inappréciable pour la philologie. Toutefois, avant de les considérer sous ce nouveau point de vue, il me paraît nécessaire de dire quelques mots de la langue japonaise et de ses affinités avec les idiomes parlés par les nations voisines du Nippon.

La langue japonaise, que des linguistes allemands, pour plus de commodité, ont classée parmi les *isolirenden Sprachen*, constitue, avec le loutchouan, une famille linguistique absolument étrangère quant au fond à la famille chinoise. C'est ainsi que les radicaux des deux langues n'offrent entre eux que de très-rares ressemblances, et que la construction grammaticale est habituellement inverse.

Il y a quelques années, à l'époque où la philologie orientale se bornait à la comparaison des mots, quelques savants, sous prétexte de découvrir les affinités de leurs racines avec celles de diverses langues du globe, Klaproth entre autres, essayèrent de trouver des rapports entre les mots japonais et ceux de plusieurs idiomes des deux mondes. Un très-petit nombre de ces rapprochements présenterait à la rigueur quelques ressemblances. On pourrait ainsi identifier, jusqu'à un certain point, les mots suivants :

| JAPONAIS : | | COMPARAISONS : |
|---|---|---|
| *Kouro* | « noir » | *kara* (en turc). |
| *Ko* | « fils » | *ko* (en tchérémisse). |
| — | — | *ko* (en mongol). |
| *Natsou* | « été » | *nasou* (en mongol). |
| *Siro* | « blanc » | *sir* (en samoïède). |
| — | — | *siri* (en kamtchakdal). |
| *Onago* | « femme » | *foumagnago* (« mère », en mariannais). |
| *Fatsi* | « abeille » | *matsi* (en siryèn). |
| *Youkou* | « aller, promener » | *yaboukou* (en mongol). |
| *Ki* | « arbre » | *ki* (en karaavasse). |
| *Outsoukousiki* | « beau, joli » | *outchoukouleng* (en mongol). |
| *Okou* | « beaucoup » | *óka* (en samoïède). |
| *Siro* | « blanc » | *sira* (en koïbale). |
| — | — | *sira* « jaune » (en mongol). |
| *Mougi* | « blé » | *bogodaï* (en mongol). |
| *Yoï, yoki* | « bon » | *yo* (en madjiar). |
| — | — | *eyou, yeg* (en turc). |
| *No* | « champ » | *nour* (en tchérémisse). |
| *Outa* | « chant » | *outchoun* (en mandchou). |
| *Ké* | « cheveu » | *kas* (en samoïède). |
| *Inou* | « chien » | *pinou* (en swomi). |
| *Iro* | « couleur » | *tchira* (en mandchou). |
| — | — | *tsir* (en mongol). |
| *Sidzouki* | « doux » | *syæskid* (en siryèn). |
| *Ko* | « enfant, fils » | *ogo* (en yakout). |
| — | — | *ogoul* (en ouïgour). |
| — | — | *oglou* (en turc). |
| *Fosi, hosi* | « étoile » | *ousika* (en mandchou). |
| *Iké* | « lac, étang » | *erke* (en swomi). |
| *Té* | « main » | *tenka* (en aïno) |
| — | — | *tiré* (en samoïède). |
| *Asa* | « matin » | *asi* (en siryèn). |
| *Daké* | « montagne » | *dag* (en turc). |
| *Fana, hana* | « nez » | *nana* (en esthonien). |
| *Kawa* | « peau » | *kabou* (en aïno). |
| — | — | *kaïvachta* (en samoïède). |
| *Toki* | « temps » | *tigan* (en yakout). |
| *Founé* | « vaisseau » | *fenhé* (en swomi). |
| *Kotoba* | « parole » | כתב « écrire, description » (en hébreu) (!) |

On aurait tort, cependant, de tirer de trop grandes conséquences de ces ressemblances. Les idiomes des familles les plus éloignées offrent des rapprochements de ce genre, quand on compare d'un bout à l'autre leur vocabulaire : on ne saurait néanmoins en conclure que ces langues ont puisé leurs mots à une source commune. Le hasard a bien pu donner à certaines racines monosyllabiques semblables le même sens dans deux langues ou familles de langues distinctes. L'abîme qui, aux yeux de Guillaume de Humboldt, sépare la famille indo-européenne de la famille sémitique, n'empêche pas qu'il ne se rencontre certaines coïncidences frappantes entre les radicaux de l'une et de l'autre. L'onomatopée pourrait souvent aussi expliquer les rapports des mots empruntés à des peuples éloignés et sans parenté appréciable.

La nature grammaticale d'une langue, au contraire, présente des garanties généralement assez sûres au philologue qui cherche à grouper les éléments épars de sa science. « On citerait beaucoup de langues qui « ont renouvelé leur vocabulaire, dit M. Renan, mais « bien peu de langues qui aient corrigé leur gram- « maire. » Dans les idiomes désignés sous le nom collectif de tartares ou de touraniens, les vocabulaires ne présentent, pour la plupart, qu'un nombre fort restreint d'affinités, tandis que la grammaire se signale toujours et partout par des procédés identiques de syntaxe ou de phraséologie.

Ceci admis, avec Abel Rémusat, le japonais, isolé par Klaproth de toutes les familles linguistiques, vient

19.

prendre place parmi les langues tartares, à côté du mandchou, du mongol, du tibétain. Par sa construction phraséologique rigoureusement inverse, il se distingue du chinois et s'allie intimement aux langues que je viens de citer. Il s'unit également à celles-ci par l'emploi des postpositions comme seuls agents de la déclinaison; par la place qu'occupe invariablement le qualificatif avant l'objet qualifié, le génitif avant le nominatif, le régime avant le verbe. La formation des comparatifs par la seule addition d'une particule ablative ayant le sens du latin « *ex* » ou de l'anglais « *from* » à l'objet comparé, sans que l'adjectif, porté à un degré supérieur, modifie en quoi que ce soit sa forme primitive; l'intercalation de la négation entre la racine verbale et la désinence de la conjugaison, — ou autrement dit l'existence d'une conjugaison pour le négatif, s'adjoignant à des radicaux dès lors invariables; — la construction du verbe enfin, à l'aide d'un auxiliaire unique joint à toutes les racines de la langue susceptibles de prendre une acception verbale : tels sont les points de contact les plus saillants qui donnent, à mes yeux, à la langue japonaise des titres incontestables de parenté avec la famille tartare.

On ne saurait cependant placer le japonais aussi près d'aucune langue tartare que le sont vis-à-vis l'un de l'autre le mandchou et le mongol, par exemple, malgré leurs différences. La langue ancienne respire une gracieuse simplicité, et, si l'on voulait me permettre cette expression, une sorte de fraîcheur qui semble éternellement refusée aux idiomes touraniens de l'Asie centrale. Ces caractères, il est bon de l'ajouter, paraissent d'autant plus frappants qu'on se reporte à une époque plus reculée. Le phonétisme de la langue yamato, en outre, diffère assez sensiblement du phonétisme tartare. Les agrégations de consonnes y sont extrêmement rares, et la seule consonne finale des syllabes et des mots est une sorte d'*n* nasal qui a dû se prononcer distinctement *ng* dans l'antiquité. Le *k*, le *t*, et quelques autres consonnes que l'on rencontre à la fin des syllabes dans les transcriptions latines de mots japonais, sont toujours accompagnés d'un son *oŭ* bref, dont il est nécessaire de tenir compte ; et ce serait à tort que l'on prétendrait que les Japonais ont écrit *nakou, tatsou, tsoukourou,* parce que l'écriture syllabique ne permettait pas d'écrire *nak, tat, tsoukr,* la désinence de ces mots renfermant un *oŭ* bref d'une valeur incontestable en certains endroits. Les consonnes aspirées manquent absolument, et l'*h* ne s'y rencontre que dans certaines provinces où il se confond avec l'*f*, comme dans le mot castillan *hermoso*. Les chuintantes *ch* et *tch* ne se remarquent que dans quelques parties du Japon, et jusqu'à présent il reste des doutes sur leur archaïsme. Enfin la présence de plusieurs voyelles consécutives est très-rare, leur rapprochement ne pouvant se produire d'ordinaire qu'en intercalant entre elles une voyelle transformée en consonne, *w* pour *ou, y* pour *i*.

Plusieurs époques successives de développement se distinguent dans l'histoire de la philologie japonaise. La première époque est celle de la langue de yamato ou *yamato kotoba*. Cet antique idiome, pur de tout mélange étranger, se signale surtout par l'absence des labiales, par la stabilité des voyelles, par l'emploi rigoureux des terminaisons grammaticales, et par l'usage de nombreuses particules destinées à se joindre aux différents mots de la grammaire pour en fortifier, pour en préciser la valeur, et souvent aussi pour ajouter à l'harmonie des phrases. La célèbre anthologie intitulée *Man-yô-siou* « Recueil des dix-mille feuilles » est rédigée dans ce style. Je n'ai pu trouver nulle part ce précieux ouvrage ; mais, par des citations que j'en ai rencontrées, il m'a été possible de recueillir quelques faits curieux sur la langue de yamato, et surtout un assez grand nombre de mots archaïques dont j'ai enrichi mon dictionnaire.

La seconde époque se signale par l'introduction de mots chinois dans la langue japonaise, où ils pénétrèrent en foule avec la doctrine de Confucius et les écrits de son École. Dès lors, la langue japonaise perd son antique simplicité, son phonétisme brillant et sonore, pour s'enrichir, il est vrai, d'un courant considérable d'idées nouvelles.

La troisième époque date de la seconde moitié du sixième siècle, c'est-à-dire des prédications du bouddhisme au Japon. Avec la foi de Çakya-mouni, les bonzes répandirent des mots indiens qui se conservèrent jusqu'à nos jours parmi le peuple, et surtout dans les couvents et les pagodes. Une écriture dérivée du *dévanâgari*, et ressemblant assez au caractère *landza*, tendit à se propager en même temps au Japon, mais son usage ne paraît pas s'être étendu au-delà de quelques livres religieux.

Enfin les Européens, et surtout les Hollandais, par leurs rapports commerciaux avec les habitants de Naga-saki, ont contribué à ajouter à la langue japonaise un troisième élément étranger. Quelques mots, tels que *tabako*, *kapitan*, etc., trahissent au premier coup d'œil leur origine occidentale.

Telle qu'on la parle aujourd'hui, la langue japonaise est un composé de mots indigènes et d'une quantité innombrable de mots, de locutions et d'idiotismes chinois. La littérature elle-même a été envahie par l'élément étranger; et, à part quelques drames ou poésies rédigés dans la langue antique de yamato, il y a bien peu de livres japonais où les expressions et les caractères idéographiques de la Chine ne soient répandus en profusion. De là vient que l'intelligence des monuments écrits du Nippon est absolument refusée à quiconque ne possède pas certaines notions sur l'écriture figurative du Céleste-Empire; ce qui ne veut pas dire toutefois que les sinologues soient à même d'interpréter quoi que ce soit des ouvrages japonais sans s'adonner à de nouvelles études.

## II.

Les dictionnaires japonais-chinois et chinois-japonais présentent, à part l'explication réciproque des mots des deux langues, un autre genre d'intérêt pour la philologie, qui m'a paru digne de la plus sérieuse attention. Je veux parler de la notation phonétique des sons propres aux signes figuratifs de la Chine.

La prononciation que nous attachons habituellement en Europe aux signes chinois, d'ailleurs assez défectueuse, ne saurait répondre longtemps aux exigences de la philologie et de la linguistique comparées. Les caractères les plus essentiels du phonétisme chinois y sont effacés, et la nature même des sons y est altérée de la manière la plus regrettable.

Or il arrive que les Japonais nous ont conservé, dans leurs lexiques, la prononciation qu'avaient les signes chinois sous trois dynasties, sous les Han (de 202 avant notre ère à 264 de Jésus-Christ), sous les Ou (de 220 à 264 de Jésus-Christ), et sous les Tang (de 618 à 906). Ces prononciations, si on les compare à celles des mots chinois dans le Kouang-toung et dans le Fouh-kiên, offrent de singulières similitudes, qui sollicitent le philologue à considérer ces deux dialectes de la langue chinoise comme ayant conservé de nombreux caractères d'archaïsme effacés dans le *kouân-hoa,* dans le dialecte de Nanking et dans le dialecte de Péking. Cette présomption devient une certitude, lorsqu'on étend les comparaisons à la prononciation des mots chinois en Corée et dans l'Annam. Avec de tels instruments de travail, dont la portée n'avait pas été signalée jusqu'à présent, on est en droit d'espérer que désormais il sera possible de retrouver les anciennes prononciations des signes figuratifs ; et, grâce au secours des vocabulaires des Japonais, on pourra étendre le nombre de ces restitutions à la *totalité* des monosyllabes chinois.

J'ai relevé plusieurs tableaux synoptiques de ces prononciations, à l'aide desquels je me propose de rédiger un mémoire qui élucidera, je l'espère, l'utile et très-intéressante question du phonétisme comparé des dialectes chinois.

Parmi les sources purement lexicographiques auxquelles il m'a été donné de puiser, je dois mentionner surtout trois ouvrages : le premier appartient à la Société royale asiatique et est intitulé : *Sin-ra-man-zô-yô-si-kaï*. C'est un très-fort volume grand in-8°, qui renferme un vocabulaire accompagné de cartes de Yéso, de Ohosaka, du Nippon, de Péking, et d'une suite de documents encyclopédiques sur le Japon. Le vocabulaire comprend approximativement 16,000 mots ou locutions expliquées par des équivalents en caractères chinois tant cursifs que réguliers. Les mots japonais, disposés suivant l'ordre du syllabaire, y sont écrits en *fira-kana;* et lorsque ces mots sont de provenance chinoise, leur synonymie purement japonaise figure en lettres *kata-kana*, à côté de leur valeur en signes idéographiques de forme carrée.

Le second vocabulaire dépend de la collection du Musée britannique; il porte le titre de *So-zi I-ro-fa-in*. Le japonais, servant d'interprétation aux signes chinois qu'il suit, détermine l'ordre syllabique de l'*irofa* dans ce curieux dictionnaire qui est rangé d'ailleurs d'après les systèmes des rubriques ordinairement en usage dans les lexiques japonais. Le livre est daté de 1685, et se compose de trois petits volumes in-8°.

Le troisième vocabulaire, enfin, est conservé à l'*East-India House*, et s'intitule : *Zo-boû sets-yô syou-daï-zen*. C'est un volume in-4°, disposé sous diverses rubriques suivant l'ordre habituel, avec des synonymies chinoises analogues à celles du premier des lexiques dont je viens de parler.

Dans un mémoire publié en 1858, dans le recueil de la Société asiatique, j'ai essayé de fournir des éclaircissements sur la disposition des dictionnaires japonais et sur la manière suivant laquelle on peut en faire usage. Je me bornerai donc à mentionner ici la nature des mots que j'ai pu leur emprunter, et surtout ce que j'ai dû rechercher ailleurs. Ces dictionnaires, fort étendus, il est vrai, et souvent même rédigés avec un soin et une érudition dignes des plus grands éloges, ne renferment cependant pas tous les mots que les Européens adonnés à l'étude des sciences et de la littérature des Japonais auraient besoin d'y rencontrer. De ce nombre sont les expressions qui se rattachent à la religion et à la philosophie, à l'histoire et à la géographie, aux sciences exactes, naturelles et médicales, aux arts, à l'industrie et au commerce. Grâce aux nombreux matériaux que j'ai pu recueillir, je me suis trouvé à même de composer plusieurs vocabulaires spéciaux ou techniques, que j'ai fondus dans le corps de mon dictionnaire. Je vais faire connaître rapidement la nature de ces importantes additions, en parcourant l'une après l'autre les principales sections que les lexicographes japonais ont adoptées pour le classement des mots de leur langue.

La nomenclature géographique du Japon, bien qu'assez étendue dans les vocabulaires indigènes, est cependant loin d'y être complète. J'ai relevé en caractères chinois et japonais la plus grande partie des noms que j'ai rencontrés sur plusieurs belles cartes originales de la collection du Musée britannique, et je les ai réunis à un petit glossaire de géographie japonaise que j'avais entrepris à Paris avant la mission que vous avez bien voulu me confier.

Les cartes géographiques japonaises du Musée britannique dont j'ai surtout fait usage sont les suivantes :

N° 1. — *Nippon kok daï-yé-dzou.* Grande carte illustrée de l'empire japonais. Une longue feuille double coloriée.

Les noms en caractères chinois *kiaï-chou.* On y rencontre un index des noms de province, et une table des distances pour la navigation. L'orientation y est indiquée d'une manière inexacte.

N° 2. — *Daï-Nippon-no dzou-kan.* Carte du grand empire du Japon. Une feuille sans date.

Cette carte est écrite en caractères chinois cursifs, et paraît ancienne.

N° 3. — *Kyô daï-yé dzou.* Grande carte illustrée de la ville Myako. 1686. Une très-grande feuille coloriée.

En chinois et en *fira-kana.* Elle forme en quelque sorte le pendant de la carte n° 4, et renferme plusieurs index.

N° 4. — *Yédo go-daï-yé-dzou.* Grande carte impériale illustrée de la ville de Yédo. 1689. Une très-grande feuille coloriée.

Magnifique carte en caractères chinos et en *kata-kana*, avec vues des monuments publics en leur lieu et place, armoiries, armes, etc. Cette carte renferme plusieurs précieux index, avec transcriptions en *fira-kana*, des noms écrits en chinois.

N° 5. — *Zô-bô-Yédo-no-dzou*. Plan de la ville de Yédo, enrichi d'additions.

Date de la 9ᵉ année de l'ère impériale *Yen-fô* (1687). Une feuille.

N° 6. — *Zô-bô Oho-saka-no-dzou*. Plan de la ville d'Ohosaka, enrichi d'additions. Sans date. Une feuille.

On trouve sur cette carte, outre un tableau des distances, l'usage de signes de convention analogues à ceux qu'on emploie sur nos cartes pour indiquer et distinguer les villes, les villages, les bourgs, les hameaux, etc.

N° 7. — *Oho-saka daï-yé-dzou*. Grande carte illustrée de la ville d'Ohosaka. Datée de la douzième année de l'ère impériale *Gen-rok* (1699). Une grande feuille.

Caractères chinois. Index des distances.

N° 8. — *Fi-tsiou Naga-saki-no-dzou*. Plan de la ville de Nagasaki, dans la province de Fizen. 1778. Une feuille.

Caractère chinois. On y trouve un tableau des distances.

N° 9. — *Naga-saki-yé-dzou*. Carte illustrée de la ville de Nagasaki. Sans date. Une longue feuille coloriée.

Cette carte renferme, en caractères chinois et en *fira-kana*, un nombre peu considérable de noms. On y trouve des costumes d'étrangers et un index des distances qui séparent le Japon des pays voisins.

Enfin, j'ai commencé un vocabulaire géographique du *Nippon-ó-daï-itsi-ran* (Annales du Japon), ainsi que le dessin de plusieurs cartes qui m'ont également paru indispensables pour l'étude de l'histoire.

Les livres et documents relatifs à la religion et à la philosophie des Japonais ne m'ont pas été d'une moindre utilité que les précédents.

Il existe au Japon, ainsi que j'ai déjà eu occasion de le dire, une littérature bouddhique extrêmement riche; mais l'interprétation des curieux monuments qui la composent nécessite une étude particulière, d'autant plus difficile que la plupart des dictionnaires japonais-chinois et la totalité des vocabulaires japonais-européens omettent, à quelques expressions près, tous les mots de provenance indienne. J'ai donc été heureux de pouvoir recueillir un millier d'expressions japonaises bouddhiques que je suis parvenu généralement à expliquer, grâce aux importants travaux que l'orientalisme doit à deux de ses plus illustres membres, Eugène Burnouf et M. Stanislas Julien. Ces mots, introduits dans mon dictionnaire, faciliteront considérablement la lecture des livres relatifs à la doctrine de Çakya-Mouni, que les moines des innombrables bonzeries japonaises accumulent avec ardeur depuis plus de mille années consécutives.

Les ouvrages bouddhiques que j'ai pu consulter m'ont en outre permis de prendre connaissance d'une écriture indienne d'origine, répandue parmi les bonzes, et employée pour écrire certains textes religieux. Les caractères de cette écriture, que j'ai déjà mentionnés ci-

dessus, sont appelés *bon-zi*, et se rapprochent assez,
quant à la forme, des lettres usitées au Tibet sous le
nom de *landza*. Comme ces dernières, ils proviennent
de l'écriture sacrée de l'Inde ou *déva-nâgari*.

Puisque je suis amené à parler de l'écriture du Japon,
je dois vous signaler une intéressante découverte que
j'ai faite dans les précieuses archives de la Société
royale asiatique de la Grande-Bretagne. Il s'agit d'un
document entièrement écrit en *hiéroglyphes japonais*.
L'existence d'une écriture figurative au Japon, à une
époque évidemment antérieure à l'introduction des caractères chinois, est un fait qui mérite une attention
toute particulière. Les signes que renferme le document en question semblent, en partie du moins, idéographiques : leur disposition et la répétition assez fré-
quente de plusieurs d'entre eux semblent indiquer
qu'ils pouvaient être lus d'une manière continue. J'ai
dessiné avec la plus scrupuleuse exactitude un fac-similé de cette inscription, et je me propose de la publier aussitôt que j'en trouverai le loisir, et que j'aurai
pu me procurer certains renseignements qui me manquent sur son histoire et sur celle des caractères qu'elle
renferme.

Les documents historiques dont j'ai pris connaissance, sauf quelques ouvrages de pure chronologie, ne
roulent pas sur l'histoire générale du Japon. Ce sont
des chroniques, ou bien des monographies de provinces ou de villes. Un de ces ouvrages, qui m'a paru surtout présenter de l'intérêt, est intitulé : *Feï-ké mono-*
*gatari* «Histoire de la maison de Feï-ké.» Un célèbre

sinologue anglais, M. Medhurst, a rendu assez étrangement ce titre [1], d'ailleurs facile à expliquer, par ces mots : « *A Discourse on the arrangement of family affairs; a novel with plates* (!). » L'ouvrage renferme le récit des guerres et dissensions intestines causées par suite de la rivalité des deux illustres maisons de *Feï-ké* (ou *Taï-ra*) et de *Gen-si* (ou *Mina-moto*). Ces deux célèbres familles, l'une et l'autre de la race des mikado ou souverains-pontifes du Japon, n'eurent de repos que lorsque celle des Gen-si eut dominé sa rivale et l'eut anéantie. Un seul jour, le vingt-quatrième du troisième mois de l'an 1185, suffit pour ruiner à jamais les espérances des Feï-ké. Attaqués vigoureusement par Yosi-tsouné, prince de Noto, et abandonnés de leurs alliés, ils se battirent en désespérés. A la fin de la journée, le dernier du nom était tombé sur le champ de bataille.

Le second ouvrage historique que j'ai à mentionner porte pour titre : *Daï-feï-ki*, « Histoire de la grande paix [2]. » Ce titre paraîtrait assez paradoxal, puisque le livre parle de guerre presque d'un bout à l'autre, si on n'ajoutait que, pour suppléer à la pensée de l'auteur, il faut le traduire par « Histoire de la grande paix

---

[1] Dans le ms. intitulé : *Catalogus van eene japansche Verzameling,* 1 vol. in-f°, précédé d'une préface par Overmer Fischer et accompagné d'une version anglaise par M. Medhurst, ainsi que de nombreuses additions par ce savant.

[2] Le savant M. Medhurst n'a pas saisi le sens de ce titre, en le traduisant par : « *A record of peaceful times.* » Ce serait comme si un étranger s'avisait d'appeler une Histoire de Napoléon Iᵉʳ, se terminant par « la paix de 1815 » : « Histoire des temps de paix (!). »

finalement recouvrée. » Cet ouvrage, fort estimé au Japon, renferme le récit très-détaillé des événements qui ont signalé la tourmente politique du règne de Daï-go II et le morcellement de l'empire par suite de la création de deux gouvernements, désignés sous les noms de cour du Nord (*fok-tsyó*) et de cour du Sud (*nan-tsyó*) [1]. J'aurais entrepris la traduction au moins de quelques livres de cet ouvrage, si un tel travail n'était prématuré. Nous sommes encore trop peu au courant des hommes et des choses de l'extrême Orient pour qu'il nous soit donné de suivre facilement et avec tout l'intérêt désirable des chroniques de la nature du *Daï-feï-ki*. Je ne renonce cependant point à traduire un jour quelques fragments de cet ouvrage pour en donner une idée aux orientalistes.

## III.

Les sciences naturelles, surtout la médecine et la phytologie, sont cultivées avec beaucoup d'ardeur au Japon. On rencontre, dans cet empire, non-seulement une foule d'ouvrages consignant les observations des indigènes, mais encore des traductions des principaux écrits européens traitant de ces matières. La plupart des préjugés et des idées superficielles de la science chinoise y ont fait place aux théories fortes et sérieuses de la science occidentale; et, à des doctrines sans ave-

---

[1] L'ensemble des événements développés dans le *Daï-feï-ki* est compris entre les années 1320 et 1393.

nir, a succédé un enseignement solide et progressif. C'est ainsi que pour la botanique, par exemple, les naturalistes japonais les plus éclairés ont mis de côté la classification si défectueuse des anciens *Pen-tsao,* et ont adopté le système incomparablement supérieur de Linné. On m'a même affirmé que la Méthode naturelle de Jussieu était connue au Japon, et que plusieurs botanistes d'Owari avaient classé leur herbier dans l'ordre des *Genera plantarum* d'Endlicher. Cette assertion n'aurait du reste rien d'étonnant de la part des naturalistes d'Owari, car plusieurs d'entre eux ont étudié la physiologie végétale aux leçons de M. von Siebold, et la Société botanique qu'ils ont fondée ne néglige rien pour se tenir aussi bien que possible au courant des principales publications européennes de nature à les intéresser.

Ce qui a le plus contribué à arrêter les progrès de la botanique chinoise et japonaise, ce qui nous a empêché de connaître d'une manière satisfaisante les nombreuses espèces de la flore de l'extrême Orient, c'est surtout la difficulté qu'on a éprouvée jusqu'à présent à établir une concordance entre la nomenclature usitée dans ces contrées et dans les nôtres. Il m'a donc paru extrêmement désirable de rechercher les moyens de combler cette lacune; et un des résultats les plus immédiats de la mission que vous avez bien voulu me confier aura été de dresser une longue liste de synonymies qui me permettent d'affecter, dans mon dictionnaire, une place aussi large qu'utile à la terminologie botanique.

Voici les procédés qu'il m'a fallu employer pour par-

venir à ce but. J'ai recherché avec soin les collections
de plantes sèches conservées dans les dépôts publics et
particuliers où il m'a été possible d'avoir accès, et j'ai
relevé ponctuellement la liste de tous les végétaux qui
se trouvaient accompagnés des noms japonais ou chinois. J'ai relevé de même les noms indigènes des plantes reproduites dans plusieurs recueils imprimés et
manuscrits qui, par la finesse du dessin et la précision
du coloris, m'ont paru présenter les garanties voulues
d'exactitude. Élève d'un illustre botaniste français,
dont la science regrettera longtemps la perte, Adrien
de Jussieu, j'ai conservé le souvenir d'un assez grand
nombre de plantes et de leur dénomination linnéenne.
Je me suis donc trouvé à même d'établir ainsi une liste
étendue de synonymies japonaises-latines par l'examen
des échantillons et des peintures. Le concours de plusieurs hommes spéciaux, et notamment celui du docteur Bennett, botaniste aussi aimable qu'éclairé, m'a
permis d'étendre le nombre de mes identifications et
de confirmer les synonymies que j'avais établies par
moi-même. J'ose donc espérer que le vocabulaire de
botanique japonaise dont j'ai rencontré les principaux
éléments en Angleterre, et que je compte publier très-
prochainement sous le titre de *Catalogus plantarum in
Japonia sponte nascentium,* répondra, dans une certaine
mesure, aux vœux des savants qui réclament depuis
longtemps un vocabulaire botanique des flores de la
Chine et des îles de l'extrême Orient.

Afin de bien faire comprendre la nature et l'utilité
des synonymies que j'ai relevées, il m'est nécessaire de

dire quelques mots de la nomenclature botanique des Japonais, et tout d'abord des traités de phytologie en usage parmi eux.

Le plus ancien traité d'histoire naturelle répandu au Japon est un ouvrage chinois rédigé par Li Chi-tchin, de Ki-yang, et publié après sa mort par son fils Li Kièn-youèn, en 1596 de notre ère, sous le titre de *Pen-tsao-kang-mouh* (en jap. *Hon-zô-kô-mok*). Le but principal de cet ouvrage était de faire connaître les produits des trois règnes, dans l'intérêt des sciences médicales. Le titre seul de ce livre rappelle combien l'étude de la botanique remonte à une haute date chez les Chinois. Les mots *Pen-tsao* (en jap. *Hon-zô*), qu'on traduit aujourd'hui librement par «Histoire naturelle», formaient le titre d'un ouvrage longtemps célèbre en Chine et attribué à l'empereur Chin-noung, souverain semi-historique, dont on porte l'avénement à 3,218 ans avant notre ère.

Le *Pen-tsao* de Li Chi-tchin comprend quinze sections. Les trois premières sont consacrées à l'eau, au feu et à la terre; la quatrième aux métaux et aux pierres; la cinquième et les suivantes jusqu'à la neuvième aux plantes; la dixième aux insectes; la onzième aux animaux à écailles (dragons, crocodiles, serpents, poissons, etc.); la douzième aux animaux à carapace et à coquille; la treizième aux oiseaux; la quatorzième aux quadrupèdes, et enfin la quinzième à l'homme. Les subdivisions tendent à détruire l'idée assez avantageuse qu'on pourrait se former de ce livre, si l'on considérait seulement l'ordre des sections énumérées ci-dessus.

20.

Dans la partie botanique, par exemple, les plantes sont
classées : 1° en plantes proprement dites ou herbacées ;
2° en céréales ou graminées ; 3° en plantes d'ornement
(y compris les cucurbitacées, les végétaux aquati-
ques, etc.) ; 4° en arbres à fruits et arbustes, en arbres
ou végétaux ligneux, etc.

Telle est la méthode naturelle qui s'est maintenue,
autant que je sache, sans conteste au Japon jusqu'à
l'arrivée des Hollandais. Depuis cette époque, les livres
européens, introduits parmi les savants du Nippon, ont
contribué à modifier sensiblement leurs idées sur la
classification des espèces. Aujourd'hui, comme nous
avons déjà eu occasion de le dire, les systèmes admis
parmi nous commencent à être adoptés par plusieurs
écoles de naturalistes japonais.

La nomenclature botanique japonaise, comme la
nôtre, est double, c'est-à-dire que, pour un grand
nombre de genres et d'espèces, il y a un nom populaire
indépendamment du nom scientifique. A notre terminologie latine, répond là-bas une terminologie chinoise ;
à nos dénominations vulgaires, correspondent des
noms purement japonais, mais auxquels on ne reconnaît pas une valeur technique. Il en est résulté que,
pour établir une concordance entre la langue scientifique et la langue commune, les indigènes ont rédigé
des vocabulaires bilingues, à l'aide desquels sont fixées
les synonymies. Grâce à ces précieux ouvrages, non-
seulement nos identifications de noms de plantes japonaises nous fourniront l'intelligence des traités de
phytologie publiés au Japon, mais encore elles nous

mettront à même d'aborder, avec les connaissances
nécessaires, les innombrables écrits chinois consacrés
à l'étude et à l'exploitation des trois règnes de la nature.

Je n'ai pas rencontré, à beaucoup près, pour les
autres branches de l'histoire naturelle, les mêmes
ressources que pour la botanique. J'ose cependant affirmer que les noms d'animaux dont j'ai pu découvrir
la synonymie européenne tiendront plus de place dans
mon Dictionnaire que dans la plupart des lexiques
publiés jusqu'à ce jour, pour les principales langues
orientales. Pour l'ichthyologie, par exemple, une source
précieuse s'est offerte à moi au Musée britannique.
C'est une collection de poissons peints avec une admirable finesse et accompagnés de noms techniques. Je
suis parvenu à établir, grâce à cette ressource, mes
synonymies ichthyologiques par le même procédé dont
j'ai parlé plus haut à propos de la botanique ; mais je
n'ai pas été aussi heureux, une partie des figures ayant
paru aux naturalistes qui ont bien voulu m'éclairer de
leurs conseils, représenter des espèces nouvelles et par
conséquent non encore nommées. Enfin j'ai recueilli,
bien que dans une proportion beaucoup moins considérable, des synonymies de noms de mammifères, d'oiseaux, d'insectes, de reptiles, de crustacés, etc.

Les dictionnaires, et quelques autres ouvrages japonais que j'ai eus entre les mains, m'ont également permis d'enrichir mon travail d'un assez grand nombre de
locutions proverbiales et d'idiotismes très-utiles à con-

naître, surtout pour l'intelligence de la littérature légère. J'ai seulement eu à regretter que, pour des choses aussi difficiles à comprendre que le sont les adages ou autres formules populaires, les lexicographes indigènes soient presque toujours excessivement sobres d'explications.

———

Il est temps de me résumer. J'aurais sans doute encore beaucoup à dire, si je devais parler de toutes les sources où j'ai puisé des faits qui, bien que souvent isolés, n'en étaient pas moins précieux pour moi. L'étendue déjà considérable de ce Rapport m'oblige à remettre à une autre occasion ce que j'avais à mentionner des riches documents que j'ai pu compulser. Je me bornerai donc à ajouter quelques observations sur mon Dictionnaire, considéré dans ses rapports avec les lexiques indigènes.

Au point de vue du nombre des mots ou locutions qu'ils renferment, les principaux lexiques japonais-chinois parvenus jusqu'à nous peuvent être classés ainsi qu'il suit :

| | |
|---|---|
| *Wa-kan won-seki Syô-gen-zi-kô,* | 25,000 mots. |
| *Te-fiki sets-yô-siou daï-zen,* | 25,000　» |
| *Sin-ra man-yô-zô-zi-kaï,* | 16,000　» |
| *Boun-kan sets-yô-tsou-bô-zô,* | 15,000　» |

Mon Dictionnaire, qui n'était guère composé primitivement que des mots renfermés dans le *Syó-gen-zi-kó*, contiendra, aussitôt que j'aurai achevé d'y fusionner mes nouvelles acquisitions, environ 45,000 articles, pour lesquels 30 à 35,000 forment le matériel proprement dit du langage. Le reste appartient à la religion, à la géographie, à l'histoire, aux sciences naturelles, aux arts, à l'industrie, etc.

Je vous demanderais la permission, Monsieur le Ministre, de vous faire observer que ces chiffres l'emportent notablement sur ceux qui pourraient résulter du recensement des plus considérables vocabulaires rédigés il y a plusieurs siècles par les Jésuites portugais et espagnols au Japon, si la méthode suivant laquelle j'ai composé mon Dictionnaire ne me dispensait d'établir ce parallèle. Pour plusieurs graves raisons (entre autres à cause de l'absence des signes idéographiques), j'ose affirmer que les vocabulaires rédigés par les Pères Jésuites *ne fournissent aucunement les moyens d'étudier la littérature japonaise, et qu'avec leur seul secours nul orientaliste ne parviendra à comprendre et à traduire la moindre page d'un livre rédigé au Nippon.*

Le seul vocabulaire japonais dont il soit possible de faire usage jusqu'à présent, celui que M. Gochkiévitch a publié en russe, et que l'Académie impériale des sciences de Saint-Pétersbourg a bien voulu soumettre officiellement à mon jugement pour le concours Demidoff, ne renferme qu'environ 18,000 mots. Le *Vocabulary* de M. Medhurst ne contenait que 6,500 mots, et encore le choix en était-il souvent des plus médiocres. On sait d'ailleurs qu'à l'exception de trois ou quatre orientalistes en Europe qui se sont formés, pour leur propre usage, un dictionnaire d'après les sources originales, les moyens d'étude ont absolument fait défaut à tous ceux qui ont tenté d'aborder l'interprétation des textes japonais, voire même à Klaproth, à Abel-Rémusat, etc.

Je n'ajouterai plus qu'un mot, sur lequel je ne saurais trop insister. Il est une condition rigoureusement indispensable pour qu'un Dictionnaire japonais réponde aux besoins de la science, et conduise sûrement à l'intelligence des textes : il faut qu'il soit rédigé d'après les sources originales, et renferme, — sinon les caractères syllabiques japonais dont on peut se passer, — du moins *les signes idéographiques dont la présence est* DE LA PLUS ABSOLUE NÉCESSITÉ. C'est en m'appuyant sur ce principe que je compte faire paraître le Dictionnaire auquel j'ai déjà consacré près de sept années de recherches pénibles et laborieuses.

J'espère, Monsieur le Ministre, vous avoir suffisamment démontré l'importance des acquisitions que je dois au voyage que j'ai entrepris sous les auspices du Ministre de l'Instruction publique et des Cultes, et les fruits qui en résulteront pour la science, si je parviens à achever heureusement mon œuvre et à la mettre entre les mains des orientalistes désireux de s'initier aux sciences, aux lettres et aux arts de la nation la plus avancée du monde asiatique.

Veuillez agréer, Monsieur le Ministre, etc.

SUR

# LA GÉOGRAPHIE ET L'HISTOIRE

## DE LA CORÉE.

———

( 1ᵉʳ ARTICLE.)

Les sciences ont pris successivement possession de
toutes les contrées de l'Orient, à la seule exception de
la Corée. Cette péninsule, dont l'histoire remonte aux
temps les plus reculés des annales asiatiques, et qui, de
nos jours, compte, grâce à sa position stratégique de
premier ordre, au nombre des contrées les plus importantes de l'extrême Orient; cette péninsule, dis-je, rigoureusement fermée à toutes les puissances maritimes
de l'Occident, demeure à l'état d'énigme, dans une
obscurité d'autant plus regrettable que de sa connaissance dépend, sans doute, la solution de plusieurs des
grands problèmes ethnographiques de l'ancien monde.
Quelques voyageurs ont bien visité les côtes de ce
royaume [1]; on cite même quelques Européens qui ont

---

[1] Les plus célèbres sont Robert Broughton, Basil Hall, John
Mac Leod et l'amiral Cécille.

vécu en captivité dans ses provinces intérieures[1]; mais les uns et les autres ne nous ont fourni sur son compte que des données vagues et insuffisantes. Les missionnaires chrétiens, répandus en foule dans les États avoisinants, ont bien aussi pénétré par moments en Corée; mais ils s'y sont trouvés dans des conditions peu propices aux travaux d'érudition. A peine leur approche était-elle signalée aux mandarins, que les côtes de la presqu'île étaient d'un bout à l'autre garnies de postes militaires, et que des feux sans cesse allumés de distance en distance annonçaient qu'on était en garde contre toute tentative de débarquement. Il fallait alors acheter à prix d'or les services de quelques bateliers indigènes qui consentaient, non sans de continuelles hésitations, à les recueillir sur de frêles embarcations, à l'aide desquelles, en profitant d'une nuit sombre et orageuse, ils parvenaient parfois à surprendre la vigilance des satellites indigènes. Abandonnés ainsi au gré du hasard, ils cherchaient dans les forêts et les marécages un refuge contre les poursuites des autorités locales, et bien souvent il leur fallait passer des semaines et des mois avant d'oser s'avancer jusque dans les endroits habités. A diverses reprises cependant, on a annoncé des publications étendues qui promettaient d'éclaircir nos doutes au point de vue de la géographie et de la linguistique de la péninsule; malheureusement ces promesses ne se

---

[1] Voyez, à ce sujet, la notice insérée dans ce volume (p. 157 et suiv.) sur Hendrik Hamel, de Gorcum, l'un des premiers Européens qui aient habité en Corée.

sont pas réalisées, et nous en sommes encore réduits à
aller demander aux auteurs orientaux des notions élémentaires pour remplir les lacunes déplorables causées
par l'ignorance des choses coréennes dans le domaine
des sciences naturelles et historiques.

Placés dans de telles conditions, il m'a semblé utile
de recueillir aux sources originales que nous possédons
quelques données géographiques et historiques sur
cette région ignorée de l'Asie orientale. Ces données,
tout insuffisantes qu'elles puissent être, me semblent
de nature à servir avantageusement d'introduction à
des recherches plus approfondies; et, quand bien même
des Européens mieux accueillis que leurs devanciers
sur ce sol inhospitalier nous apporteraient un jour des
renseignements plus circonstanciés, il ne serait pas
moins intéressant de les comparer avec les notions em-
pruntées aux sources chinoises; car on n'ignore point
que les faits recueillis par les voyageurs n'acquièrent
le plus souvent de véritable force que lorsqu'ils sont
contrôlés par les monuments de la littérature indigène.
Or les Coréens ne possèdent très-probablement pas de
littérature propre : c'est donc aux Chinois et aux Japonais, les seuls peuples qui ont entretenu avec eux des
relations suivies depuis de longs siècles, qu'il faut
demander les notions scientifiques qui nous intéressent.

Voici ce qu'il m'a paru plus utile d'extraire des ouvrages de ces deux peuples, dont il m'a été possible de
prendre connaissance.

## I. — *Géographie physique.*

La Corée, par sa situation géographique, par le caractère de ses habitants et par la langue qui s'y parle , forme une contrée essentiellement distincte de l'empire chinois, bien qu'elle y soit rattachée par de nombreux liens historiques et politiques. Ces liens, presque toujours contractés dans l'unique but de satisfaire l'orgueil des Fils du Ciel, n'ont cependant presque jamais été assez étroits pour qu'il ait pu s'opérer une sorte de fusion entre les habitants des deux pays. Aujourd'hui même il n'est permis aux Coréens de commercer que deux fois par année avec les Chinois, à la cinquième et à la onzième lune, c'est-à-dire vers la fin de juin et de décembre; et encore ce commerce ne peut-il durer chaque semestre plus de dix jours. A l'époque fixée par les règlements, les marchands coréens, réunis en caravane, gagnent le nord de leur presqu'île et se rendent au petit village de *Foung-pien-men*, sur la frontière du Liao-toung, où les mandarins inscrivent ponctuellement leurs noms, afin de s'assurer qu'une fois la foire terminée chaque individu retournera bien exactement dans son pays. Dès que les dix jours sont expirés, les gardes des frontières ferment avec soin les issues, et toute tentative d'établir des rapports avec la Chine est sévèrement interdite [1]. La foire japonaise ne dure aussi que peu de jours et une seule fois par année. A part cela,

---

[1] Voyez l'abbé Callery, dans la *Revue de l'Orient*, t. V, p. 278.

la Corée demeure sans cesse renfermée dans un isolement absolu de tout le reste du monde.

Baignée au nord et à l'est par la mer du Japon, et au
sud et à l'ouest par la mer Jaune, la Corée forme une
grande presqu'île traversée dans toute sa longueur
par une chaîne de montagnes qui en couronne l'extrémité et sépare le royaume du pays des Mandchoux[1]. Là
s'élève le *Păik-tŏ-san* « le Mont à la blanche tête »,
dont on ne connaît pas très-exactement l'élévation,
mais qui passe pour l'une des plus hautes montagnes
de l'extrême Orient. Puis vient le *Tsyang-păik-san* « le
Long Mont blanc », et à peu de distance le *Păik-san*
« le Mont blanc » proprement dit, lequel va en s'abais-
sant dans la direction de la mer du Japon, où il prend
bientôt le nom de *Syŏ-păik-san* « le Petit Mont blanc ».
Dans la direction du nord au sud, la chaîne des montagnes coréennes, que les cartes chinoises et japonaises
nous font connaître sous un grand nombre de noms
différents, suivant la latitude, ne paraît pas toutefois se
prolonger sans d'assez fréquentes interruptions jusqu'aux côtes méridionales de la péninsule. Plusieurs

---

[1] Voyez la CARTE jointe à cet article. Tous les noms géographiques y indiqués ont été donnés suivant la forme coréenne qu'il
faudra tôt ou tard substituer à la forme chinoise, que jusqu'à
présent on avait été réduit à donner dans les atlas. L'orthographe
de ces noms, soigneusement revue sur les textes coréens, présen-
tera, on l'espère, toutes les garanties désirables d'exactitude. En
dehors du territoire coréen, on a emprunté aux langues des pays
figurés les noms géographiques qu'on a jugé à propos de reproduire.

fleuves semblent venir de fort loin dans la direction de l'est, et le tracé de leur cours, que donnent les indigènes, indique nécessairement des brisures dans le système orographique longitudinal de la Corée.

Parmi ces fleuves, les uns se jettent dans la mer du Japon, les autres dans la mer Jaune ou dans le détroit de Corée ; mais il est à remarquer que les plus importants vont se déverser dans la mer Jaune, tandis que des cours d'eau, pour la plupart d'une médiocre importance et à peine nommés sur les cartes asiatiques, vont seuls se perdre dans la mer du Japon. On trouve cependant à la frontière nord-est un fleuve appelé *Touman-kang*, qui, suivant la Géographie impériale de la dynastie des Tsing[1], prend sa source au bas du mont *Tsyang-päïk-san*, dont l'importance, tant au point de vue de la largeur qu'à celui de l'étendue navigable, paraît être réelle. — Un autre fleuve, le *Ap-lok-kang*, sert de frontière nord-ouest à la Corée qui se trouve ainsi séparée de la Chine par des rivières dont les gouvernements des deux pays ont su tirer parti pour empêcher les rapports trop fréquents de leurs sujets respectifs. Les sources de ces fleuves se rapprochent tellement, sur certaines cartes chinoises, que la péninsule coréenne n'y est plus attachée au continent que par un isthme en apparence fort étroit.

Les autres fleuves d'une certaine importance sont : le *Taï-tong-kang*, qui sert de limite septentrionale à la province de Hoang-haï, et va se jeter dans la mer Jaune,

---

[1] *Taï-tsing-yih-toung-tchi*, liv. ccccxxi, p. 22 v°.

en face des îles Halls; les anciens auteurs chinois le désignaient sous le nom de *Paï-choui*, et il était considéré, suivant le grand historiographe Sse-ma Tsien, comme la frontière méridionale du Liao-toung, sous la dynastie des Tsin; — le *Han-kang*, qui passe à dix *li* au sud de la capitale, et dont la source est dans les monts 'O-*taï-san;* — le *Pǎik-kang* ou Fleuve-Blanc, situé à la frontière nord de la province de Tsyoung-tsyœng, et qui se jette dans l'archipel de Corée; — le *Nag-tong-kang*, à l'embouchure duquel se trouve Pou-san [1], port

---

[1] Ce port est cité, dans la Relation de Hendrik Hamel, comme possédant un magasin établi par les habitants de l'île japonaise *Tsou-sima*. Si nous en croyons un voyageur anglais, qui a fait récemment une tournée sur la côte occidentale de Corée, il s'y trouve, au dire des indigènes, environ 300 Japonais, qui, du reste, y demeurent placés sous la plus sévère surveillance et n'ont aucune faculté de voyager dans l'intérieur de la péninsule, soit dans l'intérêt de leur commerce, soit pour leur agrément. Ces Japonais, toujours suivant ces mêmes indigènes, seraient considérés comme des otages pour garantir le tribut que les syô-gouns de Yédo doivent envoyer à leur roi. — Malgré l'obscurité qui règne encore sur la condition politique et les relations internationales des États de l'extrême Orient, il ne faut accorder qu'une médiocre confiance aux déclarations de ces Coréens. En opposition radicale avec eux, tous les Japonais lettrés avec lesquels je me suis trouvé en relation m'ont affirmé que leurs compatriotes ne se rendaient en Corée, d'ailleurs en très-petit nombre, qu'autant que cela paraissait utile à l'industrie de la pêche qu'ils professent sur les côtes de la péninsule; que « le roi de Sinra (Corée) envoyait, anciennement et pendant beaucoup d'années, le tribut à l'empereur du Japon, mais que JAMAIS celui-ci n'en avait offert au roi de Sinra. (En japonais : *Sin-ra kok-ô inisiyé-va Nippon kok-téï-yé ta-nen mits'ki-wo sonayétari; sikasi-nagara Nippon teï-wa kessité soré-wo Sin-ra ô-yé ataydrou koto-nasi*). »

de mer du canal de Corée, dans lequel les Japonais
ont établi un comptoir, et l'une des villes les plus
commerçantes de la péninsule.

Au territoire coréen se rattache la grande *île de Quelpaert*, qui ne compte pas moins de 42 milles de longueur sur une largeur d'environ 17 milles, et au sein
de laquelle s'élèvent plusieurs montagnes, dont la
principale a reçu des Européens le nom de *Mont Auck-
land*, et compte 1,996 mètres d'élévation au-dessus du
niveau de la mer. Cette île est désignée, dans les géographies chinoises, sous le nom de *Tchin-lo*, et dans les
ouvrages japonais sous celui de *Tsin-ra*; les indigènes,
suivant Klaproth, l'appellent *Sehesoure* (?), et ce fut
sous le règne de *Tcheou Wen-wang*, roi de Päïk-tse,
qu'ils entrèrent, pour la première fois, en relation avec
la Corée continentale, où ils envoyèrent un tribut.

De nombreuses îles de moindre étendue environnent
à l'est, et surtout au sud et à l'ouest, le royaume de
Corée. Celles qui sont situées dans la partie sud et sur
le détroit de Corée sont pour la plupart fort fertiles,
entremêlées de rochers taillés à pic, et parfois réunies
par des bancs accores, dont il est difficile pour les na-
vigateurs de connaître l'existence, même lorsque la
mer est calme. La plupart sont inhabitées, si ce n'est à
certains moments de l'année, où quelques pêcheurs s'y
rendent et y construisent de pauvres cabanes.

Les îles de la côte occidentale sont un peu plus importantes; trois groupes surtout méritent d'être signalés dans cette direction : les *îles Amherst*, vers la pointe
sud-ouest de la péninsule; l'*Archipel de Corée*, où l'on

distingue plusieurs petites villes ou villages et une île assez étendue désignée par les Européens sous le nom d'*île de Lindsey;* et les *îles de Hall,* un peu au-dessus du 38° de latitude Nord.

Enfin, dans la mer du Japon, il faut citer l'*île des Cerfs* (Louh-tao des géographes chinois), dans le golfe de Pierre le Grand; l'île de *Ma-rang,* dans la baie de Broughton, et une autre île (à laquelle les cartes asiatiques donnent le plus souvent de très-grandes dimensions, dont il est difficile d'admettre l'exactitude), où habite une population très-mêlée de Coréens et de Japonais, et qui porte le nom de *Ts'yœn-san-kouk* « Royaume des milles montagnes ». Les Japonais appellent cette dernière île *Také-sima* « l'île des Bambous ».

Aux renseignements qui précèdent, il ne sera peut-être pas inutile d'ajouter la liste des montagnes et des îles et îlots de la Corée, dont il est fait mention dans les ouvrages chinois parvenus à ma connaissance. Dans le but de faciliter les recherches, je donnerai cette liste dans l'ordre alphabétique européen, et suivant l'ortho-graphe chinoise :

Chin-soung-chan, montagne située au nord de la ville de *Kaï-tching-fou.* Son nom provient du grand nombre de pins (*soung*) qui croissent sur son versant septen-trional.

Fou-chan. Cette montagne est située sur le rivage, en face de l'île japonaise de *Tsou-sima.*

Fou-young-chan « la montagne de la richesse et de l'utilité », ou, suivant une autre orthographe « la montagne des mauves », est située en-deçà de la frontière de Houng-tchœou.

HEH-CHAN « le mont noir » est situé au sud-est du *Peh-chan* « le mont blanc ». Ces deux montagnes se voient simultanément, car elles sont très-rapprochées l'une de l'autre. Le Heh-chan est habité jusque dans sa région la plus élevée.

HIÈN-CHAN-TAO, île située du côté de la frontière sud-ouest de *King-tchœou*, avec un bon port.

HIOUNG-HOA-CHAN « la montagne fleurie aux ours », au nord-est de la principauté de *Siouèn-tchœou.*

HO-CHANG-TAO « l'île des religieux (bouddhistes) » est formée de pierres entassées. Sa forêt est épaisse et sa vallée profonde. Au milieu de la montagne, dit la Relation insérée dans le *Tchi-pouh-tsoh-tsaï* [1], il y a beaucoup de tigres et de loups. Anciennement des hommes adonnés à l'étude du bouddhisme y avaient établi leur demeure. Les bêtes n'osaient pas les approcher. Aujourd'hui le couvent *Yeh-lao-ssé* « le monastère des vieillards aux feuilles » en conserve les vestiges. C'est pourquoi les Coréens l'appellent « *l'île des religieux.* »

HOA-CHAN « le mont fleuri », au sud-est de la vallée de *Tou-chan-hièn.*

HOUNG-TCHŒOU-CHAN est une montagne qui s'élève au milieu de la mer, dans la direction du sud-ouest du département de *Tchoung-tchœou* et au sud-est de l'îlot *Tsze-yun-chen.* On y trouve de l'or.

---

[1] Voy. la notice que j'ai donnée de cette curieuse relation, dans le *Journal asiatique* de décembre 1866 (VIe série, t. VIII, p. 466).

Kaï-ma-ta-chan, mont situé à l'ouest de *Ping-jang*.

Ki-sin-siu « l'île du cœur de poule », située près de l'île *Niœou-sin-siu*.

Kiang-hoa-tao « l'île à la fleur du fleuve », dans la mer de *Kaï-tchœou*.

Kin-tang-chan « le mont de la salle dorée », au nord-ouest du district de *San-ho-hièn*, dans le département de *Hoang-tchœou*.

Kiœou-tœou-chan « la montagne aux neuf têtes ». « En effet, dit la Relation de l'ambassade envoyée en Corée dans les années *Siouen-ho*, cette montagne a neuf pics qu'on aperçoit de loin. Bien qu'insuffisamment examinée, elle est d'un aspect agréable par suite des arbres et des plantes verdoyantes qui la recouvrent. »

Kiu-tsi-tao, île située près de la côte et à l'est de l'île *Tchuh-tao*. Il y a un bon port.

Kiuh-yen-chan « le mont aux précipices sinueux », à l'est de *Ting-youèn-chan*.

Kiun-chan-tao « l'île des montagnes rassemblées », dans la mer de *Tsiouèn-tchœou*. Cette montagne, dit le *Kao-li-tou-king*, a douze sommets qui se réunissent en circonférence de façon à ressembler à une place forte. »

Kou-chen-chen. Cet îlot est situé en face et à peu de distance de l'île *Tchuh-tao*. Elle est habitée et bien boisée.

Kouëï-chen, îlot situé au nord-est de l'île *Peh-i-tao*.

Lan-chan-tao « l'île de la montagne obstruée », dans la mer située au sud de *Tsiouèn-tchœou*, se nomme aussi *Tièn-sièn-tao* « l'île des immortels du Ciel ». Sa montagne est haute et escarpée : on l'aperçoit de loin, s'élevant comme une muraille. Devant se trouvent deux rochers qui ressemblent à une tortue (*Kao-li-tou-king*).

LAN-SIŒOU-CHAN, montagne située à l'ouest de *Kaï-tchœou*.

LING-CHAN « la montage des Esprits », au sud-ouest de *Siouèn-tchœou*.

LOU-YANG-CHAN, mont situé au nord-est de *Ping-jang*.

LOUNG-CHAN « le mont du Dragon », au sud-est de *Seoul* [1].

LOUNG-KOH-CHAN « le mont aux os de dragon », à l'est de la capitale de la principauté de *Loung-tchœou*.

MA-TAO « l'île aux chevaux », située du côté de la frontière de *Tsing-tchœou*. On lui a donné son nom à cause des haras célèbres qu'elle renferme. Elle est très-verdoyante et on y trouve une source d'eau douce. Ses abords sont dangereux à cause des rochers qui l'entourent.

MA-TŒOU-CHAN « le mont à la tête de cheval », à l'est de *Ling-tchœou*.

MA-YIH-CHAN, montagne située au sud-ouest de *Ping-jang*, résidence du prince *Tan*, que la tradition suppose avoir été le fondateur de la monarchie coréenne [2].

NIŒOU-SIN-SIU « l'île du cœur de bœuf », est située au milieu d'une petite mer. Elle a un pic qui ressemble à une tasse recouverte, et dont le centre est un peu pointu.

---

[1] Capitale actuelle de la Corée.
[2] Voy. sur ce prince et sa légende mes *Études asiatiques de géographie et d'histoire*, p. III.

PAÏ-TAO « l'île disposée », située au sud de *Tsiouèn-tchœou*. Son nom entier est *Paï-to-chan* « la montagne où se trouve disposé un but », à cause de sa ressemblance à une cible pour tirer de l'arc.

PAÏ-TO-CHAN. Voyez PAÏ-TAO.

PAO-CHAN. Voyez TIEN-PAO-CHAN.

PEH-CHAN. Cette montagne, située au sud de *Tsiouèn-tchœou*, est entourée de tous les côtés par la mer; elle est fort élevée. On la nomme également *Peh-choui-chan* « la montagne aux eaux blanches ». Il paraît y avoir deux montagnes de ce nom en Corée. (Voy. plus haut.)

PEH-CHOUI-CHAN. Voyez PEH-CHAN.

PEH-I-TAO « l'île des vêtements blancs », comprend trois montagnes réunies, sur le devant desquelles se trouve un petit rocher. Sur le versant, l'accumulation des sapins et la verdure des scrophulaires lui donnent un aspect agréable. On appelle aussi cette île *Peh-tsia-chen* (*Kao-li-tou-king*).

PEH-TSIA-CHEN. Voyez PEH-I-TAO.

PEH-YOH-CHAN, montagne située au nord de la capitale et à la frontière du cercle (*tao*) royal de *Kieng-koui* ou de la Cour.

PING-HOU-TAO, île située au sud de *King-tchœou*.

POUH-SAH-CHEN « l'îlot du Boddhisatwa », située au sud de *Tsiouèn-tchœou*. Les Coréens disent que jadis il s'est produit des miracles à son sommet. C'est de là qu'est venu son nom (*Kao-li-tou-king*).

SIAO-TIEH-CHAN « le petit mont au fer », situé sur la rive orientale du *Yah-louh-kiang*.

SIAO-TSING-SIU « la petite île verte » a la même apparence que « la grande île verte », mais elle est petite et tout entourée de rochers.

SIAO-YOUEH-SIU. Voyez YOUEH-SIU.

TA-TSING-SIU « la grande île verte », située dans la mer de *Kouang-tchœou*, est ainsi appelée chez les Coréens, parce que, vue de loin, elle est boisée au point de ressembler au fard (bleuâtre) avec lequel les dames chinoises se peignent la figure à l'endroit des sourcils. (*Kao-li-tou-king*).

TA-YOUEH-SIU. Voyez YOUEH-SIU.

TANG-JIN-TAO « l'île des Chinois », dans la mer de *Tsing-tchœou*. « On ignore d'où lui vient son nom; elle est voisine de la montagne aux neuf têtes. » (*Kao-li-tou-king.*)

TAO-CHAN « la montagne-île », située au sud de la principauté de *Weï-chan*.

TIÈN-CHING-CHAN « le mont des Saints », au nord de *Yin-tchœou*.

TIEN-SIEN-TAO. Voyez LAN-CHAN-TAO.

TIEN-PAO-CHAN « le mont de la gemme céleste », à l'ouest du cercle royal de *Kieng-kouï* ou de la Cour. On l'appelle aussi du nom abrégé de *Pao-chan*.

TOUNG-YOUEN-CHAN, montagne aurifère située à l'est du *Houng-tchœou-chan*.

TCHANG-HOA-CHAN « la longue montagne fleurie », au sud-est de *Tieh-tchœou*.

TCHOUANG-NIU-TSIAO « le rocher des deux femmes », est situé dans la mer de *Tsing-tchœou*. « Il est très-grand, ce qui fait qu'il ne diffère point d'une île. Sur le devant, il y a une montagne qui, bien qu'elle ait des plantes et des arbres, n'est pas très-ombragée. Sur le derrière se trouve une autre montagne inégale et petite : au milieu, elle se divise et forme un passage; au bas il y a un rocher sombre. On ne peut pas y passer en barque ». (*Kao-li-tou-king.*)

Tchuh-tao « l'île des bambous », située près du rivage au sud-ouest de la frontière de *King-tchœou.* Elle est habitée dans sa région supérieure.

Tchun-tsao-chen « l'îlot des plantes printanières » est situé au-delà de l'îlot *Kouei-chen.* Les matelots l'appellent *Weï-siu* « l'île extérieure ». Sur la hauteur il y a beaucoup de pins, de sapins et autres arbres du même genre, ce qui lui donne un aspect très-verdoyant. (*Kao-li-tou-king.*)

Tsze-yen-tao « l'île des hirondelles pourpres », dans la mer de *Kouang-tchœou.* « Au haut de cette montagne[1] se trouve une auberge appelée *King-youèn-ting.* Le peuple habite des chaumières en grand nombre. A l'est de cette montagne se trouve une île (*siu*), où l'on voit beaucoup d'hirondelles. C'est ce qui lui a fait donner le nom de *Tsze-yen-tao.* » (Relation de l'ambassade envoyée dans les années *Siouèn-ho.*)

Tsih-chan, montagne située à l'ouest de *Tchoung-tchœou.* Voyez Tsih-chan-tao.

---

[1] Les géographes chinois désignent également sous le nom d'île ou de montagne les terres élevées qui se trouvent entourées d'eau de tous côtés.

Tsze-yun-chen « l'îlot des nuages pourpres » situé auprès du *Pouh-sah-chen*.

Tsih-chan-tao, île située auprès de l'île *Hien-chan-tao*.

Tsing-chan « le mont vert », au nord de la principauté de *Tièn-'an-kiun*.

Tsing-siu. Voyez Ta-tsing-siu et Siao-tsing-siu.

Weï-chan, mont situé au sud-ouest de *Ping-jang*.

Yah-tsze-chen est un îlot situé dans la mer au sud de *Tsing-tchœou*. On le nomme également *Yah-tsze-chen* (écrit avec d'autres caractères), à cause de sa ressemblance avec le chapeau-parasol que les Coréens désignent sous le nom de *yah*.

Youeh-siu « les îles de la lune ». « Ces îles sont au nombre de deux. La première, qui se nomme *Ta-youeh-siu* « la grande île de la lune », a la forme d'un croissant. Suivant d'anciennes traditions, il y avait au sommet un monastère appelé *Yang-youèn-sse* « le couvent de la source qui nourrit ». — La seconde, appelée *Siao-youeh-siu* « la petite île de la lune », se trouve en face de la montagne, de sorte qu'elle forme un détroit par lequel les petites barques peuvent passer ». *Kao-li-tou king*.)

Yu-ling-chan, montagne au sud-est de la principauté de *Kouoh-tchœou*.

Yun-chan « le mont aux nuages », au sud-ouest de *Soh-tchœou*.

## II. — *Géographie historique* [1].

### TEMPS ANTÉRIEURS A NOTRE ÈRE.

A l'origine de la monarchie chinoise, la Corée ou *Tsyô-sen* formait un territoire en dehors des limites assignées par Yu-le-Grand à son empire.

— 403 à 222. La Corée devient une dépendance du royaume fondé par les *Yèn*, au nord de la province actuelle du Tchi-li.

Plus tard, un certain Weï-man se fait roi du *Tsyô-sen*, qui forme de nouveau un État distinct.

— 210 (Époque de la dynastie chinoise des Tsin). — A cette époque, on trouve au nord-ouest de la presqu'île le pays de *Fou-yu* *; au nord-est, le pays de *Wou-tsiu* *; à l'est, le territoire occupé par les tribus *Weï-me* *; à l'ouest, le territoire des *Ma-han* *; au sud-ouest, le *Pièn-han* *, et au sud-est, le *Chin-han* * ou *Sin-la*.

— 84 à 74. Réunion des principautés de *Lin-tun* *, *Hiouen-tou* * et *Tchin-fan* *.

— 57. *Heh-kiu-chi* *, fondateur du royaume de Sin-ra, réside dans le pays de *Tch'ing-han* * (province actuelle de *K'ing-chan*). A cette époque, ce royaume portait en chinois le nom de *Sse-lo* * ou *Sse-lou* *.

---

[1] On a placé dans ce paragraphe un astérisque aux noms Coréens cités pour la première fois et qu'on a reproduits suivant l'orthographe chinoise.

— 33. Une ambassade du pays de *Mimana** ou *Amana**, est envoyée avec des présents aux îles du Japon. Ce pays de Mimana faisait partie de la triarchie des *San-kan*, qui avait été établie en Corée. Le chef de cette ambassade, nommé *Sonakasiké*, fut retenu auprès de l'héritier présomptif du trône du Japon, et lui enseigna les arts et les sciences de son pays.

— 31 (Époque d'Auguste). — Le *Liao-toung* comprend à cette époque l'ancien pays de *Fou-yu*, et s'étend jusqu'au territoire des *Ma-han*.

— 27. Le fils du roi de *Sinra* se rend en ambassade au Japon, et apporte des présents à la cour du mikado.

### TEMPS POSTÉRIEURS A NOTRE ÈRE.

+ 12. Les Coréens sont battus par l'empereur de Chine, *Sin-mang*, et leur prince est déclaré déchu du trône.

+ 32. La royauté est rétablie en Corée par *Kouang-wou-ti*, empereur de Chine.

+ 49. Incursion des Coréens sur les frontières de la Chine.

+ 105. Nouvelles incursions des Coréens sur le territoire de *Liaa-toung*.

+ 116 (Époque de Trajan). — La Corée est alors divisée en trois États, dont le plus étendu est celui de *Kao-kiu-li* au nord; les deux autres sont le royaume de *Païk-tse* au sud-ouest (ancien pays de *Pièn-han*) et le royaume de *Sin-ra* au sud-est (ou pays de *Chin-han*).

+ 120. Incursion des Coréens dans le pays de *Liao-toung*.

+ 169. *Pe-kou**, roi de Corée, ravage le *Liao-toung*. Ce prince meurt, laissant deux fils, *Pa-ki** et *I-i-mo **. Ce dernier est élu roi par le peuple; mais Pa-ki réunit une troupe de partisans et fait la guerre à son frère I-i-mo.

+ 200. L'impératrice japonaise *Zin-kó* se rend dans le pays de *Sin-ra* dont elle défait les troupes. Le roi de ce pays est condamné à se reconnaître vassal et tributaire du Japon.

+ 209. *Pa-ki** est vaincu par *I-i-mo**.

+ 238. *Weï-koung**, fils d'*I-i-mo*, règne en Corée.

+ 242. Invasions des Coréens sur le territoire de Liao-toung.

+ 246. Les Coréens sont battus par les Chinois, et font leur soumission.

+ 247. Les rois de *Païk-tse* et de *Sin-ra* envoient des ambassadeurs au Japon pour y offrir leur tribut.

+ 260. Les Japonais s'emparent d'une grande partie de la Corée, dont ils occupent le sud et l'ouest. Une faible portion du *Kao-kiu-li* parvient seule à conserver son indépendance, ainsi que les territoi-res de *Fou-yu*, de *Wou-tsiu* au nord, et le pays des barbares *We-ïmé* à l'est.

+ 276. Les rois de *Koraï*, de *Païk-tse*, de *Sin-ra* et de *Mimana* envoient leur tribut à la cour du Japon.

+ 283. Le pays de *Païk-tse* envoie comme tribut des couturières au Japon.

+ 284. Le pays de *Païk-tse* envoie comme tribut un beau cheval à la cour du Japon.

+ 285. Le lettré *O-nin*, du royaume de *Païk-tse*, se rend au Japon, où il apporte le *Lun-yu* ou Livre des discussions philosophiques de Confucius, et le *Tsièn-tse-wen* ou Livre classique élémentaire des Mille mots.

+ 297. Le royaume de *Koraï* envoie un ambassadeur au Japon.

+ 319. Mort de *Ye-fo-li*\*, l'un des princes souverains de la presqu'île coréenne.

+ 324. Le royaume de *Koraï* envoie des boucliers de fer en tribut au Japon.

+ 329. Le roi de *Sin-ra*, n'ayant pas apporté le tribut à la cour du Japon, celle-ci lui envoie un ambassadeur pour le réprimander.

A la fin de la dynastie des Han (IIe siècle de notre ère), un homme appelé *Kao*\*, originaire du pays de *Fou-yu*, s'empare de la Corée, à laquelle il donne le nom chinois de *Kao-li* ou *Kao-kiu-li*. C'est évidemment de là que vient le nom de la Corée, bien qu'on emploie pour l'écrire des signes qui cachent son étymologie [1].

+ 342. *Kao-tcho*, \*, roi de *Kao-kiu-li*, est battu par *Mou-young-hoang*\*; mais son petit-fils reprend possession de ses États, et établit sa capitale à *P'ing-jang*\* (autre nom de *Wang-hièn*\*, ancienne capitale des rois du *Tcho-sèn*). Il divise ses États en huit circonscriptions ou cercles (*tŏ*):

---

[1] *Kao-li* ou *Kao-kiu-li* signifiait à l'origine « Résidence de Kao »: plus tard, par un jeu de signes fort goûté des auteurs chinois, on a fait du premier un nom propre qui signifie « haute élégance ».

Au milieu, province *King-ki\**, ou royale.

| | | |
|---|---|---|
| A l'est, | — | *Kiang-youen\**, pays des *Weï-meh.* |
| A l'ouest, | — | *Hoang-haï\**, pays des anciens *Tchao-sièn* et des *Ma-han.* |
| Au sud, | — | *Tsiouen-lo\**, pays des *Pièn-han.* |
| Au sud, | — | *K'ing-chang\**, pays des *Chin-han.* |
| Au sud-ouest, | — | *Tchoung-ts'ing\**, pays des *Ma-han.* |
| Au nord-est, | — | *Hiang-king\**, pays primitif des *Kao-kiu-li.* |
| Au nord-ouest, | — | *P'ing-ngan\**, ancien pays de *Tchao-sièn.* |

+ 414. L'empereur du Japon étant tombé malade, fait demander un médecin dans le pays de *Sin-ra.*

+ 420. *Kao-lien\**, roi de Corée.

-+- 430. *Kao-lien* envoie un tribut à l'empereur de Chine *Wen-ti*, de la dynastie des *Soung.*

+ 465. Des troupes viennent du Japon pour combattre celles du pays de *Sin-ra.*

+ 475. Le royaume de *Koraï* détruit celui de *Païk-tse.*

+ 477. Les princes de *Koraï* et de *Sin-ra* vont rendre hommage à la cour de Chine.

+ 493. Le Japon envoie des ambassadeurs au *Koraï* pour lui demander des artisans.

+ 494. *Kao-yun\**, petit-fils de *Kao-lien*, roi de Corée, envoie le tribut à la cour des *Weï\**, et est reconnu par eux.

-+- 504. Le royaume de *Païk-tse* envoie le tribut à la cour du Japon (Cf. la date 475).

+ 512. Une ambassade japonaise arrive dans le royaume de *Païk-tse*. Elle en revient avec des lettrés de ce pays et les livres sacrés de la Chine.

+ 526. *Kao-'an*, fils de *Kao-yun*, règne en Corée.

+ 543. Le *Païk-tse* offre à l'État de *Fou-nan* des objets précieux (litt. des richesses et des hommes).

+ 546. Le Japon fait présent au Païk-tse de beaux chevaux et de vaisseaux de guerre.

+ 548. *Kao-yen**, fils de *Kao-'an*, règne en Corée.

+ 550. *Kao-tching**, roi de Corée, envoie des présents à la cour chinoise des *Tsi*.

+ 551. Le Japon envoie mille mesures de froment au pays de *Païk-tse*.

+ 552. Le royaume de *Païk-tse* envoie les images et les livres sacrés du bouddhisme au Japon, après quoi une épidémie pestilentielle se déclare dans ce dernier pays.

+ 553. Le Païk-tse envoie au Japon des médecins, des sorciers, des astronomes, des mathématiciens et d'autres lettrés.

+ 562. Le roi de *Sinra* détruit le royaume de *Mimana*.

+ 563. *Oho-domo-no Saké-hiko* va combattre le Koraï, dont il défait les troupes.

+ 570. Une ambassade du *Koraï* arrive au Japon.

+ 580. Le Sinra envoie un tribut au Japon et sollicite la paix : il est refusé.

+ 582. Le Sinra envoie (de nouveau) un tribut au Japon et sollicite la paix : il est refusé.

+ 597. *Kao-tang**, fils de *Kao-tching**, règne en Corée ; il reçoit l'investiture de l'empereur de Chine.

Cette même année, le roi de *Païk-tse* envoie son fils au Japon pour offrir le tribut.

+ 598. *Kao-youèn*\*, fils de *Kao-tang*, s'allie aux Tartares et envahit le pays de *Liao-toung*.

+ 602. Le roi de *Païk-tse* envoie en présent à la cour du Japon divers ouvrages chinois, notamment un traité d'astronomie et un calendrier.

+ 610. Les États de *Sinra* et de *Jinna* envoient le tribut au Japon.

+ 618. Le roi de *Koraï* envoie le tribut au Japon.

+ 623. Le Japon attaque le pays de *Sinra* et le soumet.

+ 653. Le *Païk-tse* et le *Sinra* envoient le tribut au Japon pour solliciter la paix.

+ 662. Les Chinois portent leurs armes contre le pays de *Païk-tse*, qu'ils pacifient l'année suivante.

+ 663. Le Japon attaque le Sinra, mais il ne parvient pas à le soumettre,

A partir de cette époque, les relations du Japon avec la Corée perdent considérablement de leur importance politique, et c'est à peine si nous voyons figurer ce dernier pays dans les tables chronologiques publiées au Nippon. On y trouve bien mentionnée une ambassade du pays de *Tchôsen* qui vint apporter le tribut au Japon en 1607, et dont les vaisseaux relâchèrent à Nagasaki quelques années seulement avant l'établissement des premières relations commerciales des Hollandais avec le Japon; puis l'arrivée de plusieurs missions diplomatiques de la Corée dans les années 1624, 1636, 1643, 1682, 1711, 1719, 1748, 1764, 1811, ainsi que l'invasion du Tchôsen par les Chinois en 1637; mais l'aridité de ces mentions ne sert qu'à nous démontrer une fois de plus l'isolement à peu près absolu dans lequel s'est renfermé depuis ces derniers siècles le peuple et le gouvernement de la grande presqu'île de l'Asie orientale [1].

---

[1] Voy., sur la Corée, les mémoires suivants du même auteur : *Vocabulaire chinois-coréen-aïno*, expliqué en français et précédé d'une introduction sur les écritures de la Chine, de la Corée et de Yéso (Extrait de la *Revue orientale et américaine*, 1861, tome VI); — la *Presqu'île de Corée et son avenir* (dans le *Journal des économistes*, 2ᵉ série, 1859, t. XXII, p. 413). — *Aperçu de la langue coréenne*, Paris, Imprimerie impériale (Extrait du *Journal asiatique* de 1864).

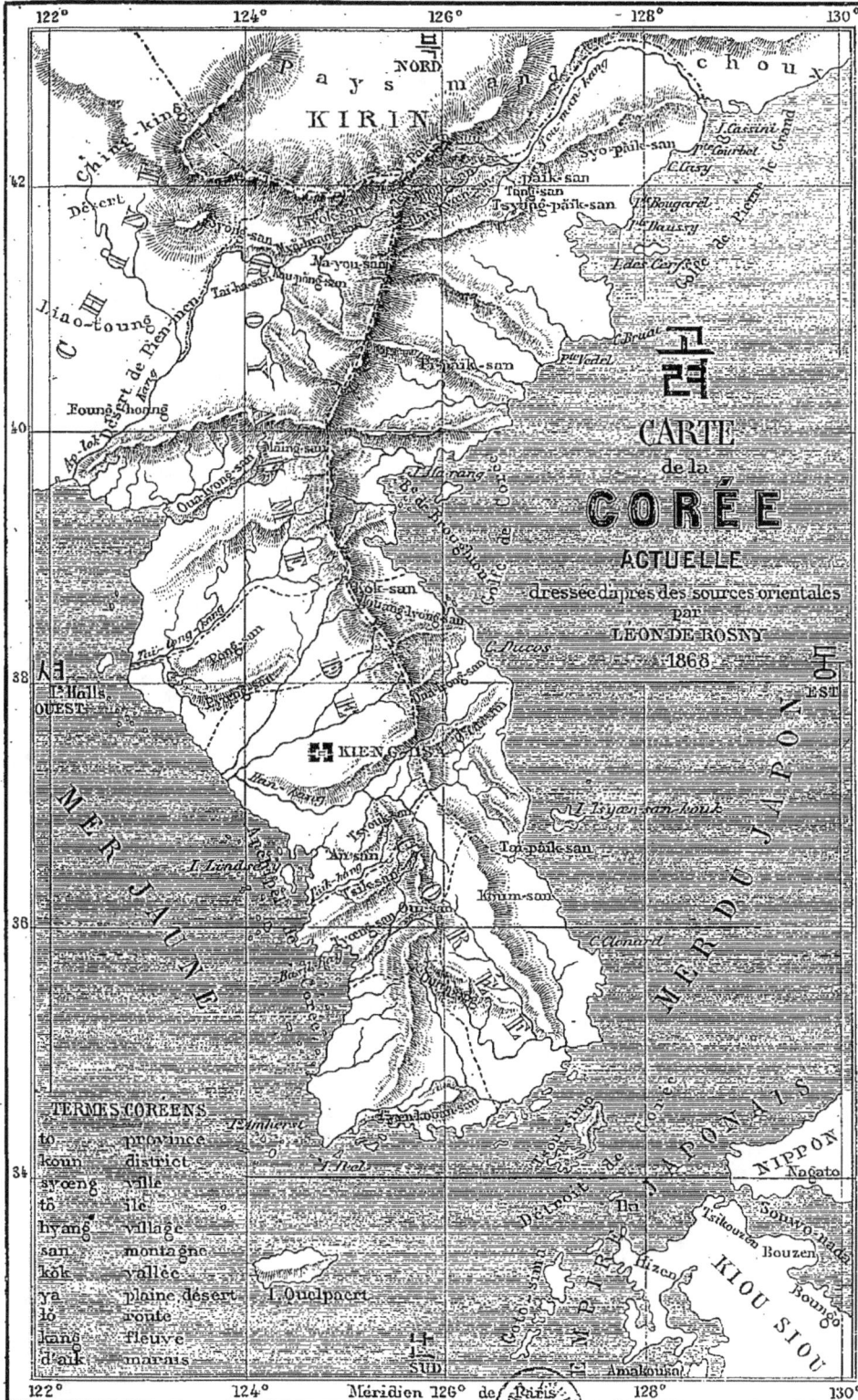

CARTE
de la
CORÉE
ACTUELLE
dressée d'après des sources orientales
par
LÉON DE ROSNY
1868

MER JAUNE

MER DU JAPON

KIRIN

Liao-toung

NIPPON

KIOU SIOU

TERMES CORÉENS

to .......... province
koun .......... district
syoeng .......... ville
tö .......... île
hyang .......... village
san .......... montagne
kök .......... vallée
ya .......... plaine désert
lö .......... route
kang .......... fleuve
d'aik .......... marais

Imp. Chauvin 8, r. d'Ulm Paris.      Gravé par Erhard

# LA TUNISIE.

## ÉTUDE ETHNOGRAPHIQUE ET HISTORIQUE.

La Tunisie, qui occupe de nos jours cette admirable région où s'élevait jadis la fameuse Carthage, forme une des contrées africaines les plus heureusement dotées de la nature et les mieux situées au double point de vue de la politique et du commerce. Son étendue superficielle, évaluée par les divers auteurs de 80 à 168 kilomètres carrés, la place au-dessus des États moyens du continent africain et dans des conditions territoriales très-suffisantes pour permettre le développement d'une civilisation large et indépendante. Sa position sur le bassin de la Méditerranée d'une part, et sur les confins du Sahara d'autre part, lui ouvre d'immenses débouchés pour les produits de ses cultures et de son industrie; elle lui assure en même temps les moyens d'établir de tous côtés des relations utiles pour sa conservation et pour son avenir : du côté de la mer, en lui donnant un accès facile dans les conseils internationaux de l'Europe; du côté du désert, en lui garantissant les moyens d'entretenir avec les tribus nomades des rapports amicaux de nature à fortifier chez ses po-

pulations le sentiment de leur autonomie, et au besoin
à servir de contre-poids aux tentatives ambitieuses des
nations néo-latines qui l'entourent du côté du nord.

On ne peut se dissimuler toutefois qu'à côté de ces
avantages en quelque sorte purement géographiques,
la Tunisie n'ait encore beaucoup à faire pour constituer
d'une manière solide et durable son unité ethnographique. Composée d'éléments très-divers, de Berbères,
d'Arabes, et, bien que dans une proportion moindre,
d'un nombre considérable de Turcs, de Maures, de
Juifs, de Grecs et de Nègres de différentes provenances, la
nation tunisienne, malgré les métis qui y occupent chaque jour une plus large place, n'a pu réaliser encore
cette fusion complète des races qui est la meilleure
garantie de durée pour les États et pour les peuples.
On ne peut nier cependant que, grâce aux institutions
relativement très-libérales dont le bey actuel s'est fait
le glorieux promoteur, il n'y ait dans cette voie une
amélioration sensible. Ce sont, en effet, les institutions
libérales qui enracinent dans le cœur des sociétés politiques le sentiment de leur autonomie, et qui, en
donnant une juste satisfaction à leurs intérêts moraux
et matériels, les attachent au sol investi par elles du
beau nom de *patrie*.

Avant d'examiner quelle a été la portée de ces institutions, ce qu'il reste à faire de plus important pour
assurer à la Tunisie les résultats qu'on est en droit d'attendre, il me paraît utile d'étudier les éléments de
population qui viennent d'être énumérés, et de rechercher d'après quels principes et suivant quelle mesure

la fusion des races peut aboutir à la constitution définitive d'une nationalité tunisienne. En d'autres termes,
c'est à l'ethnographie que je me propose d'emprunter
les bases sur lesquelles il convient, je crois, de faire
reposer les questions qui font l'objet de cette étude.

I.

La fondation de Tunis, centre et foyer actuel de la
civilisation tunisienne, remonte à une époque antérieure de plus d'un siècle à celle de Carthage. Les auteurs anciens nous la font connaître sous les noms de
*Thunes*, *Tunes* ou *Tunesium*. Elle fut construite, dit-on,
par les peuples que l'antiquité nous désigne sous la dénomination des Numides, et qui ont été, sinon les véritables autochthones, du moins les plus anciens possesseurs du sol que l'histoire nous ait signalés dans cette
région. Ces peuples avaient pour voisins à l'ouest les
Maures (*Maurusii*), et formaient dans cette direction
deux nations puissantes : les *Massylii* et les *Massæsyli*.
Du côté du sud, ils étaient répandus jusqu'à l'entrée du
désert. Au nord et à l'est, ils s'étendaient jusqu'à la
Méditerranée par la voie de laquelle les Phéniciens vinrent de bonne heure établir de nombreuses colonies
sur leurs côtes.

Les traditions relatives aux *Atlantes* ou populations
de l'Atlas, aux *Lotophages* ou mangeurs de lotus, aux
*Troglodytes*, habitants des cavernes souterraines, aux
*Garamantes*, etc., n'ont pas encore été suffisamment
étudiées pour qu'il soit possible d'en tenir grand

compte dans l'examen ethnographique des populations
anciennes de la Tunisie. On ne peut guère attacher plus
d'importance, quant à présent du moins, aux données
de Varron suivant lesquelles le contingent primitif de
la population de ce pays serait venu de l'Asie, ni à l'opinion de Procope qui voit une émigration cananéenne
au berceau des nations du nord de l'Afrique. Bien que
cette opinion paraisse avoir été adoptée par quelques
historiens arabes, notamment par *Ibn-Khaldoun*, qui
voit dans les Berbères de son temps les descendants
d'un petit-fils de Canaan appelé *Ber*, il s'en faut qu'elle
soit établie d'une façon admissible par les ethnographes. Ajoutons cependant que les Carthaginois, s'il faut
en croire le texte du *Pænulus* de Plaute, et après lui
saint Augustin, désignaient une partie de l'Afrique du
nord sous le nom de *pays de Canaan*. Quant à Salluste, il
fait provenir les Numides d'un mélange de Mèdes, de
Perses et de Gétules. Cette allégation du célèbre historien latin, appuyée dans une certaine mesure par la
découverte, en Algérie, de monuments mithriaques,
aurait sans doute beaucoup de poids dans la question,
si une distinction ethnographique suffisante avait déjà
pu être établie entre les Numides et les Gétules des anciens auteurs. Ces deux éléments de la population ancienne de la Tunisie sont sans cesse confondus dans les
historiens, et souvent d'une façon très-regrettable pour
l'intelligence du mouvement national qui n'a jamais
cessé de se faire sentir au milieu des tribus berbères
soumises à des dominations étrangères. De fortes pré-
somptions cependant nous invitent à croire que les

Numides de l'antiquité répondaient aux populations agricoles de la Berbérie actuelle, tandis que les Gétules seraient les ancêtres des Kabyles nomades que nous retrouvons aujourd'hui sur toute la région de l'Atlas et jusque dans les contrées tropicales situées sous le 20e degré de latitude septentrionale.

Le domaine de la race à laquelle appartiennent les Berbères acquerra d'ailleurs, j'en suis convaincu, avec les progrès de la science ethnographique, une extension infiniment plus considérable qu'on ne l'avait cru tout d'abord. Je ne doute pas un instant qu'il n'y ait des affinités étroites et inattendues entre les Touaregs de l'Afrique du Nord et une foule de populations brunes ou noires établies aujourd'hui depuis les côtes de l'Atlantique, dans la contrée du Sénégal et de la Gambie, jusqu'aux côtes de la mer Rouge, et peut-être même de l'Océan indien. On a déjà signalé les rapports singuliers qui existaient entre le berbère et les idiomes de l'Abyssinie [1], et une tradition conservée par les *Sahari*, tribu du sud de la province d'Alger, suivant laquelle, « ils seraient venus s'établir dans la contrée pour échapper aux Pharaons d'Égypte [2]. » Les essais d'identification des Thamoudites ou *Thamou*, proches parents des Hyksos de l'antique Égypte, avec certaines tribus berbères, identifications basées sur des analogies de coutumes et

---

[1] Voy. notamment, Henri Tauxier, dans la *Revue africaine*, t. IX, p. 462.

[2] Arnaud, dans la *Revue africaine*, t. VIII, p. 105.

sur des ressemblances de noms [1], sont bien de nature à appeler dans cette direction les recherches des ethnographes et des linguistes [2].

Polybe, à son tour, reconnaît dans la région tunisienne deux éléments distincts de population : les Africains proprement dits (*Africani*) [3], sujets de Carthage, et les Numides, qui n'étaient que tributaires. Ces Numides, livrés à la vie nomade et pastorale, se confondaient, du côté du sud, avec les Gétules (*Getuli*), tribus adonnées à l'agriculture ; on est assez généralement d'accord pour les identifier avec les *Berbères*, *Kabyles* ou *Touaregs* de nos jours. Le second de ces noms pourrait bien avoir la même origine que celui des *Hevilæi* sous lequel Josèphe semble indiquer une des populations qui habitaient de son temps la région de l'Atlas.

Nous voyons ainsi, dès les âges les plus reculés, une multiplicité d'éléments ethnographiques concourir à la formation de ce peuple qui devait devenir un jour la nation tunisienne. Successivement des colonies de tous les empires qui avaient accès sur la Méditerranée vin-

---

[1] Cf. les *Beni-Thamou*, dans le cercle de Ténez et dans le Métidja ; le djébel *Thamoura* au Maroc ; les kel *Themourat* des Touaregs occidentaux ; la ville de Θυμιατήριον (*Thymiaterium*) du périple d'Hannon, les villes de *Thamougas* et de *Thamousida*, citées par M. le baron Aucapitaine dans ses *Nouvelles Observations sur les Berbères-Thammou* (Paris, 1867), in-8°; etc.

[2] Voy., sur ce sujet, Desor, *Aus Sahara und Atlas. Vier Briefe.* (Wiesbaden, 1865), in-8°.

[3] Autrement appelés Libyens (Λίβυαι). Leur région était tantôt désignée sous le nom d'Afrique (Ἀφρική), tantôt sous celui de Libye (Λιβύη), et même sous celui d'Éthiopie (Αἰθιοπία).

rent lui apporter leur contingent, et les indigènes de
la Tunisie se virent de la sorte débordés par des invasions étrangères qui, de tous temps, leur arrachèrent
le gouvernement de leur patrie, sans cependant arriver
jamais à les absorber ou à les faire disparaître.

De ces colonies, les plus anciennes que nous connaissions d'une manière suffisante pour l'objet dont nous
nous occupons ici, sont les colonies phéniciennes. Répandues dans toute la région fertile et magnifique que
les géographes de l'antiquité nommèrent l'*Emporia* (du
grec ἐμπόριον « marché »), ces colonies y élevèrent une
foule de villes et de bourgs dont le commerce, tant avec
les riverains de la Méditerranée qu'avec les tribus du
centre de l'Afrique, acquit, plus de six siècles avant
notre ère, une importance considérable. Toutefois l'influence des colonies phéniciennes ne paraît guère s'être
fait sentir au-delà de la zone maritime de la Tunisie, et
les habitants de l'intérieur ne semblent pas s'être sensiblement modifiés à leur contact.

A cette même période remontent la fondation et le
développement de la puissance carthaginoise dans le
nord de l'Afrique. La célébrité qu'avait acquise cette
puissance et les immenses richesses de sa métropole ne
tardèrent pas à exciter la convoitise des Romains qui,
sous prétexte de venir en aide aux peuples voisins ou
soumis à la domination de Carthage, finirent par assujettir les uns et les autres. L'intervention se signala d'a-
bord par une sorte de protectorat des États africains.
A cette époque, où Massinissa avait étendu son domaine,
par suite de la cession du territoire de *Cirta* (actuelle-

ment *Constantine*) qui lui avait été faite par les Romains, la Tunisie était devenue extrêmement florissante ; et, sous le sage gouvernement de ce roi numide, on avait vu l'agriculture encouragée rendre aux campagnes toute la magnificence que les dissensions intestines lui avaient ravie et que des temps de barbarie devaient lui ravir plus d'une fois encore dans les siècles futurs. D'un autre côté, par l'extension des relations commerciales, les villes acquéraient une nouvelle splendeur et des richesses considérables. Le règne de Massinissa se signala en outre par la fondation d'un grand nombre de cités et par la transformation d'une foule de villages en villes industrielles et populeuses.

Sous le règne de son successeur, Micipsa, des colonies grecques, accueillies avec bienveillance par les Numides, apportèrent dans leur pays un nouvel élément de progrès et de civilisation.

Rome ne perdait cependant pas de vue ses projets de conquête de l'Afrique que la prudence ne lui avait pas permis de mettre tout d'abord à exécution. Les émigrations de l'Italie devenant chaque jour plus nombreuses lui fournissaient d'ailleurs de continuels prétextes d'intervention.

La mort de Micipsa (119 ans avant notre ère) fut le signal de la décadence de Carthage. Ce prince avait partagé ses États entre Adherbal et Hiempsal, ses deux fils, et Jugurtha, son neveu. Ce dernier, qui comprenait combien un tel morcellement de la monarchie numide était favorable à l'accomplissement des vues ambitieuses de Rome, résolut de s'emparer de la part qui

avait été léguée à ses cohéritiers, et, pour arriver à
l'accomplissement de ce dessein, il les attaqua et les fit
périr l'un et l'autre. Les Romains profitèrent de cet
événement pour engager des hostilités contre Jugurtha,
qui finit par être vaincu (104 ans avant notre ère), et fut
emmené à Rome où il mourut de faim au fond d'un ca-
chot où on l'avait fait enfermer. Ce fut le point de départ des annexions qui devaient bientôt transformer la
Numidie tout entière en province romaine.

Un peu plus tard, nous voyons des colonies gauloises
et ibères s'établir en Numidie, tandis que les Romains,
encore plus hardis que les Carthaginois, leurs devanciers dans cette région, poussaient jusqu'au désert leurs
incursions victorieuses. Pendant plus de quatre siècles
que dura la domination romaine, d'immenses travaux
stratégiques, des routes ouvertes dans toutes les direc-
tions, des forteresses construites aux alentours de toutes
les villes importantes, des canaux, des aqueducs, des
temples, des théâtres, des cirques aux dimensions gigantesques, signalèrent sur le continent africain la puissance envahissante de l'Italie et l'asservissement des
tribus indigènes. Cette annexion générale de la Numidie
et des contrées adjacentes, toutefois, ne se fit pas sans
soulever le sentiment patriotique des Berbères qui, à
plusieurs reprises, arborèrent l'étendard de la révolte et
s'organisèrent assez fortement pour tenir quelque temps
en échec les légions romaines. Ils devaient cependant
finir par céder à la supériorité militaire de leurs ennemis ; et, lorsqu'ils parvinrent à ébranler leur autorité, qui
chancelait sur presque tous les points du globe à la fois,

ce ne fut que pour retomber sous la dépendance d'autres maîtres étrangers.

En 428, les Vandales traversèrent le détroit de Gil-
braltar; et, peu après, leurs hordes vagabondes, sous
le commandement de Genséric, vinrent soumettre les
tribus berbères qui avaient eu le tort de s'allier avec
elles. L'empire africain de Genséric comprit, dans la
première moitié du cinquième siècle, tous les États
barbaresques, c'est-à-dire les territoires qui forment
aujourd'hui le Maroc, l'Algérie, la Tunisie et la régence
de Tripoli. La domination vandale dans le nord de
l'Afrique eut environ un siècle d'existence.

A la période vandale succéda, entre les années 534
et 642, une période gréco-latine qui tira son origine
des conquêtes de Bélisaire. Ce général de l'empereur
Justinien, après avoir complétement défait les Vandales, releva les fortifications de Carthage et établit,
avec la civilisation de son pays, la religion catholique
dans le nord de l'Afrique où il lui accorda de nouveaux
priviléges. Cette période n'eut cependant qu'une médiocre influence sur les destinées des Berbères, qui devaient bientôt tomber sous la domination bien autrement puissante et durable des propagateurs de la foi
de Mahomet.

L'invasion arabe de l'Afrique, entreprise d'abord
dans un esprit de prosélytisme religieux, et bientôt
après dans un but de conquêtes politiques, s'accomplit
entièrement en cinq invasions successives, qui eurent
lieu entre les années 642 et 680. Elle fut, comme la
plupart des invasions arabes, une œuvre de massacre et

de destruction. D'innombrables villes furent ruinées de fond en comble; et, jusqu'aux antiques et splendides forêts de l'Atlas, tout fut livré à la torche incendiaire des Musulmans. Carthage, que Hokba, lieutenant du troisième khalife Osmey, avait déjà démolie une première fois et qui s'était relevée de ses ruines, fût de nouveau réduite en cendres, par Hassan-ben-el-Neman-el-Raçani, gouverneur de l'Afrique pour le khalife Abd-el-Malek.

Les succès des Arabes dans l'Afrique du Nord ne furent pas exempts de revers, et maintes fois ils eurent à se replier devant les Berbères qui se réunissaient en foule pour repousser l'invasion étrangère. On cite même des tribus sœurs, accourues des bords du Sénégal et de la Gambie, pour fortifier la grande armée autochthone qui s'était levée afin de revendiquer les droits des indigènes à la possession du sol qu'avaient occupé leurs pères, et qui parvinrent à établir sur de larges bases les deux dynasties des Almoravides (1050 à 1170) et des Almohades (1120 à 1270).

Plus tard, la dynastie maure [1] des Hafsides reconstruisit l'ancien domaine de l'Afrique proprement dite et établit sa capitale à Tunis, qui avait été restaurée avec des débris de Carthage, et dont la population s'était accrue par l'établissement d'une colonie copte dans ses murs.

---

[1] Il faut éviter, dans les études ethnographiques surtout, de confondre, sous le nom de *Maures*, les descendants des Numides appelés *Mauri* ou *Barbari* (au lieu de *Berberi*) par les Romains, avec les Maures d'Espagne qui étaient de véritables Arabes. (Cf. Hœfer, *l'Empire du Maroc*, p. 259.

La période turque qui vint ensuite (1535) introduisit encore un nouvel élément de population en Tunisie. Cet élément, qui subsiste de nos jours, s'est néanmoins très-promptement affaibli par les nombreuses alliances qui furent contractées avec les femmes berbères. Les *Koulougli*, issus de Turcs et de femmes Maures, forment aujourd'hui un des types tunisiens les plus intéressants à étudier au point de vue ethnographique.

En résumé, la population de la Tunisie est un composé, plus ou moins amalgamé, des éléments suivants :

Berbères,

Sémites de la Phénicie,

Vandales,

Romains ou Latins,

Grecs,

Arabes,

Turcs,

Juifs, Maltais, etc.

A ces éléments si divers, il faut ajouter un certain nombre de nègres de l'Afrique moyenne, et même, à ce qu'on assure, une tribu blonde, aux yeux bleus. Le voyageur Bruce, qui rapporte ce fait, cherche à l'expliquer en hasardant une conjecture, à savoir, que cette tribu appelée *Néardi* descend peut-être des anciens Vandales [1]. De nouvelles recherches établiront quelle

---

[1] Mentelle et Malte-Brun, *Géographie*; t. XIII, p. 241. — Cf. ce que dit à ce sujet M. Texier, de l'Institut, dans sa curieuse étude intitulée *Berbères et Kabyles* (*Revue orientale et américaine*, t. IV, p. 246).

importance on doit attacher à cette donnée ethnographique.

## II.

Quelques observations sur les caractères généraux des principales races qui composent la population actuelle de la Tunisie trouveront ici leur place naturelle.

Les BERBÈRES, qui forment, ainsi que nous l'avons vu, le fond de la nation tunisienne et des autres États de l'Afrique du Nord, sont considérés par les ethnographes comme les possesseurs nés de cette région à laquelle on a donné le nom de *Barbarie*, ou mieux *Berbérie*. Les traditions historiques, les données linguistiques et anthropologiques, et le témoignage de la fameuse inscription bilingue de *Thougga*, sont des preuves irrécusables de l'identité de ces peuples avec ceux que l'antiquité nous a fait connaître sous le nom de Numides. Suivant Delaporte, le nom de *Berber* est étranger à l'idiome des indigènes. Ibn-Khaldoun, l'historien de ces peuples, prétend qu'il vient du mot *berberat*, qui exprime des sons inintelligibles. Cette étymologie n'est pas invraisemblable, car beaucoup de races ont donné aux nations qui leur étaient étrangères des noms exprimant un langage embrouillé, le bégayement ou même le mutisme [1]. Une autre étymologie est

---

[1] M. Renan a rapproché, à l'appui de cette observation, le nom des *Zomzommin* de la Bible, le mot Βάρβαρος en grec, *Timtim* en

fondée sur la tradition, déjà mentionnée plus haut, qui fait descendre les Berbères d'un fils de Canaan appelé *Ber*. Enfin, on s'est demandé si le sens primitif de ce mot n'aurait pas été le même que celui du mot syriaque qui a la signification du latin *hostis* [1]. Toujours est-il que la dénomination de *Berbères* est à peu près inconnue aux peuples auxquels nous l'attribuons et qui se désignent eux-mêmes sous le nom d'*Imouchar* ou *Imouchagh* [2], suivant deux systèmes de transcription linguistique également adoptés par les savants.

Deux nationalités distinctes existent au sein de la race berbère [3], dont l'unité ethnographique subsiste d'ailleurs par suite des nombreux types intermédiaires qui établissent la transition entre l'un et l'autre et les unissent. Ces deux nationalités sont : les Berbères blancs et les Berbères noirs. Désignées suivant le principe de leur situation géographique, elles prennent au Maroc le nom de *Chellouh*, en Algérie celui de *Kabyles*, ou mieux *Kébaïls*, dans le désert celui de *Touaregs*.

Les *Berbères blancs*, essentiellement nomades, pillards ou conducteurs de caravanes, dit M. Aucapitaine,

---

arabe, *mletcha* en sanscrit, etc. (*Hist. des lang. sémit.*, 1re édit., t. 1, p. 33, n.)

[1] Hœfer, *l'Empire du Maroc*, p. 250.

[2] Singulier : *Amacher'*, féminin *Tamachér't*. — Ce nom rappelle celui de *Mazigh* ou *Amazigh*, expliqué par « noble, homme libre », que les historiens berbères placent en tête de leurs généalogies nationales comme celui du père commun de leur tribu. (Vivien Saint-Martin, *l'Année géographique*, 1863, p. 118.)

[3] Voyez à ce sujet l'excellent mémoire de M. le baron Aucapitaine, dans la *Revue orientale et américaine*, t. III, p. 61 et suiv.

sont les intermédiaires du Tell avec le pays du Soudan ; ce sont « ceux dont les pieds ne touchent jamais *la terre* ». Les *Berbères noirs*, habitants du Djebel-Hoggar', groupe de montagnes élevées et entourées de tous côtés par le désert, sont sédentaires, industrieux ; leurs mœurs sont douces [1].

Les premiers répondent probablement aux *Numides* des auteurs anciens, tandis que les seconds s'identifient plutôt avec les *Gétules* de ces mêmes écrivains.

Une ligne profonde de démarcation sépare les Berbères des Arabes. Quoique nombreux les uns et les autres, il s'en faut de beaucoup que les premiers pratiquent l'islamisme avec le zèle, l'orthodoxie, disons plus, le fanatisme qui a de tous temps caractérisé les seconds. Les Imouchar' ne pratiquent point le jeûne, ne font jamais d'ablutions et n'ont pas de maison spéciale pour la prière [2]. Dans certaines parties du Maghreb, ils ont des pratiques religieuses étrangères au Coran qu'ils suivent scrupuleusement d'après des traditions qui leur sont propres [3].

Pénétrés de sentiments de haine héréditaire contre les Arabes, leurs anciens maîtres, les Touaregs n'ont, au contraire, aucune répulsion pour les Européens ; et, bien que nous les ayons vus se réunir sous le drapeau d'Abd-el-Kader pour s'opposer à nos conquêtes

---

[1] Aucapitaine, dans la *Revue orientale et américaine*, t. III, p. 65.

[2] Aucapitaine, *Revue orientale et américaine*, loc. cit.; Texier, dans le même recueil, t. V, p. 38.

[3] Dunant, *Notice sur la régence de Tunis*, p. 223.

algériennes, il n'y a plus guère à douter qu'ils puissent
devenir un jour des alliés vraiment sympathiques à la
France. Tandis que les Arabes professent une antipathie inaltérable pour tout ce qui est chrétien, les Touaregs se montrent conciliants et pleins d'aménité envers
nous.

Des voyageurs ont cru retrouver parmi eux de vagues
réminiscences du christianisme, auquel leurs pères
avaient été convertis à l'époque de la domination romaine [1], et que quelques-uns d'entre eux n'auraient pas
de répugnance à embrasser de nos jours.

« Le Kabyle, dit M. Dilhan, est industriel; il a le don
de l'imagination, l'aptitude des doigts et des mains,
héritage de race; il est dans son pays le mécanicien de
l'avenir. Fils de la montagne, il va à pied. Brave, hos-
pitalier, fidèle aux promesses, patient, honnête, doux
de caractère et respectueux pour la vieillesse, charita-
ble, cordial, il est par-dessus tout amoureux de la liberté, de l'indépendance, toutes qualités qui le placent
au premier rang parmi les nations africaines [2]. »

Les Arabes constituent, après les Berbères, l'élément
ethnographique le plus important de la Tunisie. Ils
sont, en effet, de tous les étrangers implantés dans ce
pays, ceux qui ont le mieux résisté aux révolutions politiques et qui se sont propagés avec le plus de facilité
dans toute la zone située au nord du vaste continent

---

[1] Aucapitaine, *Rev. orient. et amér.*, loc. cit.; — Vivien Saint-
Martin, *l'Année géographique*, 1863, p. 123.

[2] *Histoire de la régence de Tunis*, pp. 298-99.

africain. Unis intimement aux Berbères par de nombreuses alliances et par la communauté de religion, ils ont acquis au milieu d'eux droit de cité; et, s'il est vrai de dire que les montagnes de l'Atlas sont demeurées l'héritage inaliéné des descendants des anciens Numides, la plaine est devenue l'apanage des Arabes, qui y ont établi une domination puissante et plusieurs fois séculaire.

Les auteurs qui ont écrit sur les Arabes sont loin d'avoir présenté sous le même jour les farouches sectateurs de Mahomet. Les uns ont vu en eux une race énergique et chevaleresque, sobre et fidèle à la parole donnée; les autres nous les représentent comme des hommes farouches et cruels, fourbes et menteurs, sans pudeur et sans pitié pour la souffrance de leur prochain ; tous, en revanche, leur reconnaissent pour défaut l'ignorance et la paresse, et pour qualité, le sentiment inné des devoirs de l'hospitalité. On a été jusqu'à les représenter comme des êtres indisciplinables, qu'il faudra de toute nécessité faire disparaître tôt ou tard[1].

Il est très-certain que le peuple arabe, élevé dans les doctrines du Coran, est imbu d'idées très-contraires au progrès et de sentiments très-opposés à l'alliance franternelle des différentes races. Son antipathie pour tout ce qui est chrétien ou *roumy* a été par malheur trop souvent reconnue. De là cependant à croire qu'il faut

---

[1] *Histoire de la régence de Tunis*, p. 271. Cette opinion radicale est partagée par un grand nombre de publicistes contemporains. Voy. à ce sujet, M. Clément Duvernois, dans la *Revue de l'Orient*.

détruire une nation aussi nombreuse, et au point de vue physique si fortement constituée, il y a une distance plus grande qu'on n'a pu le penser. La politique de destruction dont les Anglais font encore de nos jours un si fréquent usage dans leurs colonies lointaines, notamment à la Nouvelle-Zélande, en Australie et dans presque toutes les îles qu'ils possèdent en Océanie, est et sera toujours flétrie par la saine ethnographie. Ce rôle de destruction, que la France serait probablement seule capable de remplir, il est plus que certain qu'elle ne le remplira jamais. L'histoire de notre colonisation algérienne est là pour le démontrer : loin de chercher à anéantir la race arabe, nous faisons tout pour la fortifier, sans même garder vis-à-vis d'elle les précautions que la prudence la plus élémentaire semblerait devoir nous dicter. Par respect pour la religion intolérante de nos vaincus, c'est avec notre budget que nous payons les frais de ces pèlerinages à la Mecque qui entretiennent dans l'âme de nos sujets musulmans les sentiments de haine que réveillent en eux les fanatiques de la ville sainte de l'islamisme, et qui nous les ramènent près de nous avec les germes du choléra sur le corps, et le désir de notre destruction dans le cœur. Bien plus, c'est en France qu'on a nourri l'idée de reconstituer un grand empire arabe !

Cette manière de voir, au sujet des Arabes, est-elle, comme on l'a souvent répété, d'une générosité excessive, désastreuse même pour nos intérêts et pour notre avenir politique? Je ne le crois pas d'une manière absolue. S'il ne fallait juger des nations extra-européennes

surtout, que par le sentiment des masses ignorantes, il
y en aurait bien peu qui obtiendraient la faveur d'entrer
dans l'arche sainte de la civilisation moderne. Si, au
contraire, nous jugeons des peuples par les hommes
instruits et éclairés qu'ils possèdent au milieu d'eux,
nous arrivons à des conclusions très-certainement plus
conformes aux éternels desseins de la Providence. Les
Arabes qui ont étudié nos sciences, qui ont vécu dans
le commerce de nos idées, de nos mœurs, sont aussi
dignes que n'importe quels Orientaux de participer à
tous nos progrès. L'intolérance, le plus grand crime
qu'on reproche à leurs coreligionnaires illettrés, a fait
place chez eux à des idées aussi larges que possible sur
la confraternité et la solidarité des hommes. Qu'ils
soient un peu plus nombreux, et la race qui a conservé
au plus haut degré de pureté la doctrine du monothéisme, base de notre propre religion, sera la première
à nous aider dans la mission régénératrice qui nous est
dévolue sur le continent africain.

A ce point de vue, la nation tunisienne est appelée à
nous prêter le plus utile concours. La multiplicité d'é-
léments qui la compose est une garantie contre l'influence trop prépondérante de chacun d'entre eux, et
une assurance en faveur de la régénérescence des groupes de populations qui se mélangent dans son sein. La
fusion, encore insuffisante, réelle cependant, deviendra
nécessairement de plus en plus générale, avec l'amélioration des institutions sociales. Et, il faut le dire à
l'honneur de la Tunisie, nulle part, en pays musulman,
le progrès ne trouve plus de voies ouvertes. Les ten-

dances libérales des beys de la dynastie actuelle[1] ont acquis un caractère des plus sérieux sous l'administration du bey régnant; et, sous l'empire de la constitution promulguée par Sidi-Sadâk[2], toutes les réformes désirables, nécessaires, deviennent possibles et prochaines.

Jadis la ville de Tunis était renommée par les connaissances variées de ses savants et par l'instruction généralement répandue parmi ses habitants. « Quelque branche de la science que vous recherchiez, écrivait El-Abdéry[3], vous êtes sûr de l'y trouver. Les habitants de cette ville cultivent les sciences; les uns sont des montagnes d'érudition, les autres décourageraient la gazelle par la rapidité de leur calame. » Eh bien ! que la Tunisie n'oublie point ce passé glorieux; et, avec la propagation de l'instruction publique parmi les masses,

---

[1] Voy., notamment sur les réformes d'Achmed-Pacha, la *Revue de l'Orient*, t. IV, p. 342.

[2] Cette constitution, dont nous avons publié pour la première fois le texte complet (*Revue orientale et américaine*, t. V, pag. 321 et suiv.), garantit les droits des indigènes soumis aux lois constitutionnelles du pays, et celle des Européens qui seront jugés par un tribunal mixte institué avec le concours des puissances amies; elle fixe les localités où les étrangers pourront posséder des immeubles, et est le prélude des codes dont S. M. Sidi-Sadâk a ordonné la préparation.

[3] Voy. l'extrait de son voyage publié par M. Chérbonneau, de Constantine, dans le *Journal asiatique* (1864, t. IV, p. 164), où l'on trouve la liste des savants tunisiens de l'époque où vivait El-Abdéry.— Cf., 4, sur quelques savants illustres de la Tunisie, du même orientaliste, l'article intitulé : *Voyage du cheik Ibn-Batoutah*, p. 10.

tous les problèmes qui l'intéressent seront bientôt résolus.

A côté du développement de l'instruction populaire, il faut en Tunisie la création de bibliothèques ouvertes à tous ceux qui sont désireux de s'instruire. Tunis possède, il est vrai, une riche collection de livres et de manuscrits arabes à la mosquée de l'Olivier (Djâma-ez-zeitouna), qui remonte aux temps des princes de la dynastie des Beni-Hafs qu'on cite pour ses fondateurs; mais cette collection, où ne figurent guère d'ouvrages de nature à initier aux progrès de la science moderne, n'est point accessible au peuple, et à tous égards elle est insuffisante.

Il faut également en Tunisie l'introduction de l'imprimerie, sans laquelle il n'est plus de nos jours de nationalité sérieuse et durable. C'est à peine, en effet, si l'on peut croire qu'il n'existe encore aucun établissement typographique, pas même une pierre lithographique dans une contrée située presque à nos portes, sur les confins de notre belle colonie algérienne et sur les bords de la Méditerranée. Quand on voit le développement rapide de la presse dans les régions les plus lointaines, jusque dans les petites localités des îles perdues de l'Océanie, on se demande comment il peut se faire qu'on n'ait pas encore fondé un seul journal dans la Régence. Les lois indigènes, il faut le dire, ne permettent pas aux étrangers de publier des journaux, sous prétexte qu'ils pourraient provoquer des conflits avec les consulats des puissances étrangères. Ces scrupules du gouvernement béyal ne sauraient arrêter bien long-

temps l'existence d'une institution essentiellement nécessaire, au dix-neuvième siècle, à la vie et à la prospérité des nations.

Il faut enfin que le gouvernement tunisien adopte
franchement et ardemment la cause de la décentralisa-
tion, sans laquelle la plus grande partie des territoires
qui lui sont soumis, loin de contribuer à la force et à la
richesse de l'État, seront des sources perpétuelles de
langueur et de désorganisation, jusqu'au moment où
les parties inégales et mal unies de ce tout qu'on appelle aujourd'hui la Régence, tomberont au pouvoir
des étrangers ou perdront la place qui leur est réservée
dans l'œuvre de la civilisation moderne. La création de
grandes voies de communication, en facilitant les relations des indigènes, abandonnés jusqu'à présent au sein
du désert où ils vivent encore à l'état nomade, avec les
populations de la capitale, accroîtra la richesse des uns
et l'instruction des autres, en même temps qu'elle con-
solidera les bases de la monarchie. Il appartient au bey
actuel, que l'Europe a déjà salué plusieurs fois du beau
titre de prince ami du progrès, de poursuivre par de
telles institutions la voie nouvelle qu'il s'est donné la
glorieuse mission de parcourir.

# TABLE DES ARTICLES.

## PLACEMENT DES PLANCHES.

FIN.

Paris. — Imprim. de Ad. Lainé et J. Havard, r. des Saints-Pères, 19.

# Traduction.

## A Messieurs les Membres de la Société d'Ethnographie.

Après vous avoir présenté mes compliments, et souhaité qu'il y ait toujours des personnes dont le bon esprit s'occupe des sciences et des connaissances dans lesquelles vous êtes les plus distingués, et les plus éminents, je vous informe que votre lettre datée du 12 tammouz (Juillet) 1860, dans laquelle vous me demandez l'autorisation d'inscrire mon nom sur la liste des membres de votre illustre Société, m'a fait le plus grand plaisir et m'a bien vivement touché. Je suis prêt à contribuer à ce qui peut favoriser les vues de votre Société et je vous remercie du fond de mon cœur d'avoir bien voulu penser à moi. Je me suis donc empressé de vous envoyer par écrit mon consentement à votre proposition, espérant que vous voudrez bien l'accepter. J'espère aussi que vous me ferez savoir par écrit ce que vous attendez de moi à cet égard. S'il plaît à Dieu, je m'empresserai d'y répondre, selon ma possibilité.

Et puisse Dieu vous conserver tous !

Le 10 du mois de Safar 1277

Votre ami sincère,

### Abd-el-Kader,
fils de Mahi-Eddin, haçani,
(descendant d'Haçan, fils d'Ali)

Lith. Ch. Chauvin, 8, rue d'Ulm.